Kleine Auszeiten
IN DEUTSCHLAND

Wohlfühloasen und
Ruhepole

Weltbild

Durch den Wald laufen und wie ein Kind ihn als großen Abenteuerspielplatz begreifen:
Die großen Forstbestände Deutschlands laden zu Ausflügen ins Grün ein.

Warme Holzbohlen unter den Füßen, das leise Plätschern des Wassers, die Rufe der Vögel am Himmel: Nichts ist erholsamer als ein lauer Sommerabend am See.

MACH MAL LANGSAM!

Unsere heutige Zeit ist leider geprägt von Hektik und Stress. Durch die moderne Technik ist man jederzeit und überall erreichbar, in einer Welt, die zudem immer komplexer und unübersichtlicher wird. Kein Wunder also, dass sich viele nach einer Auszeit sehnen. Rückzugsorte, an denen man Alltagsstress und Sorgen hinter sich lassen kann, gibt es zum Glück genug. Einige der schönsten Orte versammelt dieses Buch. Tauchen Sie ein und gehen Sie auf eine Entdeckungsreise zu Deutschlands Oasen der Stille.

Vor allem in der Natur gibt es zahlreiche Möglichkeiten, wieder neue Kraft zu schöpfen. Beim Waldbaden in Deutschlands uralten Wäldern genießt man deren Klänge, Düfte und Farben mit allen Sinnen. Oder wie wäre es mit einer erholsamen Nacht unter raschelndem Blätterdach oder funkelndem Sternenhimmel? Übernachtungen im Strandkorb, in Baumhausresorts oder im alpinen Igludorf sorgen für unvergessliche Eindrücke. Ebenso entschleunigt man ganz automatisch, wenn man sich mit Tieren umgibt. Egal ob bei der Eselwanderung oder beim Beobachten von Zugvögeln, Tiere kennen keine unnötige Hektik. Auch bei der aktiver Bewegung an der frischen Luft bekommt man einen freien Kopf und kann abschalten.

Stille zu finden ist auch an Deutschlands spirituellen Orten möglich. »Rückbesinnung« lautet hier das Motto. In Klöstern und ihren Gärten kommt man ebenso zur Ruhe wie beim Wandern auf Pilgerwegen und auf historischen Themenrouten. Romantische Burganlagen, verwunschene Ruinen und mystische Kultstätten, eingebettet in herrliche Landschaften, eröffnen uns faszinierende Welten fernab der hektischen Moderne. Freilichtmuseen veranschaulichen längst vergangene Zeiten, in denen alles noch ein bisschen einfacher, beschaulicher und ruhiger zuging. Auch der Besuch von historischen Parkanlagen, die einen nach allen Regeln der Gartenbaukunst in ihre verborgene Welt entführen, lässt den Alltag schnell in den Hintergrund treten.

Wer sich eine Auszeit gönnen möchte, denkt natürlich auch an Wellness. Die Auswahl ist hierbei vielfältig: Heilstollen, Fango, Ayurveda, Kneipp oder Thalasso – in Deutschlands Wohlfühloasen regeneriert man mit der Heilkraft der Natur und stärkt den Körper bei traditionellen Anwendungen. In wohltuenden Thermenlandschaften wird mit Sauna, Sole und Massage Erholung pur geboten. Wer Wellness für den Geist sucht, hat ebenfalls viele Möglichkeiten. Durch uraltes Wissen fernöstlicher Philosophie, vermittelt durch Yoga, Meditation und Zen, findet man schnell wieder zur inneren Mitte. Und wer sich etwas Besonderes gönnen will, speist ganz entspannt in einem gemütlichen Traditionslokal.

Entdecken Sie auf den nächsten Seiten diese und weitere Orte der Entschleunigung, um neue Kräfte zu sammeln und wieder in Balance zu kommen.

Linke Seite: Tiefblaues Wasser, eine Badeinsel und der Luxus, seine Zeit mal nicht in jeder Minute verplant zu haben – mehr braucht es nicht für eine Auszeit an einem der zahlreichen Badeseen des Landes. Wer aktiver unterwegs sein möchte, verbindet eine Auszeit vielleicht mit einer Wanderung – etwa in den bayerischen Voralpen (Bilder rechts).

INHALT

Das Glück dieser Erde… In geruhsamem Tempo im Watt entlangzureiten gehört sicher zu einem der entspanntesten Ausflüge, die man im Norden Deutschlands unternehmen kann.

AUFTANKEN IN DER NATUR

Dem Alltag entfliehen, die Hektik und die Geräuschkulisse hinter sich lassen: Das klappt besonders gut beim Waldbaden wie hier in der Rhön.

#01

WALD TUT SO GUT
DIE KRAFT DER BÄUME ERLEBEN

Eintauchen in das schimmernde Grün des Waldes, still werden, hinhören, Kleinigkeiten wahrnehmen, die aromatischen Düfte der Bäume einatmen – geeignete Wälder gibt es in Deutschland genug, um den Wald mit allen Sinnen zu erleben und vollkommen zur Ruhe zu kommen. Dass ein Ausflug in die Natur eine heilende Wirkung haben kann, weiß man schon lange. Und auch der Trend des »Waldbadens«, einer Mischung aus Waldspaziergang und Meditation erfreut sich bei uns immer größerer Beliebtheit. Ob Laubwald, Mischwald oder Nadelwald – Wälder eignen sich perfekt zum Regenerieren.

Oben: Den Geräuschen lauschen, die Atmosphäre erspüren und still werden – die urigen Buchen im Nationalpark Kellerwald-Edersee laden zum Waldbaden geradezu ein.

Linke Seite: Das Herzstück des Nationalparks Jasmund sind seine alten Buchenwälder.

Rechts: Walderleben mit allen Sinnen im Naturpark Nördlicher Teutoburger Wald.

01 NATIONALPARK JASMUND

Deutschlands kleinster Nationalpark krönt die Kreidefelsen von Rügen. Wunderschöne alte Buchenmischwälder schmiegen sich um Königsstuhl und Victoria-Sicht und bilden mit dem blauen Meer und dem weißen Stein einen harmonischen farblichen Dreiklang. Nun ist der Königsstuhl selber natürlich ein Touristenmagnet und rund um das Besucherzentrum von Stille wenig zu spüren. Doch viele Besucher gehen gerade mal vom Parkplatz zur Aussichtsplattform. Ringsherum gibt es jedoch 3000 Hektar lichten Märchenwald zu entdecken. Die Eiszeit hat für ein abwechslungsreiches Profil gesorgt. Auf geschwungenen Wegen geht es auf und ab, finden sich Senken und Hügel, kleine Seen und Kesselmoore mit ihrer ganz eigenen Vegetation, darunter der Gelbe Frauenschuh und andere Orchideenarten. Mitten im Wald kündet plötzlich ein Stück altes, von Wetter und Zeit rund geschliffenes Straßenpflaster davon, dass diese

01 **NATIONALPARK JASMUND**
02 **GRUMSINER FORST**
03 **BIOSPHÄRENRESERVAT SPREEWALD**
04 **NATURPARK NÖRDLICHER TEUTOBURGER WALDNATUR- UND GEOPARK TERRA.VITA**
05 **NATIONALPARK KELLERWALD-EDERSEE**
06 **NATURPARK REINHARDSWALD**
07 **SAARBRÜCKER URWALD**
08 **NATURPARK THÜRINGER WALD**
09 **STEIGERWALD**
10 **NATURPARK FRANKENHÖHE**
11 **NATURPARK SCHÖNBUCH**
12 **HOCHSCHWARZWALD**
13 **NATIONALPARK BAYERISCHER WALD**
14 **PATERZELLER EIBENWALD**
15 **BERCHTESGADENER ZAUBERWALD**

Wälder früher wertvolles Wirtschaftsgut waren. In Küstennähe laden vom steten Wind eindrucksvoll zerzauste Bäume und fantastische Ausblicke zum Genießen und Zur-Ruhe-Kommen ein.

Nationalpark Jasmund // Nationalparkamt Vorpommern, Stubbenkammerstraße 1, 18546 Sassnitz

// www.nationalpark-jasmund.de

02 GRUMSINER FORST

Der Grumsiner Forst ist ein echter Geheimtipp. Er erstreckt sich zwischen Angermünde und Joachimsthal im Süden des Brandenburger Biosphärenreservats Schorfheide-Chorin. Am schönsten ist sein südwestlicher Teil, wo jahrhundertealte Buchen große grüne Hallen bilden. Seit 2011 ist er Teil des UNESCO-Weltnaturerbes »Alte Buchenwälder Deutschlands«. Doch während das UNESCO-Prädikat anderswo für Besucherströme sorgt, kann es passieren, dass Ihnen im Grumsiner Forst kein einziger Mensch begegnet. Ausgangspunkt für eine ausgiebige Walderkundung ist der kleine Ort Altkünkendorf, wo es auch einen Informationspunkt gibt. Von hier aus führen mehrere Rundwege in den eiszeitlich geprägten Forst mit seinem welligen Profil, den zahlreichen dunklen Seen und kleinen Mooren. Allerdings ist hier Ausdauer gefragt. Weil der Kern des Waldes ganz sich selbst überlassen bleibt und nicht betreten werden darf, sind die Wege recht lang. Die große Umrundung misst 21,5 Kilometer, zwei weitere ausgeschilderte Rundwege immerhin noch gut zehn Kilometer. An den Sommerwochenenden bietet der Louisenhof, ein idyllisches Künstlercafé, die Möglichkeit, nach der ausgedehnten Waldtour bei Kaffee und Kuchen neue Energie zu tanken.

Grumsiner Forst // Informationspunkt, Altkünkendorfer Straße 24, 16278 Angermünde, OT Altkünkendorf

// www.weltnaturerbe-grumsin.de
// www.louisenhof2.de

03 BIOSPHÄRENRESERVAT SPREEWALD

1991 wurde das 475 Quadratkilometer große Biosphärenreservat zwischen Cottbus, Dresden und Berlin von der UNESCO anerkannt. Die letzte Eiszeit hat dafür

Links: Wenn sie reden könnten … Der Anziehungskraft uralter Bäume kann man sich nur schwer entziehen.

gesorgt, dass die Spree hier zu einem feinen Netz kleiner Fließgewässer wurde. Zu den natürlichen kamen im Lauf der Jahre künstliche hinzu, die es auf eine Länge von insgesamt rund 1550 Kilometern bringen. Daran angrenzend findet man Feuchtwiesen und Auenwälder. Das Gebiet ist in verschiedene Schutzzonen eingeteilt. Die Kernzone 1 mit zwei Prozent der Gesamtfläche beinhaltet naturnahen Wald, der nahezu unberührt ist. Der Schwerpunkt des Biosphärenreservats widmet sich interessanterweise der Nutzung durch den Menschen, genauer gesagt, der landwirtschaftlichen Nutzung. Die war in dieser Region durch kleine Hofstellen geprägt. Rein finanziell würde sich die Bewirtschaftung längst nicht mehr lohnen. Doch für die Kulturlandschaft ist deren Erhalt von großer Bedeutung. Darüber hinaus versucht man, Kanäle zu renaturieren und den Wasserhaushalt langfristig zu sichern. Denn auch der Erhalt des Lebens-

raums von Tieren und Pflanzen spielt natürlich eine bedeutende Rolle. Dazu gehören Weiß- und Schwarzstorch, Biber und Fischotter sowie über 800 Schmetterlings- und knapp 50 Libellenarten. Eine Kahnfahrt gehört typischerweise zum Aufenthalt im Biosphärenreservat Spreewald dazu. Die Streusiedlung Burg besteht aus mehreren kleinen Bauernhöfen, häufig sind Holzbohlenhäuser mit Reetdächern zu sehen. Bei der Fahrt durch die Wasserarme, Fließe genannt, und durch verschiedene Schleusen erfährt der Gast einiges über den Alltag vergangener Zeiten. Besonders reizvoll ist die Kahnfahrt durch den zur Kernschutzzone 1 gehörenden Hochwald.

Biosphärenreservat Spreewald // Schulstraße 9, 03222 Lübbenau
// www.spreewald-biosphaerenreservat.de
// www.spreehafen-burg.de

GUT ZU WISSEN

Was ist Waldbaden? // Zum Waldbaden benötigt man keinen Moorsee oder sonst ein Gewässer, es geht vielmehr darum, den Wald mit allen Sinnen zu erleben, in die Natur einzutauchen und dabei vollkommen zur Ruhe zu kommen. Der Trend stammt aus Japan, wird dort »Shinrin Yoku« genannt und soll gegen Stress und sogar Burn-out helfen.

Den Wald mit allen Sinnen erfahren – so geht es! // Schöpfen Sie neue Kraft durch eine bewusste Begegnung mit der Natur. Beim tiefen und ruhigen Atmen werden die Düfte des Waldes wahrgenommen. Bleiben Sie ab und zu stehen und schließen Sie die Augen – die Geräusche des Waldes sind vielfältiger als gedacht und lassen einen die Ruhe des Waldes erst so richtig erleben. Durch Erfühlen von Rinde, Blättern und Moos kommt man in direkten Kontakt mit der Schönheit der Natur.

Bilder rechts: Auf den »Straßen« im Spreewald wird nicht gefahren, sondern in kiellosen Kähnen gestakt. Unzählige Wasserarme – Fließe genannt – durchziehen den Spreewald zwischen Lieberoser Heide und Lausitzer Grenzwall und bilden einen märchenhaft anmutenden Gewässerirrgarten.

04 NATURPARK NÖRDLICHER TEUTOBURGER WALD

Ob die berühmte Varusschlacht, bei der die germanischen Stämme den Römern im Jahr 9 n. Chr. eine verheerende Niederlage zufügten, wirklich im Teutoburger Wald stattgefunden hat, ist historisch fraglich. Abgesehen davon steht das monumentale Hermannsdenkmal, das an diese Schlacht erinnern soll, im Süden des Teutoburger Waldes bei Detmold – ebenso wie die höchst sehenswerten, aber auch viel besuchten Externsteine. Der Nördliche Teutoburger Wald dagegen beginnt bei Bielefeld und ist beschaulicher, aber nicht weniger reizvoll. Als lange, schmale Geländefalte schiebt er sich weit in die Norddeutsche Tiefebene und bietet überall wunderbare Ausblicke über das idyllische Münsterland. Zusammen mit dem parallel verlaufenden Wiehengebirge bildet er seit 2001 den UNESCO Geopark TERRA.vita. Auf seinem Kamm verläuft der Hermannsweg, der als einer der schönsten deutschen Höhenwanderwege überhaupt gilt. Wer sich eine längere Auszeit nehmen will, kann in etwa zehn Tagen vom Tecklenburger Land bis zu den Externsteinen – und je nach Lust und Laune auf dem Eggeweg weiter Richtung Sauerland – laufen. Zu den Highlights im nördlichen Teil gehören die spektakulären Dörenther Klippen bei Ibbenbüren und die Buchenwälder auf dem Freeden bei Bad Iburg.

Natur- und Geopark TERRA.vita // Nördlicher Teutoburger Wald, Wiehengebirge und Osnabrückerland, Am Schölerberg 1, 49082 Osnabrück
// www.geopark-terravita.de
// www.hermannshoehen.teutoburgerwald.de

05 NATIONALPARK KELLERWALD-EDERSEE

Rotbuchen, so weit das Auge blickt! Wer Glück mit Timing und Wetter hat, der kann im Herbst durch ein funkelndes rotgoldenes Traumland wandern. Je älter die Bäume sind, desto höher stehen ihre Kronen. Tiefere Äste sind wegen des Lichtmangels abgestorben, sodass sich Ehrfurcht gebietende »Hallen« bilden. Weil die Hügelgebiete südlich der Edertalsperre einst das Lieblings-Jagdrevier der Fürsten von Waldeck waren, wurde hier nie mit schnell wachsenden, wirtschaftlich lukrativen Nadelhölzern aufgeforstet. Stattdessen finden sich sogar noch vereinzelt Urwaldstücke, die nie menschlich genutzt wurden. Am besten kann man diese auf dem Urwaldsteig erleben, der auf insgesamt 68 Kilometern den Edersee umrundet, allerdings teilweise auch steil und anspruchsvoll ist. Für Tagestouren gibt es zehn vom Hauptweg abzweigende Rundwege. Sehr idyllisch ist die rund 10 Kilometer lange Traddelkopf-Route, die um die höchsten Gipfel des Kellerwalds – den Traddelkopf und den Ahornkopf – führt. Hier ist der Buchenwald mit imposantem Bergahorn durchsetzt.

Nationalpark Kellerwald-Edersee //
NationalparkZentrum, Weg zur Wildnis 1, 34516 Vöhl-Herzhausen
// www.nationalparkzentrum-kellerwald.de
// www.nationalpark-kellerwald-edersee.de

NICHT VERPASSEN!

Wildtierpark Edersee // Im Wildtierpark kann man Wolf, Luchs, Fischotter und Wisent beobachten. Rot-, Dam- und Muffelwild bewegen sich im Park völlig frei. Die Greifenwarte veranstaltet Flugschauen, bei denen Gänsegeier, Uhu und Steinadler ihr Können zeigen. Der Wildtierpark liegt in der Nähe von Hemfurth und ist mit öffentlichen Verkehrsmitteln gut zu erreichen.

// www.wildtierpark-edersee.eu

Links: Der Wald hält für jeden ganz eigene Schätze bereit: Für Erwachsene ist er Erholungsgebiet, für Kinder ein riesiger Abenteuerspielplatz.

06 NATURPARK REINHARDSWALD

Nordhessen ist Märchenland: Hier lebten die Gebrüder Grimm und sammelten ihre Märchen. Wer sich auf die Suche nach den märchenhaften Orten begeben möchte, wird im Reinhardswald, dem »Schatzhaus der europäischen Wälder«, fündig. Er liegt zwischen den Flüssen Weser, Fulda, Esse und Diemel und den Orten Bad Karlshafen und Hann. Münden. Das sehr ursprüngliche und kaum besiedelte Waldgebiet ist das größte Deutschlands. In den Urwaldgebieten Sababurg und Wichmanessen lassen sich urtümliche Landschaft und Baumriesen bestaunen und beim Besuch des Dornröschenschlosses Sababurg oder des Rapunzelturms auf der Trendelburg werden Sagen und Märchengestalten lebendig. Zahlreiche gut ausgeschilderte Rad- und Wanderwege wie etwa der Reinhardswaldradweg oder der Märchenlandweg führen zu den schönsten Stellen des Gebietes. Viele Touren sind im Wanderführer »Unterwegs im Reinhardswald« versammelt. Wem das Wandern zu beschaulich ist, der kann auf einer der sechs gut ausgeschilderten Nordic-Walking-Routen bei Bad Karlshafen einen Schritt zulegen. Die Touren sind unterschiedlich lang, landschaftlich schön gelegen und sehr abwechslungsreich. Markiert sind sie mit Routennummer, Schwierigkeitsgrad und Länge.

Naturpark Reinhardswald // Forstamt Reinhardshagen, Obere Kasseler Straße 27, 34359 Reinhardshagen

// www.reinhardswald.de

07 SAARBRÜCKER URWALD

Zwischen Saarbrücken und Neunkirchen an der Saar erstreckt sich der Saarkohlenwald. Der Name verrät schon die Geschichte dieses Waldgebietes. Weil darunter Kohle zu finden war, wurde er rund 250 Jahre lang zerstört und ausgebeutet. Nachdem das Kohlezeitalter im Saarland nun zu Ende ist, darf er sich wieder erholen, wird nach und nach renaturiert und zur Erholungslandschaft umgebaut. Ein zentrales Projekt dabei ist der »Urwald« vor den Toren der Landeshauptstadt Saarbrücken. Kein tatsächlicher Urwald allerdings, der nie von Menschenhand berührt wurde, sondern ein Areal, das sich wieder völlig ungestört entwickeln und so urwaldähnlichen Charakter annehmen darf. Auf einer gut acht Kilometer langen Route, der »Urwaldtour«, lassen sich die Bergbauge-schichte der Region und Waldidylle gleichermaßen erleben.

Saarbrücker Urwald // Scheunenbüro, Scheune Neuhaus, 66115 Saarbrücken

// www.saar-urwald.de

08 NATURPARK THÜRINGER WALD

Rund um den Rennsteig zwischen Eisenach und Sonneberg liegt der Naturpark Thüringer Wald. Charakteristisch für die Landschaft dieses Kammgebirges sind die extremen Höhenunterschiede. Das enorme Gefälle zwischen Tal und Berggipfel zeigt sich vor

Rechts oben: Eichen, von der Zeit und Wind und Wetter gezeichnet, stehen im hessischen Reinhardswald.

Rechts: Im dichten Forst des Thüringer Waldes schaffen Sonnenstrahlen magisch-schöne Augenblicke.

allem im Herzen des Naturparks, beispielsweise im Tal des Schneetiegels. Zu den höchsten Erhebungen der Region zählen der Große Inselsberg, der Große Beerberg, der Schneekopf, der Große Finsterberg, der Ruppberg und der Kickelhahn. Die ausgedehnten Waldgebiete des Parks werden vor allem durch Buchen geprägt, die durch ihre üppigen Kronen, das dichte Blattwerk und Höhlen in den Stämmen ideale Lebensbedingungen für eine Vielzahl von Vogelarten schaffen. Zu den typischen Baumhöhlenbewohnern zählen Schwarzspecht, Raufußkauz und die sehr heimlich lebende Hohltaube sowie verschiedene Fledermausarten. Als weitere Charakterart des Gebiets gilt das Birkhuhn. Die Insektenfresser unter den Vögeln, zum Beispiel der filigrane Waldlaubsänger, finden im Thüringer Wald ebenfalls ein gutes Auskommen. Über 208 verschiedene Insektenarten haben Biologen hier gefangen und bestimmt. Wanderer stoßen immer wieder auf mehr als zwei Meter hohe Ameisenhaufen der Roten Waldameise und erfreuen sich an bunten Schmetterlingen wie Perlmutterfalter und Kaisermantel.

Naturpark Thüringer Wald // Rennsteigstraße, OT Friedrichshöhe, 98678 Sachsenbrunn

// www.naturpark-thueringer-wald.de

09 STEIGERWALD

Der Steigerwald, zwischen Würzburg und Bamberg im Maindreieck gelegen, gehört mit seinem Artenreichtum und dem hohen Laubbaumbestand zu den wertvollsten deutschen Waldgebieten, ist aber relativ unbekannt. Trotz wunderbarer Buchen-Urwälder ist er nicht Teil des UNESCO-Naturerbes »Alte Buchenwälder Deutschlands« geworden und die Diskussion,

NICHT VERPASSEN!

Drei Gleichen // Die Burg Gleichen, die Mühlburg und die Wachsenburg thronen auf drei beieinanderliegenden Erhebungen im Landkreis Gotha und im Ilm-Kreis. Dass dieses Trio den Namen »Drei Gleichen« trägt, obwohl alle Burgen unterschiedlich aussehen, liegt der Sage nach daran, dass sie nach einem Blitzeinschlag im Jahr 1231 alle in gleicher Weise gebrannt haben. Verschiedene Umbau- und Restaurierungsarbeiten haben ihren Erhalt gesichert und damit die natur- und kulturgeschichtlichen Monumente heute zu einem Besuchermagnet gemacht.

// www.drei-gleichen.de

Drachenschlucht // Die Drachenschlucht bei Eisenach gilt als eines der bedeutendsten Geotope der Region und ist ein geologisches Naturdenkmal. Die schmale Klamm trägt ihren Namen wegen der sagenhaften Kämpfe zwischen Rittern und Drachen, die hier früher angeblich stattgefunden haben sollen. Die Schlucht ist etwa drei Kilometer lang, teilweise nur 86 Zentimeter breit und wird von imposanten Felsen umsäumt – ein beeindruckendes Erlebnis.

Rechts oben: Auf der Frankenhöhe verläuft nicht nur die europäische Wasserscheide zwischen Rhein und Donau, hier findet man auch erholsame Waldgebiete.

Rechts unten: Im Naturpark Schönbuch ist die Natur noch weitgehend intakt, sodass viele Wildschweine hier ihr Habitat haben.

ihn zum Nationalpark zu machen, verläuft seit Jahren fruchtlos. Eine Walderkundung in der bis zu 500 Meter hohen Mittelgebirgsregion lohnt sich nicht nur wegen der traumhaft schönen Wälder, sondern auch wegen der fantastischen Blicke auf die idyllische Kulturlandschaft zu ihren Füßen. Egal ob als Ganzes oder in Teilstücken begangen, ist der 161 Kilometer lange Steigerwald-Panoramaweg eine Erholung für die Sinne. Er führt von Bad Windsheim durch viel Natur und kleine Orte, vorbei an Ruinen und Burgen zum Bamberger Michaelsberg. Neben so viel Natur lockt westlich des Steigerwaldes »Weinfranken«, östlich davon »Bierfranken«, mit vielen leiblichen Genüssen.

Steigerwald // Steigerwald Tourismus,
Hauptstraße 1, 91443 Scheinfeld
// www.steigerwald-info.de

⑩ NATURPARK FRANKENHÖHE

Die Frankenhöhe ist ein bis zu 554 Meter hoher Bergrücken in Bayern an der Grenze zu Baden-Württemberg. Ein Teil des Gebiets nimmt der gleichnamige Naturpark ein. Er gilt im süddeutschen Raum als eines der sonnenreichsten Gebiete. Die abwechslungsreiche Landschaft ist geprägt von Mischwäldern, Trockenbiotopen und Weinbergen. Der Charakter der Wälder ändert sich von West nach Ost. Im Westen sind Eichen, Buchen und Tannen vorherrschend. Gegen Osten nehmen Fichten und Kiefern zu. Daneben sind lichte Hutewälder, die als Viehweide genutzt wurden, sowie Obstbaumwiesen und Wacholderheiden charakteristisch.

Naturpark Frankenhöhe // Am Kirchberg 4,
91598 Colmberg
// www.naturpark-frankenhoehe.de

⑪ NATURPARK SCHÖNBUCH

Er ist die grüne Lunge des mittleren Neckarraums und der älteste Naturpark des Landes Baden-Württemberg: der Naturpark Schönbuch. Das fast durchgängig von Wäldern durchzogene, 156 Quadratkilometer große Gebiet liegt südwestlich von Stuttgart, grenzt an das Tübinger Stadtgebiet und wurde im Jahr 1972 zum Naturpark erklärt. In früheren Zeiten ein Jagdrevier des Württemberger Adels, ist der Schönbuch heute ein beliebtes Naherholungsgebiet. Seine Landschaft ist von naturnah bewirtschafteten Wäldern, feuchten Talwiesen und Bächen geprägt. Aber nicht nur der Mensch, sondern vor allem Tiere und Pflanzen fühlen sich hier heimisch. Trotz zunehmender verkehrstechnischer Erschließung ist er bis heute ein Rückzugsgebiet für selten gewordene Tierarten. Dies gilt insbesondere für den Rothirsch. Neben Eisvögeln kann man hier mit etwas Glück auch Wasseramseln oder Steinkrebse beobachten. Auch die Waldschnepfe ist zugegen, sie lebt allerdings so heimlich, dass sie nur sehr aufmerksame Beobachter bemerken. Eine Besonderheit des Schönbuchs ist auch sein teils sehr alter und vor allem totholzreicher Baumbestand. Vor allem Eichen, teilweise älter als 350 Jahre, sind hier zu finden. Die sogenannte Dicke Eiche im Lindach gilt mit ihren mehr als 500 Jahren als der älteste Baum des Parks.

Naturpark Schönbuch // Im Schloss,
72074 Tübingen
// www.naturpark-schoenbuch.de

Links: Den 1054 Meter hoch gelegenen flachen Schliffkopf im Schwarzwald bedeckt eine hochmoorartige Vegetation. Der 800 Meter lange Erlebnisweg »Lotharpfad« rund um den Gipfel südlich von Baden-Baden ist eine einzige Abenteuertour und bietet herrliche Aussichten.

⓬ HOCHSCHWARZWALD

Der Schwarzwald war schon immer anders: groß, dunkel, bergig und geheimnisvoll. Seinen Namen verdankt er den dunkelgrünen Nadelbäumen, die hier schon zu Römerzeiten wuchsen. Neben zahlreichen Kiefern finden sich im Schwarzwald immer wieder beeindruckende Tannenbäume. Wer ein besonders riesiges Exemplar bestaunen möchte, findet dieses im Naturschutzgebiet Schlüchtsee nahe der Gemeinde Grafenhausen-Rothaus. Hier steht die Danieltanne, eine der mächtigsten und ältesten Tannen Deutschlands. Sie ist ca. 50 Meter hoch und rund 400 Jahre alt. Ganz entspannt kann man zu ihren Füßen auf Waldbadeliegen die Atmosphäre des Waldes in sich aufsaugen. Ein echter Geheimtipp ist der Premiumwanderweg »Rappenfelsensteig«, der auf 12,4 Kilometern durch den tiefsten und ursprünglichsten Schwarzwald führt.

Hochschwarzwald // Tourist-Information
Grafenhausen, Hüsli 1a, 79865 Grafenhausen
// www.hochschwarzwald.de

⓭ NATIONALPARK BAYERISCHER WALD

Im Oktober 1970 wurde der Nationalpark aus der Taufe gehoben. Er ist damit der erste und älteste in Deutschland. Seit 1997 hat er seine heutige Größe von rund 242 Quadratkilometern. Der Wald, bestehend vor allem aus Buchen und Fichten, ist das bestimmende Element des Parks. Ab dem Mittelalter begann man das Holz zu nutzen. Man rodete Flächen, um Klöster und später Siedlungen zu bauen. Auch für die Glashütten, die für die Region von Bedeutung waren, brauchte man Brennstoff. Seit Anfang des 20. Jahrhunderts wurden vor allem viele alte Baumriesen gefällt und durch Fichten, die besonders schnell wachsen, ersetzt. Mit der Gründung des Nationalparks hat man dieser Entwicklung Einhalt geboten. Jetzt heißt es, die Natur weitestgehend sich selbst zu überlassen. Bär, Wolf und Luchs waren im Bayerischen Wald ausgerottet worden. Der Luchs ist seit den 1990er-Jahren zurück, der Wolf seit 2016. Da diese Arten in freier Natur jedoch kaum zu beobachten sind, hat der Nationalpark Gehege für sie eingerichtet. Außerdem kann man dort auch Wildschwein, Wisent, Rothirsche, Braunbär und Wildkatze beobachten. Auch ein Rotwildgelände gibt es. Das Wegenetz durch den gesamten Nationalpark ist bestens erschlossen.

Nationalpark Bayerischer Wald //
Freyunger Straße 2, 94481 Grafenau
// www.nationalpark-bayerischer-wald.de

⓮ PATERZELLER EIBENWALD

Mit über 2000 teils sehr alten Eiben bildet der Paterzeller Eibenwald einen der größten zusammenhängenden Bestände des Baums in Bayern. Der Eiben-

Unten: Der Feldsee am Fuße des Feldbergs im Schwarzwald bietet ideale Bedingungen für eine aktive Auszeit.

wald liegt in der Nähe von Wessobrunn, südöstlich des Ammersees in Oberbayern. Er war bis 1803 im Besitz des Klosters Wessobrunn. Die Benediktiner nutzten das Holz der Eibe, etwa für die Decke des Theatersaals im Kloster. Die Häufigkeit der Paterzeller Eiben erkannte der Weilheimer Arzt Friedrich Kollmann 1907 als Erster. Nach einer Bestandsaufnahme regte er den Schutz des Waldes an, fand aber bei den königlich-bayerischen Forstbehörden kein Gehör. Er konnte sich erst durchsetzen, als er die naturverbundene Königin Marie Therese, Frau von Ludwig III. von Bayern, für den Wald gewann. Durch ihr Engagement wurde der Paterzeller Eibenwald schließlich ab 1913 zum staatlichen Naturdenkmal und 1939 zum Naturschutzgebiet erklärt.

Paterzeller Eibenwald // Quellenweg 8, 82405 Wessobrunn

⑮ BERCHTESGADENER ZAUBERWALD

Was diesen Wald so besonders macht, sind nicht nur seine Bäume, sondern auch der Untergrund. Der Zauberwald bei Ramsau im Berchtesgadener Land fußt auf einem Bergsturzgelände. Tausende teils riesenhafte Felsen schaffen die Grundlage für eine märchenhaft romantische Kulisse. Das Geotop entstand vor etwa 3500 Jahren durch einen gigantischen Bergsturz. Dabei brachen vom oberhalb befindlichen Hochkastermassiv rund 15 Millionen Kubikmeter Fels ab und polterten mehr als 1000 Meter tief zu Tal. Unten breiteten sich die Bergsturzmassen auf einer Fläche von 75 Hektar aus, teilweise bis zu 40 Meter mächtig. Alles Leben in diesem Bereich wurde ausgelöscht. Vermutlich blieb kein einziger Baum stehen. Die Ramsauer Ache staute sich auf und bildete den Hintersee. Es dauerte viele Jahrzehnte, bis sich auf den Bergsturzfelsen Flechten und Moose ansiedelten, die erste dünne Humusschicht entstand und schließlich wieder Bäume in der Gegend Fuß fassen konnten. Heute befindet sich hier der Zauberwald, der von der Ramsauer Ache durchflossen wird. Der Verschönerungsverein Ramsau legte 1896 einen Fußweg an, und zwischen 1920 und 1930 tauchte erstmals der Name »Zauberwald« auf. Unlängst verlieh ihm das Bayerische Landesamt für Umwelt das Gütesiegel »Bayerns schönste Geotope«. Der Zauberwald ist ein Mosaik aus Kleinstlebensräumen. Moosdecken und Rippenfarn überziehen die Felsblöcke, aus den Spal-

ten der Kalkfelsen ragt der Grünstielige Streifenfarn, in den etwas größeren Lücken klammern sich Alpen-Heckenkirsche, Schwarze Heckenkirsche und Traubenholunder fest. Über und zwischen den Felsblöcken lagern mächtige Totholzstämme. Ihr Moder ist die Wiege für den Baumnachwuchs.

Berchtesgadener Zauberwald //
Hinterseer Straße 104, 83486 Ramsau
// www.berchtesgaden.de/zauberwald

Rechts oben: Eine Wanderung auf dem gut markierten Eibenpfad durch den Paterzeller Wald lohnt zu jeder Jahreszeit. Der einen Kilometer lange Weg ist mit Informationstafeln versehen und führt zu den markanten Punkten des Waldes.

Rechts unten: Unter den Bäumen des Zauberwalds dominiert die Fichte. Das ist auf eine Besonderheit zurückzuführen: Der Zauberwald liegt eigentlich auf Höhe der Buchenwaldzone. Da sich jedoch zwischen den großen Bergsturzblöcken kalte Luft ansammelt und einen Eiskellereffekt bewirkt, würde die Buche hier »kalte Füße« bekommen, die Fichte dagegen kommt damit zurecht.

#02

GANZ EINS
MIT DER NATUR

Meeresrauschen und Vogelgezwitscher am Morgen – naturnah zu übernachten heißt Abstand nehmen von der Alltagsroutine. Ob Sonnenaufgang am Strand oder eine Nacht auf dem sanft plätschernden Wasser, ob glamouröses Hausboot oder rustikaler Schäferwagen – die Angebote sind schier grenzenlos. Sie lieben es, draußen in der Natur zu sein, Camping ist jedoch nicht nach Ihrem Geschmack? Wohnwagen und Zelte sind nicht die einzige Möglichkeit, um naturnah zu übernachten.

Linke Seite und rechts: Strandkörbe bieten auch in der Nacht ein einmaliges Naturerlebnis. Vom Wind geschützt, kann man hier untergehende Sonne und Sternenhimmel genießen.

Oben: Wenn sich die Sonne über Büsum senkt, ist es an der Zeit, in seinen Schlafstrandkorb zu kriechen und ganz im Einklang mit der Natur zu übernachten.

01 STRANDSCHLAFEN IM STRANDKORB

Salz auf der Haut, Möwen in der Luft und feiner, weißer Sand unter den Füßen – willkommen an der schleswig-holsteinischen Nord- und Ostseeküste. Hier gibt es so viel mehr zu entdecken, als Bade-Touristen aus nah und fern oft vermuten. Momente der Stille und Besinnung erlebt man vor allem, wenn alle anderen Besucher den Strand schon längst verlassen haben. Dann kann man im Licht der untergehenden Sonne ungehindert entspannen und sich ganz auf sich und das sanft betörende Geräusch des Meeres einlassen. Für ausreichend Gemütlichkeit sorgen dabei exklusive Schlafstrandkörbe. Von denen befinden sich mittlerweile gut zwei Dutzend an ausgewählten Küstenorten entlang der Nord- und Ostsee. Angebote fürs Schlafen im Strandkorb gibt es zum Beispiel in Eckernförde, auf Fehmarn, in Büsum oder auf Föhr. Verschiedene Arrangements wie zum Beispiel ein Picknickkorb oder ein Frühstück am nächsten Morgen versüßen das Erlebnis zusätzlich und sorgen für noch mehr Entspannung und einen Hauch von Luxus. Die komfortablen Schlafstrandkörbe bieten genug Platz für bis zu zwei Personen und lassen sich auf Wunsch verschließen, falls die Küstenbrise doch einmal zu kräftig unterwegs ist.

01 STRANDSCHLAFEN IM STRANDKORB
02 MIT DEM HAUSBOOT AUF DEM SEE
03 GLAMPING IM BLIESGAU
04 ROMANTIK IM SCHÄFERWAGEN
05 LUXURIÖS AN DER ZUGSPITZE NÄCHTIGEN
06 HOFGUT HOPFENBURG IN MÜNSINGEN

Links und oben: Am Niederrhein lädt die Bislicher Insel zu einer Übernachtung auf dem Hausboot ein – tierische Nachbarn inklusive. Ganz oben und Mitte: Übernachten im Floating Village – so geht entspanntes Wohnen am fränkischen Brombachsee.

Rechts: Im Waldgarten im Glamping-Resort Bliesgau schläft es sich komfortabel in kleinen Hütten inmitten des Grüns des Biosphärenreservats.

Strandschlafen // Nähere Infos zum Schlafstrandkorb in Schleswig-Holstein unter

**// www.sh-tourismus.de/
urlaubswelten/schlafstrandkorb**

02 MIT DEM HAUSBOOT AUF DEM SEE

Wasser ist als eines der vier Elemente für seine beruhigende Wirkung bekannt. Ob kleine Wellen oder spiegelglatte Oberfläche – auf einen von sattem Grün umrahmten See hinauszublicken, lässt uns binnen weniger Minuten zur Ruhe kommen. Was liegt also näher, als auf einem Hausboot direkt auf dem Wasser zu übernachten? Das Floating Village im Brombachsee bietet gewissermaßen schwimmende Übernachtungsinseln an, die mit allem erdenklichen Komfort ausgestattet sind. Auf der Oberdeck-Dachterrasse, die einen schönen Rundumblick ermöglicht, genießt man dann wunderbar die Abendstunden mit Blick auf die untergehende Sonne.

Auch in den Hausbooten auf dem Diersfordter Waldsee in Wesel kann man ausgezeichnet dem hektischen Alltag entfliehen. Inmitten der vielfältigen Landschaft des Niederrheins gelegen, finden hier Naturfreunde wie auch Erholungssuchende die perfekte Kombination aus maritimem Flair, Wellness und Abgeschiedenheit. Die vielfältige Flora und Fauna entdeckt man am besten bei einem idyllischen Spaziergang und lässt dann den Tag auf dem Wasser ausklingen.

Floating Village Brombachsee // Marina Ramsberg (Am Segelhafen), 91785 Pleinfeld

// www.eco-lodges.de

Hausboot Niederrhein // Schüttwich 19, 46487 Wesel, Bislich

// www.hausboot-niederrhein.de

03 GLAMPING IM BLIESGAU

Das UNESCO-Biosphärenreservat Bliesgau, im Südosten des Saarlands an der Grenze zu Frankreich gelegen, bietet Besuchern durch seine Glamping-Resorts eine besondere Übernachtungsmöglichkeit. Höchster Komfort – und das mitten in der herrlichen Natur! Die modern eingerichteten Naturhotelzimmer sind auf die drei »Gärten« Wald, Sonne und Wein verteilt. Im Waldgarten inspiriert die Kraft der Bäume, der Sonnengarten auf einem Hochplateau verfügt über eine tolle Terrasse mit Ausblick, und im Weingarten gedeihen Reben. Jede Unterkunft bietet Platz für bis zu drei Personen. Den Gästen steht es frei, als Selbstversorger für die täglichen Mahlzeiten aufzukommen oder sich in der Bliesgau Scheune ein reichhaltiges Frühstück zu gönnen. Tagsüber lädt das etwa 360 Quadratkilometer große Reservat zu Entdeckungstouren ein: Egal, ob zu Fuß oder mit dem Fahrrad, das vielfältige Freizeitangebot lockt jeden hinaus in die Natur. Knapp die Hälfte des Biosphärenreservats ist Landschaftsschutzgebiet. Charakteristisch sind

GUT ZU WISSEN

Warum nicht einmal die etwas andere Art des Campings ausprobieren? // Glamping, also glamouröses Camping, bietet Übernachtungsmöglichkeiten vom Safarizelt über die Jurte bis hin zum Tipi. Sogar im Fass lässt es sich herrlich entspannen.

// www.glamping.info

Links: Wisenten auf Augenhöhe kann man im Wisentgehege Hardehausen begegnen. Der Park ist ein tolles Ausflugsziel, wenn man im Schäferwagen Bad Berleburg übernachtet.

Buchenwälder, Streuobstwiesen und die Auenlandschaft des kleinen Flusses Blies. Das Besondere: Etwa 50 Prozent aller in Deutschland heimischen Orchideenarten sind hier auf engstem Raum zu finden!

Biosphärengarten Bliesgau // Zum Bergwald 6, 66271 Kleinblittersdorf

// **www.glamping-resorts.de**

04 ROMANTIK IM SCHÄFERWAGEN

Die Wildnis mit allen Sinnen spüren und genießen – rustikale Schäferwagen, nach traditionellem Vorbild gebaut oder original erhalten, eignen sich perfekt, um im Grünen fernab von Stress und Hektik zu entspannen. Früher waren Schäferwagen die schlichte Wohnstatt von Wanderschäfern, heute dienen sie als romantischer Unterschlupf für alle, die auf der Suche nach Einsamkeit und unverfälschter Natur sind. Wer etwa die abwechslungsreiche Landschaft des Rothaargebirges ganz unmittelbar erleben möchte, kann es sich im Schäferwagen in Bad Berleburg gemütlich machen. Diesen erreicht man nach einer kleinen Wanderung, die mitten hinein in die einsamen Wälder und Lichtungen des Mittelgebirges führt. Auch in Lichtenau direkt am Sintfeld-Höhenweg wartet eine solche außergewöhnliche Übernachtungsmöglichkeit auf Erholungssuchende. Tagsüber wird die abwechslungsreiche Landschaft bei ausgedehnten Streifzügen erkundet, während dann abends die Freiluft-Veranda zu einem gemütlichen Glas Wein und einer deftigen Brotzeit in der Natur einlädt.

NICHT VERPASSEN!

Externsteine // Etwa 40 Kilometer entfernt von Lichtenau ragen 13 graue Sandsteinfelsen bis zu 38 Meter hoch aus dem Erlen-Eschen-Wald heraus. Sie bestehen aus hartem Osning-Sandstein, der in der unteren Kreidezeit entstand und vor etwa 70 Millionen Jahren durch Verwerfungen in der Erdkruste steil aufgefaltet wurde.

Wisentgehege Hardehausen // Im Mittelpunkt stehen natürlich die großen Wildrinder. Sie haben hier im Gehege bei Hardehausen auf einer Fläche von knapp einem Quadratkilometer mit Mischwäldern und Wiesen ihr Zuhause. Pferdefreunde können außerdem eine Zuchtgruppe von bis zu 20 Tarpanen bewundern. Diese Wildpferdeart ist typisch für die Region, doch gegen Ende des 19. Jahrhunderts ausgestorben. Durch eine Rückkreuzung mit anderen ursprünglichen Pferderassen wird nun versucht, den Wildpferd-Charme dieser Tiere wieder aufleben zu lassen.

Rechts oben: Natur pur mit Wohlfühlfaktor – das bietet eine Übernachtung im Schäferwagen.

Rechts Mitte: Nicht nur für kleine Indianerfans ein Spaß: Urlaub im Tipi auf dem Hofgut Hopfenburg in Münsingen.

Rechts unten: Auf einer urigen und luxuriös eingerichteten Berghütte kann man auf dem Campingplatz an der Zugspitze nächtigen.

Schäferwagen Bad Berleburg // Event-Wandern Heidi Dickel, Herrenwiese 7, 57319 Bad Berleburg
// www.eventwandern-heidi-dickel.de

Schäferwagen Lichtenau // Tourist-Information Stadt Lichtenau, Lange Straße 39, 33165 Lichtenau
// www.sintfeld-hoehenweg.de/gastgeber

05 LUXURIÖS AN DER ZUGSPITZE NÄCHTIGEN

Beim Camping muss man keineswegs auf Luxus verzichten. Das beweist dieses vielfach prämierte Resort mitten im schönen Zugspitzland. Die bestens ausgestatteten Wohnmobilstellplätze besitzen Ver- und Entsorgungsanlagen, und auf Anfrage können private Sanitärbereiche gemietet werden. Wer sein eigenes Zuhause auf vier Rädern nicht mitbringt, der kann in einer urigen bayerischen Berghütte oder in einem gemütlichen Schlaffass nächtigen. Zur Entspannung geht es in die Sauna, auf Sportliche wartet dagegen eine moderne Fitnesslandschaft. Egal, ob im Sommer zum Bergsteigen und Mountainbiken oder im Winter zum Skifahren – die herrliche Natur lädt zu vielseitigen Aktivitäten ein.

Camping Resort Zugspitze // Griesener Straße 9, 82491 Grainau
// www.perfect-camping.de

06 HOFGUT HOPFENBURG IN MÜNSINGEN

Inmitten des Biosphärenreservats Schwäbische Alb stehen die Glamping-Unterkünfte der Hopfenburg: Die Jurten, Tipis, Safarizelte, Schäfer-, Heide- und Zirkuswagen sind eine außergewöhnliche Art zu logieren; sie bieten dennoch sämtlichen Komfort der heutigen Zeit. Die mit viel Liebe eingerichteten Unterkünfte sorgen für eine angenehme Atmosphäre. Gerade für Familien mit Kindern sind die Spiel- und Sportmöglichkeiten attraktiv. Spezielle Ferienangebote wie Eselwanderungen, Bastelkurse und Ausflüge zu den Höhlen der Umgebung runden das Angebot ab. Für kulinarische Höhepunkte sorgen das Backhaus und der Hofladen.

Hofgut Hopfenburg // Hopfenburg 12, 72525 Münsingen
// www.hofgut-hopfenburg.de

#03 AUF LEISEN PFOTEN
TIERE BEOBACHTEN

Für eine Safari braucht man gar nicht weit reisen: Vor unserer Haustür kann man seltene Tierbeobachtungen machen und Spannendes entdecken! Die Nordseeküste etwa ist ideal, um heimische Vögel und Zugvögel zu sichten. In Brandenburg dagegen tummeln sich Wasserbüffel an der Oder, und Wildkatzen und Wölfe durchstreifen die verwunschenen Wälder der Eifel und des Schwarzwalds. Die hiesigen Wildtiere zu sehen erfordert viel Ruhe und Geduld – Entschleunigung kommt dabei ganz von selbst.

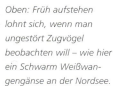 01 LUMMENFELSEN

Eines der Highlights der Insel Helgoland ist der Lummenfelsen, das kleinste Naturschutzgebiet Deutschlands. In der rund 50 Meter hohen Felswand brüten im Frühjahr Tausende von Seevögeln. Am spektakulärsten geht es im Juni zu. Denn dann stürzen sich Tausende junger Trottellummen in die Tiefe, um ihr Leben künftig auf dem Meer fortzusetzen. Außer den Namensgebern ziehen hier auch Dreizehenmöwen, Eissturmvögel, Basstölpel und der Tordalk ihre Jungen groß. Nirgendwo sonst in Deutschland gibt es eine derart hohe Brutvogeldichte. Wie die Elternvögel sich und ihren Nachwuchs geschickt auf den schmalen Felsvorsprüngen balancieren, ist vom Klippenrandweg gut einsehbar.

Helgoland // Helgoland Tourismus-Service, Lung Wai 27, 27498 Helgoland
// www.helgoland.de/adressen/lummenfelsen

Oben: Früh aufstehen lohnt sich, wenn man ungestört Zugvögel beobachten will – wie hier ein Schwarm Weißwangengänse an der Nordsee.

Linke Seite: Zehntausende Kraniche rasten im Frühjahr und Herbst im Norden Deutschlands. Vielerorts werden aus diesem Anlass Kranichtage oder -wochen veranstaltet, wo sich alles rund um die gefiederten Besucher dreht.

NICHT VERPASSEN!

Klippenrandweg // Ein Muss für jeden Helgoland-Besucher ist der Klippenrandweg über das Oberland, der spektakuläre Ausblicke auf das Meer und die Vogelfelsen bietet. Über Trampelpfade lässt sich auch der 61 Meter hohe Pinneberg, die höchste Erhebung der Insel, erreichen.

01 **LUMMENFELSEN**
02 **ZUGVOGELTAGE**
03 **MINSENER OOG**
04 **RANTUM-BECKEN AUF SYLT**
05 **WASSERBÜFFEL BEOBACHTEN**
06 **GÄNSEFÜHRUNG AUF DER BISLICHER INSEL**
07 **TIERSPURWANDERN IM NATIONALPARK EIFEL**
08 **LUCHS-ERLEBNISPFAD**

Ganz oben: Austernfischer verteidigen ihr Revier auf der Vogelinsel Minsener Oog, die man auf einer Wattwanderung erreichen kann. Hier begegnen einem auch die scheuen Brachvögel (oben). Links: Ein gutes Fernglas ist für einen Hobbyornithologen unverzichtbar, ebenso macht sich eine geführte Wanderung mit einem Vogelkundler unbedingt bezahlt.

Oben: In der Luftaufnahme des Rantum-Beckens erkennt man die Rückzugsgebiete, die von den Seevögeln bei der Brut aufgesucht werden.

NICHT VERPASSEN!

Ringelganstage // Jedes Jahr von Mitte April bis Mai lassen sich gewaltige Schwärme von Ringelgänsen auf den Halligen nieder. Rund 50 000 der braunbäuchigen Gänse rasten auf ihrem Weg an die Eismeerküste, wo sie brüten. Seit 1998 gibt es zu diesem Anlass die sogenannten Ringelganstage mit attraktiven Pauschalangeboten, um das Naturschauspiel beobachten zu können. Die Verleihung der »Goldenen Ringelgansfeder« an Menschen, die sich zum Schutz der Vögel einsetzen, bildet den feierlichen Auftakt der Festtage.

Kranichwochen in Fischland-Darß-Zingst // Mit der Ruhe ist es vorbei in der vorpommerschen Boddenlandschaft, wenn jeden Herbst Zehntausende von Kranichen einfallen, auf den abgeernteten Feldern nach Nahrung suchen und abends in schier endlosen Ketten zu ihren Schlafplätzen am Bodden zurückkehren. Und mit ihnen kommen die Vogelliebhaber. Die Reedereien bieten Fahrten zu den Schlafplätzen an und das NABU-Informationszentrum startet eine Kranichwoche mit vielfältigen Angeboten. Aber auch den Rest des Jahres über ist es mit Exkursionen und Ausstellungen für Vogelliebhaber da.

02 ZUGVOGELTAGE

Millionen verschiedener Vögel machen zweimal im Jahr Station im Niedersächsischen Wattenmeer. Im Frühjahr befinden sie sich auf dem Weg in ihre Brutgebiete, im Herbst fliegen sie zum Überwintern ins Warme. Schon seit fünf Jahren wird die Herbstreise der Tiere zum Anlass genommen, um sich ihnen eine Woche lang zu widmen. An der Küste und auf sieben Inseln werden im Oktober über 150 Veranstaltungen zu diesem Thema angeboten.

// www.zugvogeltage.de

03 MINSENER OOG

Östlich von Wangerooge liegt die kleine Vogelinsel Minsener Oog. Hier finden zahlreiche Vogelarten wie etwa Silbermöwe, Heringsmöwe oder Rauchschwalbe optimale Bedingungen. Nach dem Zweiten Weltkrieg war vor allem das Wasser- und Schifffahrtsamt Wilhelmshaven auf der Insel tätig, aber auch der Leuchtturm ist mittlerweile automatisiert. Heute lebt auf der Insel nur während der Brutzeit im Sommer ein Vogelwart. Seit 1959 steht sie unter Naturschutz. Sommers gibt es Wattwanderungen von Schilling auf dem Festland zur Insel. Die lohnenswerte Wanderung dauert rund eine Stunde pro Strecke und sollte keinesfalls ohne Führung unternommen werden.

// www.nationalpark-wattenmeer-erleben.de
// www.wattlopen.de/minsener-oog

04 RANTUM-BECKEN AUF SYLT

Vogelfreunde auf Sylt zieht es in das Rantumer Becken südlich des Hindenburgdamms. 1936 haben es die Nationalsozialisten ausheben lassen, um einen Wasserflughafen anzulegen. Später leitete man die Abwässer von Westerland in das nutzlos erscheinende Becken. Doch schon bald zeigte sich, dass die flache Wasserfläche zu einem Paradies für Seevögel wurde. So wurde das Becken 1962 renaturiert. Mit der Zeit entwickelten sich verschiedene Süß- und Salzwasserlebensräume wie offene Wasserflächen, Schlickflächen, Verlandungszonen, Schilf und Salzwiesen, die für die unterschiedlichsten Vogelarten wertvolle Brut- und Rastplätze sind. Auf dem etwa neun Kilometer langen Deich rund um das Becken ist ein herrlicher Wanderpfad angelegt, von dem aus man die

Ganz links: Wasserbüffel in Deutschland? In der Tat sind diese Tiere, die man sonst nur aus Asien kennt, im Unteren Odertal anzutreffen.

Links: Bei einer Führung auf der Bislicher Insel trifft man auf Wildgänse.

Seevögel in aller Ruhe beobachten kann. Zum Brüten ziehen sich viele Vögel aber auf kleine Inseln inmitten der flachen Gewässerflächen zurück und sollten dort nicht gestört werden, auch wenn das Becken bei Ebbe begehbar ist.

Rantum-Becken auf Sylt // Nösistich 13, 25980 Sylt

// www.insel-sylt.de

05 WASSERBÜFFEL BEOBACHTEN

Wasserbüffel sind imposante Wildtiere, die dem einen oder anderen von einem Urlaub in Asien bekannt sein dürften. Was nicht jeder weiß: Vor der letzten Eiszeit war eine Unterart dieser Rinder auch in Mitteleuropa und Deutschland zu Hause. Wasserbüffel kommen mit Moor hervorragend zurecht und können sogar schwimmen. Zwischen Friedrichsthal und Gartz kann eine Herde beobachtet werden.

Nationalpark Unteres Odertal // Park 2, OT Criewen, 16303 Schwedt/Oder

// www.nationalpark-unteres-odertal.eu

06 GÄNSEFÜHRUNG AUF DER BISLICHER INSEL

Eine besondere Auenlandschaft unweit von Xanten am Niederrhein ist die Bislicher Insel. Sie zählt zu den letzten Auenlandschaften Deutschlands und ist daher auf einer Fläche von fast neun Quadratkilometern unter Naturschutz gestellt. Deshalb dürfen sich Besucher nur auf den markierten Wegen und einigen Aussichtshütten aufhalten, die ein Panorama auf die renaturierten Kiesgruben und den Altrhein mit seinen Schlammufern ermöglichen. Bei Hochwasser werden weite Teile des Gebietes überflutet. Im Winter kann man bis zu 25 000 arktische Wildgänse beobachten, die hier Station machen. Die Gebäude des Eyländer Hofs wurden zu einem Informationszentrum umgebaut, das sich mitten im Naturschutzgebiet Bislicher Insel befindet. Neben interessanten Ausstellungen bietet das Forum auch einen Rundweg durch die geschützten Landschaften und sogar geführte Exkursionen an, bei denen man alles Wissenswerte über die Hochwasserregionen erfahren kann.

NaturForum Bislicher Insel // Bislicher Insel 11, 46509 Xanten

// www.rvr.ruhr/themen/oekologie-umwelt/ startseite-bislicher-insel/

07 TIERSPURWANDERN IM NATIONALPARK EIFEL

Er liegt nur 65 Kilometer vom Ballungsraum Köln entfernt und bietet ein Wildniserlebnis der ganz ursprünglichen Art: Im Nationalpark Eifel wird die Natur seit dem Jahr 2004 auf einer Fläche von 110 Quadratkilometern komplett sich selbst überlassen – so wie es in den Nationalparks weltweit die Regel ist. Diese Maßnahme ist eine Investition in die Zukunft, denn auf dem Gebiet des 14. deutschen Nationalparks leben mehr als 1600 zum Teil bedrohte Tier- und Pflanzenarten. Der Winter ist für Wildtierbeobachter eine herrliche Zeit. Wenn Schnee liegt, bekommt man von manchen scheuen Tierarten überhaupt erst mit, dass sie sich in der Gegend aufhalten. Gangart, Trittform und -größe verraten dem kundigen Spurenleser, wer da unterwegs war. Die Park-Ranger bieten lehrreiche Führungen durch das gesamte Gebiet an, auch im Winter. Und sie haben nicht nur ein Auge für seltene Tier- und Pflanzenarten, sondern überdies auch einen Sinn für lustige Anekdoten.

Nationalpark-Zentrum Eifel // Forum Vogelsang IP, Vogelsang 70, 53937 Schleiden
// www.nationalpark-eifel.de

08 LUCHS-ERLEBNISPFAD

Luchse sind in Deutschland selten geworden und daher eine ganz besondere Attraktion des Naturparks Schwarzwald Nord. Ein spezieller Luchs-Pfad von ca. vier Kilometern Länge lädt zur Erkundung der scheuen Tiere ein. Wer besonders viel Glück hat, entdeckt auf der drei- bis vierstündigen Route sogar ein Wildtier. Alle anderen lernen jedenfalls eine Menge über die Vierbeiner. Die beliebtesten Attraktionen der 24 Erkundungsstationen sind Fernrohre mit Blick auf mögliche Beutetiere, ein Schleichparcours, eine Hörstation mit Tierstimmen sowie eine Weit- und Hochsprunganlage. Der Kurs ist das ganze Jahr über geöffnet und kostenfrei. Nur bei extremen winterlichen Bedingungen ist der Besuch des Pfades aus Sicherheitsgründen verboten. Der Luchspfad liegt im Stadtwald Baden-Baden. Startpunkt ist der Parkplatz an der Schwarzwaldhochstraße (B500) am Hotel Plättig.

Nationalpark Schwarzwald // Luchspfad, Am Stadtwald 8, 77815 Bühl
// www.nationalpark-schwarzwald.de

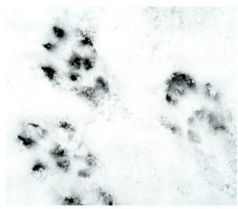

Rechts oben: Ist man im Fährtenlesen kundig, weiß man, dass hier ein Fuchs seine Spur im Schnee hinterlassen hat.

Rechts: Luchse sind scheue Waldbewohner; auf dem Luchs-Erlebnispfad im Schwarzwald besteht aber durchaus eine Chance, die Tiere zu beobachten.

GEMÄCHLICHES TEMPO
MIT TIEREN UNTERWEGS

#04

Einen Gang runter schalten, die Welt fernab von Hektik und Termindruck wahrnehmen: Das kann man gut auf dem Rücken eines Vierbeiners. Pferde, Esel und Lamas sorgen seit jeher durch ihre ruhige, freundliche Art für Zutrauen und Entspannung. Wer mit Tieren unterwegs ist, der vergisst für eine Weile den Alltag und lässt sich bewusst ein wenig »tragen«.

Oben und linke Seite: Was gibt es Herrlicheres als auf dem Rücken eines Pferds am Meer entlangzureiten und die Natur zu genießen? Die herrliche Luft und die unberührte Strandlandschaft entschädigen dabei für die Kälte.

Rechts: An der Ostseeküste bei Ahrenshoop wagen Reiter einen Ausritt bei kalten Temperaturen.

01 WINTERREITEN AN OST- UND NORDSEE

Der Schnee knirscht unter den Hufen, warme Luft strömt aus den Nüstern, unter der Satteldecke ist das Winterfell zu sehen. Während das Pferd vergnügt voranstapft, kann der Reiter seinen Blick über die verschneite Elblandschaft oder bei einem Ausritt am Strand über das graue Meer streifen lassen. Pferden macht in der Regel die Kälte weniger aus als Hitze, dennoch mag manch besorgter Reiter seinen Vierbeiner mit einer Winterdecke schützen wollen. Ob das notwendig ist, darüber streiten sich noch die Experten. Auf jeden Fall sollte der Reiter sich gut einpacken. Auch die Reitstiefel, die im Sommer ausreichen, schützen in klirrender Kälte die unteren Extremitäten nicht ausreichend. Beim Winterreiten bekommen selbst erfahrene Pferdeflüsterer schnell kalte Füße. Thermokleidung ist nun angesagt, denn eine Erkältung sollte nicht das Ergebnis eines Ausritts im Winter sein. Wer also gut vorgesorgt hat, kann den Ritt durch die verschneite flache Landschaft Norddeutschlands oder am Küstensaum von Nord- und Ostsee richtig genießen. Lüneburg etwa ist der Startpunkt des Elbe-Reitwegs. Die Strecke führt entlang des Flusses bis in die Nemitzer Heide.

- **01** WINTERREITEN AN OST- UND NORDSEE
- **02** SCHWIMMEN MIT PINGUINEN
- **03** ESELWANDERUNG
- **04** LAMATREKKING IM HUNSRÜCK
- **05** KAMELREITEN IM BAYERISCHEN OBERLAND
- **06** WANDERREITEN IM SÜDEN DEUTSCHLANDS
- **07** HUNDESCHLITTENFAHRTEN

Ganz oben: Nur durch eine Glasscheibe getrennt, kann man in den Spreewelten mit Humboldtpinguinen um die Wette schwimmen. Wobei der Sieger in diesem Duell mit den flinken Pinguinen wohl schon feststehen dürfte… Gemächlicher geht es da auf einer Eselwanderung zu (oben und links). Und die grauen Tiere sind auch gar nicht so stur, wie ihr Ruf es will.

Rechts: Auf gemütlichen Wegen geht es beim Lamatrekking im Hunsrück entlang.

Der Untergrund ist meistens sandig und damit besonders huffreundlich.

// **www.auf-nach-mv.de**
// **www.elbe-reitweg.de**

⑫ SCHWIMMEN MIT PINGUINEN

Der 25. April ist Weltpinguintag. Und den kann man in den »Spreewelten« Lübbenau feiern: Nur durch eine große Plexiglasscheibe getrennt, planschen Mensch und Humboldt-Pinguin um die Wette. Bei der Pinguinfütterung können Badegäste sogar auf Tuchfühlung mit den Tieren gehen. Neben dieser besonderen Attraktion bieten die Spreewelten alle Annehmlichkeiten eines modernen Erlebnisbads.

Spreewelten Bad Lübbenau // Alte Huttung 13, 03222 Lübbenau/Spreewald

// **www.spreewelten.de**

⑬ ESELWANDERUNG

Wandern in unversehrter Natur entspannt und ist gesund. Mit Tieren macht es noch mehr Spaß, vor allem, wenn sie so freundlich und ruhig wie Esel sind. Auf verschiedenen Routen kann man gemeinsam mit den Huftieren durch das Biosphärenreservat Schaalsee streifen.

Biosphärenreservatsamt Schaalsee-Elbe // Pahlhuus, Wittenburger Chaussee 13, 19246 Zarrentin am Schaalsee

// **www.eselpfad.de**

⑭ LAMATREKKING IM HUNSRÜCK

Im wildromantischen Naturpark Soonwald-Nahe sind sie der Clou beim Wandern: Eigentlich in Südamerika beheimatet, begleiten Lamas und Alpakas die Touren durch rheinland-pfälzisches Gebiet auf Schritt und Tritt, vermitteln »Natur pur« bei dieser besonderen Art der Mensch-Tier-Begegnung. Mit etwas Glück lassen sich auch wild lebende Tiere wie Füchse, Graugänse, Reiher und Greifvögel auf den »tierischen« Wanderungen entdecken. Die attraktiven Touren werden zu jeder Jahreszeit durchgeführt und bieten deshalb ganz unterschiedliche, aber immer einzigartige Erlebnisse. Ob auf Halb- oder Tagestouren, zum Mittsommer oder im Herbst beim »Indian Summer«, sogar im Winter zur Glühweintour oder zum Weihnachtsmarkt – die sanften und gut ausgebildeten Lamas und Alpakas begleiten die Wanderer zu vielen Anlässen durch die beschauliche Natur des Hunsrück. Entweder abseits touristischer Pfade oder gezielt zu den unterschiedlichen Destinationen geht es von der Villa Autland in Seibersbach aus auf die Tour. Bei manchen Terminen gibt es dem Anlass entsprechend nach der Wanderung auf dem Hof eine stimmungsvolle

Bewirtung. Selbst »tiergestützte Therapien« werden angeboten. Übernachtungen sind in der nahen Umgebung möglich. Vor jeder Wanderung wird zunächst der persönliche Kontakt zu den eigentlich als Packtier bekannten Andentieren hergestellt. Bereits diese erste Erfahrung mit den exotischen Wandergesellen steigert die Vorfreude auf die ganz besondere Wanderung über die Hügel und durch die üppigen Wälder des Soonwaldes. Die freundlichen Tiere strahlen Ruhe und Gelassenheit aus, einmal auf deren Tempo eingelassen, bringt das die gesuchte Entschleunigung vom Alltag. Jeder Teilnehmer – so man mag – bekommt ein ausgewähltes Tier an die Hand, nachdem es den Proviant für das Picknick auf den Rücken geschnallt bekommen hat. Die Lamas zeigen durchaus eigene Charaktere, sind dabei aber immer lieb und »lammfromm«.

Hunsrück Lamas // Villa Autland,
55444 Seibersbach
// www.hunsrueck-lamas.de

NICHT VERPASSEN!

Lama-Wanderung // Der Naturpark Dahme-Heideseen ist ein ideales Wanderrevier. In Begleitung eines Lamas wird eine Tour zu Fuß zum ganz besonderen Erlebnis. Die Tiere tragen das Gepäck und strahlen Ruhe und Gemütlichkeit aus.
// www.zadik-lamas.de

Lamatrekking // Lamas und Kamele in Bayern? Im Naturpark Haßberge sind sie kein seltener Anblick und man kann mit ihnen wandern. Die freundlichen Tiere tragen das Gepäck und verbreiten eine ausgesprochen angenehme Atmosphäre. Auch Kamele gibt es, auf denen man sogar reiten kann.
// www.hassberglama.de

05 KAMELREITEN IM BAYERISCHEN OBERLAND

Eine schaukelnde Karawane zieht durch den Schnee im bayerischen Oberland, und man muss zweimal hinsehen, um seinen Augen trauen zu können: Ja, es handelt sich tatsächlich um Kamele, die hier die oberbayerische Winterlandschaft dem gewohnten Wüstensand vorziehen. Die Bayern-Kamele leben im malerischen Mangfalltal, gemeinsam mit einigen Eseln und einer Herde Lamas. Man kann sie in ihrem Beduinenzelt auf dem Kamelhof besuchen oder aber auch eines der über 30 Tiere zu einem Reitausflug nutzen. Dabei geht es auf den Wüstenschiffen gemächlich etwa anderthalb Stunden durch die hügelige Landschaft – ein herrlicher Trip zum Abschalten und Genießen. Stress fällt ab, wenn man sich dem ruhigen Geschaukel der sanften Kamele anvertraut. Wer lieber selbst laufen möchte, kann dies bei Trekkingtouren in Begleitung von Eseln oder Lamas tun, auch hierzu gibt es ein ganzjähriges Angebot.

Bayern-Kamele // Bianca & Konstantin Klages, Kamelhof 1, 83626 Grub
// www.bayern-kamele.de

06 WANDERREITEN IM SÜDEN DEUTSCHLANDS

Reiterferien sind für Pferdefreunde das Größte. Im Naturpark Oberer Bayerischer Wald ist alles vorhanden, was gelungene Ferien auf dem Rücken von Pferden ausmacht – von leichten Tagesetappen bis hin zu anspruchsvollen Berg- und Distanzritten, von der kleinen Wanderreitstation bis zur professionellen Reitsportanlage.

Links: Für Pferdesportbegeisterte – und solche, die es werden wollen – gibt es gerade im Süden Deutschlands unzählige Angebote für Reiterferien.

Unten: Ein wenig deplatziert wirkt das Kamel in der oberbayerischen Idylle, auf dem Kamelhof in Grub fühlt es sich aber sichtlich wohl.

Ganz unten: Rasant geht es mit einem Schlitten voran, den Huskys ziehen.

Urlaub mit dem eigenen Pferd ist auch im Chiemgau möglich. Wer auf seiner Tour nicht unter freiem Himmel übernachten möchte, findet in Truchtlaching nicht nur Ferienhäuschen für sich, sondern auch einen Stall für sein Pferd. Von der Reitstation »Wandergaul« lassen sich verschiedene GPS-geführte Tagesritte ins Umland unternehmen.

Reiterferien einmal ganz anders: Mit dem Pferd hinauf ins Mangfallgebirge reiten, auf einer Alm übernachten und am nächsten Tag ins Leitzachtal hinab – zwei Tage in einem neuen Rhythmus, eins werden mit dem Pferd und der Natur, Entschleunigung leben und in Ruhe die Almwiesen genießen. Was gibt es Schöneres?

// **www.bayerischer-wald.org/de/
aktivurlaub/wanderreiten**
// **www.wandergaul.de**

Nähere Informationen zu den Ritten vom Inn ins Leitzachtal gibt es unter
// **www.steinreb.de/
wanderreiten-bayern-steinreb.html**

07 HUNDESCHLITTENFAHRTEN

Die sanft wellige Endmoränenlandschaft der Voralpen ist ein ideales Gelände für Ausfahrten mit dem Hundeschlitten. Familienfreundliche Huskys ziehen im Winter den Schlitten, im Sommer können die Fahrten auch mit einem Trainingswagen unternommen werden. Darüber hinaus sind auch Schneeschuhwanderungen mit den Hunden oder Touren bei Vollmond im Angebot.

Huskies erleben // Mühlweg 2a,
86492 Egling an der Paar
// **www.huskies-erleben.de**

PERSPEKTIVENWECHSEL
#05 IM BAUMHAUS

Über einem die rauschenden Wipfel majestätischer Bäume und die endlosen Weiten eines kristallklaren Sternenhimmels – Baumhäuser üben nicht nur auf Kinder einen besonderen Reiz aus. Auch Erwachsene genießen in ihnen großartige Momente der Ruhe und Besinnung, die lange in Erinnerung bleiben.

Oben und linke Seite: Moderne Baumhäuser in einer einzigartigen Naturkulisse ganz nah am Himmel – was kann erholsamer sein?

Rechts: Wie aus einer Geschichte von Astrid Lindgren: das Inselbaumhaus in der »Geheimen Welt von Turisede« der Kulturinsel Einsiedel.

01 BAUMHÄUSER AM SORPESEE

Eine Nacht im Baumhaus lässt einen der Natur ganz nahe kommen: Das Rascheln der Blätter wiegt sanft in den Schlaf, während das Vogelgezwitscher am Morgen den neuen Tag ankündigt. Wer dieses Erlebnis noch mit einem erholsamen Aufenthalt am Wasser verbinden möchte, liegt mit den Baumhäusern am Sorpesee im Sauerland genau richtig. Jedes ist direkt am Seeufer gelegen und bietet auf rund 55 Quadratmetern ausreichend Platz für die ganze Familie. Die großzügige Ausstattung mit Badezimmer, Küche und gemütlichem Wohnbereich schafft alle Voraussetzungen, um überaus komfortabel unter dem Blätterdach zu relaxen. Highlight ist die großzügige Terrasse mit Seeblick, auf der man morgens mit einem leckeren Frühstück in den Tag starten und abends bei einem Glas Wein die Aussicht genießen kann.

Nordic-Familienpark Sorpesee //
Hakenbrinkweg 19, 59846 Sundern-Langscheid
// www.sorpesee.de/ nordic-familienpark-sorpesee

02 BAUMHAUSHOTEL SOLLING

Das Baumhaushotel Solling liegt im Naturpark Solling-Vogler fernab von hektischem Großstadttrubel und inmitten eines der größten Waldgebiete Norddeutschlands. Die Ausstattung der rustikalen Baumhäuser konzentriert sich auf das Wesentliche, sodass man hier ohne viel Schnickschnack direkt in der Natur Abstand vom Alltag finden kann – ob nun für eine

01 BAUMHÄUSER AM SORPESEE
02 BAUMHAUSHOTEL SOLLING
03 RESORT BAUMGEFLÜSTER
04 BAUMHAUSHOTEL UCKERMARK
05 BAUMHAUSHOTEL KULTURINSEL EINSIEDEL

romantische Nacht oder gleich für eine längere Auszeit. Zu ausgedehnten Erkundungstouren lädt der EXPO-ErlebnisWald Schönhagen ein, der neben Duftgarten und Klimaturm auch einen ökologischen Naturbadesee bietet.

Baumhaushotel Solling // In der Loh,
37170 Uslar, OT Schönhagen
// www.baumhaushotel-solling.de

03 RESORT BAUMGEFLÜSTER

Im niedersächsischen Ammerland, nur etwas mehr als eine halbe Stunde Fahrtzeit von der Nordsee entfernt, liegt das Resort Baumgeflüster mit stilvoll eingerichteten Baumhaus-Suiten. Mitten in einem mystisch anmutenden Wald gelegen und fernab von Hektik und Stress kann man hier nicht nur die beschauliche Waldruhe, sondern auch das heilsame Schonklima genießen. Vier Meter über dem Waldboden schwebend, zeichnen sich die Baumhäuser vor allem durch ihr modernes Design und eine hochwertige Ausstattung aus. Nach einer erholsamen Nacht in luftiger Höhe erwacht man mit dem Duft von unbehandeltem Lärchenholz in der Nase und genießt anschließend die märchenhafte Ruhe im sanften Morgenlicht direkt unter dem Blätterdach. Und nicht selten wird man von ein paar neugierigen Rehen besucht, die sich oft bis ans Baumhaus heranwagen. Garantiert ein unvergessliches Erlebnis.

Oben: Auch als Honeymoon-Ziel ist ein Baumhaus eine kuschelige Adresse.

Links oben: In der Kulturinsel Einsiedel kann man auch im sogenannten Aquariumbaumhaus übernachten. Für ausreichend Privatsphäre trotz Glasfronten sorgt Spionspiegelglas.

Links unten: Auch im Naturpark Schönbuch steht ein Baumhaushotel.

Rechts: Baumhaus-Romantik wird im Resort Baumgeflüster zu einem besonderen Walderlebnis.

Resort Baumgeflüster // Insa Otteken, Brannenweg 22, 26160 Bad Zwischenahn

// www.baumgefluester.de

04 BAUMHAUSHOTEL UCKERMARK

Inmitten des Biosphärenreservats Schorfheide-Chorin befindet sich das Baumhaushotel Uckermark. Vier individuell eingerichtete Baumhäuser, bei denen weniger ausschweifender Luxus, sondern eher entspannte Behaglichkeit im Vordergrund steht, warten darauf, den Kindheitstraum einer Baumhausübernachtung Wirklichkeit werden zu lassen. Vom kleinen Baumhaus »Entenstrich« für zwei Personen bis hin zum größeren Baumhaus »Waldgeflüster« mit Platz für bis zu fünf Personen eignen sie sich perfekt, um die einzigartige Atmosphäre des Biosphärenreservats und all seiner tierischen Bewohner auf sich wirken zu lassen.

Baumhaushotel Uckermark // Karl-Ernst Wurth, Gut Gollin 1, 17268 Templin

// www.baumhaushotel-uckermark.de

05 BAUMHAUSHOTEL KULTURINSEL EINSIEDEL

Auf der Kulturinsel Einsiedel gibt es gleich mehrere Baumhausangebote. Im Baumhaushotel schläft man bis zu zehn Meter hoch zwischen den Baumkronen, während man im Inselbaumhaus besonders abge-

schieden nächtigen kann. Wer die Nacht sanft schwingend in den Baumwipfeln verbringen möchte, kann dies im Traumkokon tun, einem hängenden, überdachten Bett.

Kulturinsel Einsiedel – Die Geheime Welt von Turisede // Kulturinsel Einsiedel 1, 02829 Neißeaue, OT Zentendorf

// www.turisede.com

GUT ZU WISSEN

Die Stille des Winters genießen // Wollten Sie schon immer mal ganz abgeschieden inmitten eines Winterwalds übernachten? Viele der Baumhäuser sind mit Heizungen ausgestattet und können so auch in den Wintermonaten gebucht werden. Wenn sich eine dichte Schneedecke auf das Blätterdach legt und alle Geräusche verschluckt, ist die Stille des Waldes einfach unbeschreiblich.

#06 DEM HIMMEL SO NAH
HÜTTEN MIT FERNBLICK

Rötlich glühende Gipfel, sattgrün leuchtende Täler und dazu das beruhigende Läuten der Kuhglocken – die Berge in Süddeutschland bieten Entspannungssuchenden zahlreiche Möglichkeiten, wohltuende Momente der Ruhe zu erleben. Das gilt besonders für die Nächte unter einem glasklar funkelnden Sternenhimmel. Traditionelle Almhütten sind wohl der Inbegriff von Ruhe, Abgeschiedenheit und Entschleunigung. Viele sind erst nach einer mehrstündigen Gipfeltour erreichbar und lassen den Alltagsstress der Zivilisation sofort vergessen. Ursprünglich dienten sie Sennern und Vieh während der Sommermonate als Unterkunft. Heute sind viele dieser Almhütten umfunktioniert worden: Sie bieten nun außergewöhnliche Übernachtungsmöglichkeiten.

Oben: Vom Törlgatterl im Wettersteingebirge hat man einen lockenden Gipfelblick zur Törlspitze, im Vordergrund mit der Meilerhütte. Der Berg ist im Sommer bei Wanderern beliebt, aber auch im Winter bei Skitourengehern.

Linke Seite: Roß- und Buchstein sind ein Doppelgipfel. Im Sattel zwischen den beiden Gipfeln liegt auf 1650 Meter Höhe die Tegernseer Hütte, deren Terrasse herrliche Ausblicke bis weit hinein auf den Alpenhauptkamm und das gesamte Karwendel bis hinüber zur Zugspitze bietet.

01 NATURFREUNDEHAUS FELDBERG

Insbesondere bei Wanderern, die in der einzigartigen Naturlandschaft der Alpen unterwegs sind, erfreuen sich die Berghütten großer Beliebtheit. Je nach Objekt bieten sie rustikale Schlafsäle, Einzelzimmer oder luxuriöse Suiten. Viele Berghütten werden nur in den Sommermonaten bewirtschaftet, andere sind so ausgebaut, dass es sich hier sogar im Winter herrlich zurückgezogen in der Natur übernachten lässt. Im NaturFreundehaus Feldberg im Schwarzwald sind alle Menschen eingeladen, die sich für den sanften Tourismus interessieren, und jene, welche die herrliche Natur des Naturparks Südschwarzwald entdecken wollen.

NaturFreundehaus Feldberg // Hüttenwirt: Rasmus Englisch, Am Baldenweger Buck, 79868 Feldberg
// www.naturfreundehaus-feldberg.de

02 HÜTTEN IM KARWENDEL

Wer noch höher hinaus und die wilde Schönheit des Karwendels erleben möchte, findet zum Beispiel in der Dammkarhütte insgesamt zehn Schlafplätze für Wanderbegeisterte. Diese Berghütte ist erst nach einer Gehzeit von rund zwei Stunden zu erreichen und verzaubert mit einer Bergkulisse, die das Gefühl vermittelt, die Zeit wäre stehen geblieben. Wer Ruhe sucht und dazu noch gern eine zünftige Brotzeit genießt, ist hier bestens aufgehoben. Die Hütte ist jedoch nur im Sommer zwischen Mai und September bewirtschaftet. Vom Soiernhaus, das heute vom Alpenverein bewirtschaftet wird und beliebtes Ziel von ambitionierten Bergwanderern ist, sind die beiden kleinen, türkis funkelnden Soiernseen inmitten des Soiernkessels zu sehen und nach wenigen Minuten auch zu Fuß erreichbar. Hier nächtigte einst König Ludwig II. Sein Gefolge bewohnte eine direkt am Ufer gelegene Hütte. Ludwig hatte einst ein Boot hierherbringen lassen, um

01 **NATURFREUNDEHAUS FELDBERG**
02 **HÜTTEN IM KARWENDEL**
03 **ÜBER DEN HEILBRONNER WEG**
 ZUR KEMPTNER HÜTTE
04 **HÜTTEN IM ZUGSPITZLAND**
05 **KÖNIGSHAUS AM SCHACHEN**

die 1552 Meter hoch gelegenen Bergseen bei klaren Vollmondnächten zu befahren.

Dammkarhütte im Karwendel // Hüttenwirtin: Andrea Reindl, Übernachtung nur mit telefonischer Anmeldung

// www.dammkarhuette.de

Soiernhaus im Karwendel // Susanne Härtl und Klaus Heufelder, Wettersteinstr. 1, 82499 Wallgau
// www.sektion-hochland.de/
index.php?id=soiernhaus

03 ÜBER DEN HEILBRONNER WEG ZUR KEMPTNER HÜTTE

Der Heilbronner Weg wurde 1899 eingeweiht. Seitdem erfreut sich der hochalpine Wanderweg mit Klettersteigcharakter großer Beliebtheit und es kann am Wochenende recht belebt zugehen. Ruhiger wandert es sich in der Woche. Für eine Übernachtung auf einer der Hütten empfiehlt sich aber auch dann eine Reservierung. Der Heilbronner Weg verbindet die Rappenseehütte mit der Kemptner Hütte. Er ist ungefähr elf Kilometer lang und für konditionell starke Wanderer an einem Tag (ca. 7 Stunden) zu gehen. Der Weg verläuft über den Hauptkamm der Allgäuer Alpen in einer durchschnittlichen Höhe von 2500 Meter und bietet neben spektakulären Aussichten die Möglichkeit, kurze Abstecher zu zwei der höchsten Allgäuer Gipfel zu unternehmen. Es sind die Mädelegabel (2645 Meter) und Hohes Licht (2651 Meter), für deren Besteigung man pro Gipfel zusätzlich ungefähr eine Stunde Gehzeit einplanen sollte. Zusammen mit dem Aufstieg zu einer der Hütten, die den Heilbronner Weg flankieren, sowie dem Abstieg von

Oben: Die Einsamkeit der Berglandschaft Bayerns wusste schon König Ludwig II. zu schätzen. Deshalb errichtete er in 1870 Meter Höhe das sogenannte Schachenschloss und entfloh, wann immer er konnte, den Gedanken des Alltags. Heute ist das »Jagdschloss am Schachen« ein beliebtes Ziel für Wanderer mit guter Kondition.

Unten: Stahlbrücke beim Klettersteig des Heilbronner Höhenwegs, eine der schönsten, aber auch schwersten Höhenwanderungen der Alpen.

Oben: Idyllischer Blick auf die Allgäuer Alpen: die beliebte Kemptner Hütte mit Kratzer, Mädelegabel und Trettachspitze im Hintergrund.

der Zielhütte ins Tal ergibt sich eine zwei- bis dreitägige Wandertour.

Kemptner Hütte // Hüttenwirte Gabi und Martin Braxmair

// **www.kemptner-huette.de**

04 HÜTTEN IM ZUGSPITZLAND

Im Zugspitzland finden Tourengeher im Sommer wie im Winter eine gute Ausstattung mit Berghütten vor, die Verpflegung und Schlafplätze bieten. Der Alpenverein betreibt bewirtschaftete Hütten unterhalb des Krottenkopfs, auf dem Wank, dem Kreuzeck, im Höllental, dem Höllentalanger, dem Oberreintal, dem Reintalanger, auf der Zugspitze, am Dreitorspitzgatterl und am Stuiben sowie einige Selbstversorgerhüt-

GUT ZU WISSEN

Schlafen unter Sternen // Wer ein besonderes Gipfel-Abenteuer erleben möchte, kann biwakieren. Prinzipiell ist das Übernachten ohne Zelt und nur mit Schlafsack und Isomatte im hochalpinen Raum gesetzlich erlaubt. Auf Gemütlichkeit und Komfort wird hier komplett verzichtet, dafür bietet das Biwakieren ein einmaliges Naturerlebnis.

ten und Notunterkünfte. Dazu kommen zahlreiche Almen und privat bewirtschaftete Hütten entlang der beliebtesten Wanderrouten. Einige davon bieten nicht nur Stärkung, sondern auch Übernachtungsmöglichkeiten. Vom Schachen aus erreicht man in etwa 1,5 Stunden die Meilerhütte, die 2374 Meter hoch am Wettersteinkamm liegt. Sie ist Ausgangspunkt für zahlreiche Gipfel- und Klettertouren. Die Knorrhütte wiederum liegt auf dem Weg zwischen Reintal und Zugspitzgipfel, ermöglicht aber auch eine verkürzte Tour über den Jubiläumsgrat.

// **www.alpenverein.de/Huettensuche**
// **www.alpenverein-gapa.de**
// **www.davplus.de/knorrhuette**

05 KÖNIGSHAUS AM SCHACHEN

1872 ließ sich König Ludwig II. oberhalb des Reintals am Schachen eine repräsentative Berghütte errichten. Während das untere Geschoss mit Zirbelholzverkleidung im alpinen Stil gestaltet ist, ist im oberen Stockwerk ein Prunksaal im maurischen Stil zu finden, in dem der Monarch gern seinen Geburtstag feierte. Das Königshaus ist von Ende Mai bis Anfang Oktober zu besichtigen. Erreichbar ist es über einen Forstweg, den Königsweg, von Schloss Elmau. Alternative Wege führen von Garmisch-Partenkirchen über die Partnachklamm und das Reintal (zwölf Kilometer, teils ausgesetzt) bzw. den Kälbersteig (zehn Kilometer, sehr steil) zum Schachen. Zur Einkehr bzw. Übernachtung lädt das benachbarte Schachenhaus ein.

// **www.schachenhaus.de**
// **www.schloesser.bayern.de/**
deutsch/schloss/objekte/schachen.html

#07 WINTERWUNDERLAND
IN DEN BERGEN SCHLAFEN

Die Berggipfel der Alpen ermöglichen nicht nur berauschende Ausblicke auf Berg und Tal, sie bieten darüber hinaus auch die Möglichkeit, eine faszinierende Welt der Stille und Entspannung kennenzulernen. Vor allem im Winter, wenn eine dicke Schneedecke alle Geräusche zu verschlucken scheint und sich eine friedvolle Stimmung über alles legt.

Oben: Kleine Auszeiten mit großartiger Aussicht: die IgluLodge Oberstdorf.

Linke Seite: Höher hinaus geht es in Deutschland nirgendwo: Fast 3000 Meter ragt das mächtige Zugspitzmassiv gen Himmel und bietet von seinen Gipfeln einen einzigartigen Fernblick über die Alpen.

Rechts: Iglu-Hotel auf dem Zugspitzplatt unterhalb des Gipfels an der Südseite der Zugspitze.

01 IGLU-DORF ZUGSPITZE

Eine tolle Möglichkeit, um der winterlichen Gipfelromantik ganz nah zu kommen und sie auch bei Nacht zu erleben, ist eine Übernachtung im Iglu. 2600 Meter hoch über dem Meeresspiegel auf Deutschlands höchstem Gipfel kann man etwa im Iglu-Dorf Zugspitze umgeben von klirrender Kälte gemütliche Stunden in kuppelförmigen Schneehäuschen verbringen. Und auf Wunsch sogar sein eigenes Iglu bauen – natürlich unter Anleitung eines erfahrenen Profis.

20 Iglus ducken sich unterhalb des Gipfels des höchsten Bergs Deutschlands. Auf über 2600 Metern über dem Meeresspiegel kann hier der abenteuerlustige Gast nächtigen. Zu kalt wird es in der Nacht nicht, der Standard-Iglu wird mit sechs Leuten belegt. Wer mehr Intimität wünscht, nimmt das Zweier-Iglu oder baut sich unter Anleitung gleich selbst eine Hütte aus Schneeblöcken. Jedes Iglu ist anders gestaltet, am aufwendigsten sind die Verzierungen im Restaurant beziehungsweise der Bar. Hier kann man sich mit Käsefondue für die Nacht stärken oder auch durchfeiern. Ein Aufenthalt im Iglu-Hotel soll ja keine strapaziöse Grenzerfahrung sein, sondern eine einmalige Nacht in einer ungewöhnlichen Behausung mit einem spektakulären Blick auf die Bergwelt.

Iglu-Dorf Zugspitze // auf dem Zugspitzplatt
// www.iglu-dorf.com

01 IGLU-DORF ZUGSPITZE
02 ZELTEN IN DEN BERGEN
03 IGLULODGE OBERSTDORF

02 ZELTEN IN DEN BERGEN

Der Schnee knistert leise, die Gipfel ragen in die Nacht und der Himmel erstreckt sich grenzenlos über dem Zelt, es herrscht unwirkliche Stille. Auch im Winter lassen sich Bergwanderungen unternehmen – und warum nicht zwischendurch Station machen? Doch es gilt einiges zu beachten. Auf keinen Fall sollte man an schneebedeckten Hängen oder gar in Schluchten campen, die Lawinengefahr ist zu groß. Eine Hügelkuppe ist da die bessere Wahl. Das mitgenommene Zelt sollte geräumig sein – in Winterkleidung ist selbst der schlankste Bergwanderer etwas unförmiger. Experten empfehlen zudem auch, möglichst zwei Isomatten einzupacken. Denn auch der Untergrund ist im Winter kälter. Lange Unterwäsche und der richtige Schlafsack für die kälteren Temperaturen sind eine Selbstverständlichkeit. Bevor man sich in den Schlafsack kuschelt, sollte man seinen Hunger stillen, das ist besser für den Energiehaushalt. Auch das Wetter sollte man stets im Blick haben. Die Belohnung

Oben: Abenteuer AlpspiX: Zwei frei schwebende Arme, die mit Gitterrosten ausgelegt sind, ragen weit über den Abgrund und geben einmalige Aus- und Tiefblicke in das 1000 Meter darunterliegende Höllental.

Bilder links: Übernachten wie die Inuit – das ermöglicht die Iglulodge auf über 2000 Meter Höhe. Allerdings geht es hier recht komfortabel zu. Die zehn Schlaf-Iglus sind von Schneekünstlern verziert, die Betten bestehen aus einem Schlafsack aus Robbenfell. Hinzu kommen eine herrliche Bar und ein Whirlpool. Eine Übernachtung in den Iglus auf dem Nebelhorn ist ein behagliches Erlebnis mit einem einmaligen Ausblick auf die Gipfel der Daumengruppe.

Rechts: Über dem Zelt nur der Sternenhimmel: Das ist am Risserkogel möglich.

NICHT VERPASSEN!

AlpspiX // Weit ragt die Plattform über den Rand des Gipfels, tief blickt man von ihr in das Höllental, das 1000 Meter unter dem Betrachter liegt. Und selbst wenn Nebel über dem Tal liegt, bleibt der Blick von der Aussichtsplattform spektakulär. Über dem Nebelmeer blickt man auf die Gipfel des Wettersteingebirges. AlpspiX nennt sich die 2010 eingeweihte Aussichtsplattform auf dem Osterfeldkopf. Sie ragt 13 Meter über den Bergrand und befindet sich auf rund 2050 Meter Höhe. Kann man sich vom Panoramablick auf die umstehenden Gipfel und dem tief eingeschnittenen Höllental losreißen, dann blickt man auf die Alpspitze. Der Osterfeldkopf ist nämlich nur ein Nebengipfel des 2628 Meter in den Himmel ragenden Bergs. Die aus Wettersteinkalk geformte Felswand der Alpspitze erhebt sich beeindruckend über Garmisch-Partenkirchen, dessen Wahrzeichen sie auch ist. Die Aussichtsplattform AlpspiX erreicht man mit der Alspitzbahn. Von deren Endstation auf dem Osterfeldkopf sind es gerade mal 20 Meter bis zum unschlagbaren Bergpanorama.
**// zugspitze.de/de/
Garmisch-Classic/Winter/AlpspiX**

für all den Aufwand ist es wert, eine magische Nacht liegt vor dem Bergcamper.

Darf man das? // Kann man einfach sein Zelt in den Bergen aufschlagen? Das ist gar nicht so leicht zu beantworten. Ein Notbiwak ist immer erlaubt, ansonsten ist es abhängig davon, wo man gern übernachten möchte. Informationen bietet da der Deutsche Alpenverein.
// www.alpenverein.de

③ IGLULODGE OBERSTDORF

Auch im Allgäu, dem Wander- und Wintersportparadies am südlichsten Zipfel Deutschlands, lädt die IgluLodge Oberstdorf zu einer Auszeit in der Schnee- und Eiswelt der Alpen ein. Bei beiden Iglu-Hotels hat man die Wahl zwischen Basic-Varianten, wo Ursprünglichkeit und Minimalismus vorherrschen, oder Luxus-Iglu-Suiten mit Jacuzzis oder Whirlpools für eine perfekte Auszeit. Kunstvolle Wandverzierungen und flauschige Lammfelle sorgen zudem für ein romantisches Flair. Auch für das leibliche Wohl ist gesorgt. Das eigentliche Highlight sind jedoch die erhabene Eis- und Schneelandschaft der Alpen und das wunderschöne Winter-Panorama, das man während einer Iglu-Übernachtung hautnah erleben kann. Wann sonst hat man die Chance, diese stille Welt aus Eis und Schnee so ausgiebig zu erkunden? Wenn man abends gemütlich vor dem Iglu sitzt und den spektakulären Sternenhimmel betrachtet, wird klar, weshalb eine Iglu-Übernachtung kein einmaliges Erlebnis bleiben sollte.

IgluLodge Oberstdorf // auf dem Nebelhorn
// www.iglu-lodge.de

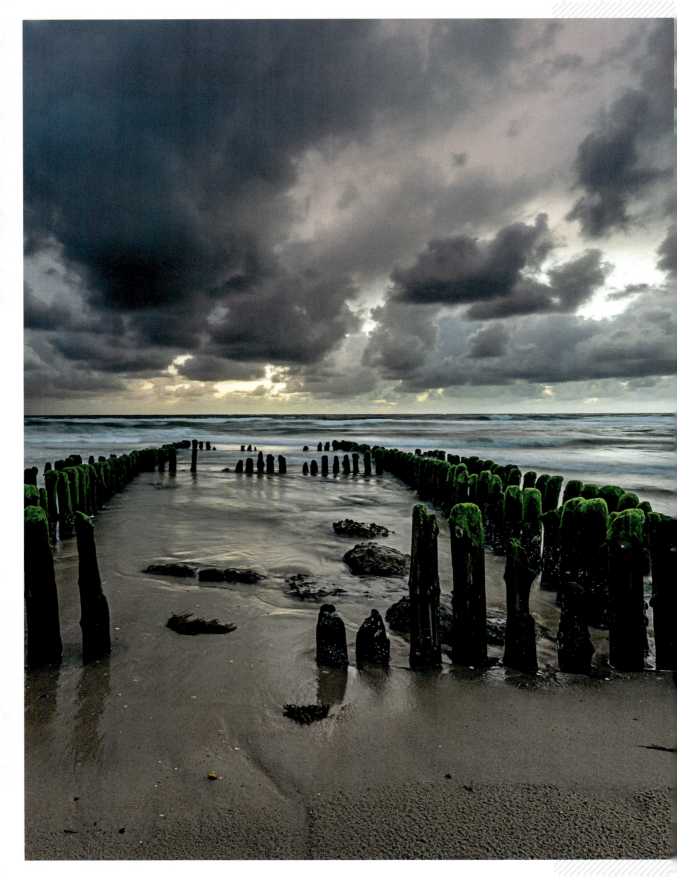

#08 ELEMENTE ERLEBEN
AUF INSELN, AN KÜSTEN UND IN DER HEIDE

Mit dem schier endlosen Meer und den weiten Heideflächen ist der Norden Deutschlands wie geschaffen dafür zu entschleunigen. Die schönsten Plätze sind zwar keine Geheimtipps mehr, wer jedoch ein paar Tipps und Tricks beherzigt, kann den magischen Zauber der Natur in aller Ruhe genießen.

Linke Seite: Das Watten-meer der Nordsee – hier bei Rantum auf Sylt – ist ein einzigartiger Lebens-raum, der nicht nur einer Fülle von Lebewesen ein Zuhause bietet, sondern auch zugleich als Balsam für zivilisationsmüde Seelen wirkt.

Oben: Der Leuchtturm List Ost überblickt die Küste der Sylter Halbinsel Ellenbogen.

Rechts: Kirchwarft der Hallig Hooge im Schles-wig-Holsteinischen Wattenmeer.

01 SYLTER ELLENBOGEN

Der schönste Teil von Sylt ist die lang gestreckte, hakenförmige Dünenlandschaft an der Nordspitze der Insel – das Naturschutzgebiet Ellenbogen. Kein Geheimtipp mehr, ist der Ellenbogen dennoch groß genug, um dort zu jeder Zeit stille Plätze zu finden; zumal das Naturparadies auch eine schroffe Seite hat. Die Strände sind steiniger, der Sand tiefer als etwa am Sylter Weststrand und das Baden nicht er-laubt, weil hier gefährliche Strömungen gegen die Küste branden. Ideal, um sich einfach einen schö-nen Flecken zu suchen, die wilde Schönheit des Meeres zu beobachten und den Gedanken freien Lauf zu lassen. Im Übrigen lässt sich der Ellenbogen auch prima per Fähre von der dänischen Insel Rømø aus erreichen.

Sylter Ellenbogen // Weitere Informationen unter Insel Sylt Tourismus-Service, Strandstraße 35, 25980 Westerland/Sylt

// **www.insel-sylt.de**

02 HALLIGEN

»Land unter!« heißt es mehrfach im Jahr auf den zehn Halligen vor dem Festland Nordfrieslands. Dann, wenn die herbstlichen Stürme über das Meer fegen, bleibt von den Überbleibseln ehemaliger Inseln oder den winzigen Landfetzen des einstigen Festlands nicht mehr viel übrig: Wiesen und Weiden werden

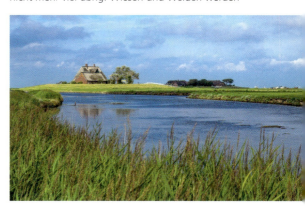

überflutet, das Vieh wird eilig in die Stallungen getrieben, die Fenster verschlossen, und dann beginnt das Warten und das Hoffen. Nur wenige Menschen leben auf den Warften der Halligen, jenen aufgeschütteten Hügeln, auf denen die Wohn- und Wirtschaftsgebäude der Landwirte stehen. Sie leben ein einsames Leben im Winter und ein durchaus turbulentes im Sommer, wenn die Touristen kommen, um sich dieses Leben anzuschauen. Fünf der Halligen sind bewohnt und bewirtschaftet: Gröde, Hooge, Langeneß, Nordstrandischmoor und Oland.

Nordfriesische Halligen, Halligstiftung //
Marktstraße 6, 25813 Husum

// **halligen.de**

03 HELGOLAND UND LANGE ANNA

Rau und ursprünglich ist Deutschlands einzige Hochseeinsel, die mit ihren malerischen roten Felsen ganz besondere Naturerlebnisse bereithält. Wahrzeichen der Insel ist die Lange Anna, ein imposanter Brandungspfeiler aus Buntsandstein. Um dies in aller Ruhe genießen zu können, heißt es: bleiben, wenn die meisten Touristen gehen. Wie wäre es also mit einer Inselübernachtung? Am besten in einem der kleinen Wikkel-Houses mitten in der Helgoländer Düne. Die entzückenden Häuschen im Herzen der Natur sind heiß begehrt, eine rechtzeitige Buchung ist deshalb ratsam. Sobald die Boote der Tagestouristen die Insel verlassen haben, lässt sich Helgolands einzigartige Flora und Fauna bei einer Inselwanderung genießen.

Oben: Rund 2200 Menschen leben auf der mit 20 Quadratkilometern kleinsten der nordfriesischen Ferieninseln. Im Westen wird sie von einem breiten Sandstrand begrenzt, dem »Kniepsand«.

Unten: Ein Austernfischer hält Ausschau nach Essbarem in den Salzwiesen vor Amrum.

Rechts: Am Abend wird es ruhig auf Helgoland, der einzigen Hochseeinsel Deutschlands.

Auf dem Weg trifft man auf vielfältige Lebensräume, zahlreiche Vogelarten und seltene Pflanzen. Noch ruhiger geht es auf der Nachbarinsel Düne zu. An ihren weiten Stränden kann man Robbenkolonien beim ausgedehnten Sonnenbad beobachten.

Helgoland // Helgoland Tourismus-Service, Lung Wai 27, 27498 Helgoland

// www.helgoland.de

04 AMRUM

Südwestlich von Föhr liegt die beschauliche Insel Amrum mit ihren bis zu 30 Meter hohen Dünen, einem teilweise bis zu zwei Kilometer breiten und 15 Kilometer langen Sandstrand – dem berühmten »Kniepsand«. Auf der 20 Quadratkilometer kleinen Insel leben rund 2200 Menschen in fünf Dörfern, von denen das Friesendorf Nebel das bekannteste und beliebteste ist. In der Jungsteinzeit siedelten sich die ersten Menschen auf der Insel an, wie Großsteingräber beweisen. Wer schnell einen Überblick über die gesamte Insel mit ihren Dünen, Wäldern und Marschlanden haben will, sollte den 66 Meter hohen Leuchtturm zwischen Nebel und Wittdün besteigen: Von dort sieht man die gesamte Insel und manchmal sogar noch Föhr und einige Halligen. Bei Niedrigwasser kann man eine Wattwanderung machen.

Amrum Touristik // Inselstraße 14, 25946 Wittdün auf Amrum

// www.amrum.de

NICHT VERPASSEN!

Kniepsand // Das Highlight von Amrum ist sicherlich der herrliche, bis zu 1,5 Kilometer breite Sandstrand, der Kniepsand. Eigentlich ist er gar nicht Bestandteil der Insel. Es handelt sich dabei um eine Sandbank vor der Küste der Insel, die langsam um die Nordspitze von Amrum herumwandert. Bis in die 1960er- Jahre war sie noch mit einem Priel vom Amrumer Dünengürtel getrennt, der jedoch inzwischen verlandet ist. Trotzdem schützt der Kniepsand die Amrumer Dünen vor Erosion.

Von Föhr nach Amrum // Wenn sich das Meer zurückzieht, ist es tatsächlich möglich, die acht Kilometer von Föhr nach Amrum zu laufen. Man sollte dies allerdings keinesfalls allein, sondern nur mit einem kundigen Führer tun, da die Gefahr, von der Flut eingeholt zu werden, sonst zu groß ist. Vor allem bei Amrum muss mit dem Mittelloch ein größerer Priel durchwatet werden

// www.wattwanderung-amrum.de

05 FÖHR

Ferienglück vom Feinsten: Auf der fast kreisrunden und rund 82 Quadratkilometer großen Insel Föhr entdeckte schon König Christian VIII. Mitte des 19. Jahrhunderts die wohltuende Luft, die schöne Landschaft und den fast 15 Kilometer langen Sandstrand im Süden der Insel. Zentrum der Insel ist das Nordseebad Wyk mit seiner Promenade, einem pittoresken Hafen und einer Fußgängerzone, die alles bietet, was das touristische Herz begehrt. Der westliche und südliche Teil von Föhr ist eine Altmoräne – ein Überbleibsel aus alten Eiszeiten. Er liegt höher und ist trockener als der nördliche und der östliche Teil, bei dem es sich um flaches Marschland handelt, das in den vergangenen Zeiten nach und nach durch Landgewinnung entstand. Plattes Land, auf dem hier und dort ein Hof mit friesischer Ruhe zu finden ist – die Marschlande der Insel sind stiller und weniger touristisch.

Föhr Tourismus // Feldstraße 36,
5938 Wyk auf Föhr

// www.foehr.de

06 PELLWORM

Die Insel Pellworm ist das Ergebnis einer Naturkatastrophe. In der Nacht vom 11. auf den 12. Oktober 1634 brach die Insel Strand auseinander. Ihre Reste werden heute von Pellworm, Nordstrand und den Halligen gebildet. Das 3500 Hektar umfassende kleine und fruchtbare Eiland Pellworm wäre ohne seine wuchtigen und immer wieder erhöhten Deiche wohl schon lange im Meer versunken – es liegt 50 Zentimeter unter dem Meeresspiegel. Die drittgrößte nordfriesische Insel wurde ab der frühen Wikingerzeit von Friesen aus dem Raum der Rheinmündung besiedelt. Seit längerer Zeit sind die Bevölkerungszahlen Pellworms rückläufig; es gibt dort heute noch etwa 650 Haushalte. Ein Polizist tut Dienst in der Polizeistation in Tammensiel. Viele Menschen wandern ab und verkaufen ihre Häuser an Auswärtige, die diese oftmals

GUT ZU WISSEN

Spazieren gehen // Rund um Pellworm erstrecken sich endlos scheinende Wattflächen. Auf geführten Wanderungen können Reste der 1634 untergegangenen Siedlungen besichtigt werden. Neu ist eine Streuobstwiese mit 50 Sorten, die unweit der Vogelkoje angelegt wurde. Die Vogelkoje war eine Einrichtung zum Gänse- und Entenfang. Das kleine Wäldchen mit See, das dort jetzt zu finden ist, eignet sich für entspannende Spaziergänge.

an Touristen vermieten. Die Turmruine der Alten Kirche St. Salvator ist ein Mahnmal für die auch heute heftig wütenden Sturmfluten. Schon im 17. Jahrhundert stürzte der Kirchturm ein. Berühmt ist die Arp-Schnitger-Orgel von 1711 im Saalbau. Der Pellwormer Leuchtturm im Süden der Insel kann besichtigt werden, in ihm befindet sich außerdem ein Standesamt. Wie Föhr ist auch Pellworm eine grüne Insel, auf der noch Landwirtschaft betrieben wird. Im Frühjahr bestimmen leuchtend gelbe Rapsfelder das Bild. Bei Besuchern kann sie mit großer Ruhe und einem weiten Blick punkten.

Gemeinde Pellworm // Uthlandestraße 1, 25849 Pellworm

// www.pellworm.de

07 WANGEROOGE

Die mit nur knapp acht Quadratkilometern Fläche zweitkleinste der Ostfriesischen Inseln ist eine autofreie Familieninsel, deren bewegte Geschichte bis zu ihrer Entdeckung Anfang des 14. Jahrhunderts zurückreicht. Da Wangerooge jenseits der Goldenen Linie liegt, die das Fürstentum Ostfriesland von der Grafschaft Oldenburg mit dem Jeverland trennte, gehört es streng genommen gar nicht zu Ostfriesland. Immer wieder wurde die Insel von Piraten überfallen. Von all den Turbulenzen merken die Gäste des 21. Jahrhunderts nichts, wenn sie mit der bunten Inselbahn an der grünen Lagunenlandschaft, einem Vogelschutzgebiet, den Deichen und Stränden vorbeizuckeln, um ins Dorf Wangerooge zu gelangen. Dort kann man in der Zedeliusstraße einkaufen oder das älteste auf der Insel erhaltene Bauwerk, den 39 Meter hohen Alten Leuchtturm, besichtigen.

Kurverwaltung Wangerooge // Obere Strandpromenade 3, 26486 Wangerooge

// www.wangerooge.de

08 SPIEKEROOG

Auch die kleine Insel Spiekeroog ist autofrei. Lärm und Hektik scheint es hier nicht zu geben. Das anerkannte Nordseeheilbad steht für Ruhe und Entspannung. Spiekeroog hat einiges zu bieten: zum Beispiel die höchste natürliche Erhebung Ostfrieslands, die ganze 24,10 Meter hohe Weiße Düne, und die ein-

zige Pferdebahn Deutschlands, die fahrplanmäßig läuft. Ende des 19. Jahrhunderts ging die von Pferden gezogene Eisenbahn in Betrieb und brachte Touristen vom Ort zum Strand und zurück. Die Tour mit dem nostalgischen Verkehrsmittel dauert zwölf Minuten und führt vom einstigen Bahnhof zum Westend. Im alten Kapitänshaus (1715) am Rathausplatz von Spiekeroog ist das Inselmuseum untergebracht. Hier erfahren die Besucher Wissenswertes zur Flora und Fauna auf der Insel und können in das einstige Alltagsleben auf Spiekeroog eintauchen.

Kurverwaltung Spiekeroog // Noorderpad 25, 26474 Spiekeroog

// www.spiekeroog.de

Bilder rechts: Blau-weiß gestreifte Strandkörbe sind das Markenzeichen vieler Nordseeinseln, so auch auf Wangerooge (oben) und Spiekeroog (unten).

09 LANGEOOG

Die »Lange Insel« ist ein beliebtes Feriendomizil, hat sie doch von allen Ostfriesischen Inseln das vielfältigste Angebot in Sachen Sport, Freizeit, Familie. Auf 20 Quadratkilometer Inselfläche finden die Gäste 14 Kilometer feinsten Sandstrand, ein Vogelschutzgebiet, eine wunderschöne 1,5 Kilometer lange Höhenpromenade sowie die über 20 Meter hohe Melkhorndüne – Ostfrieslands höchste Erhebung. Das Wahrzeichen Langeoogs ist nur wenig höher – der Wasserturm, der ab 1909 als Wasserspeicher diente. Ein markanter Ort ganz anderer Art ist der Dünenfriedhof mit dem Grab der Sängerin Lale Andersen, die mit dem Lied »Lili Marleen« berühmt wurde. Auf eigenen Wunsch wurde sie 1972 auf Langeoog beerdigt. Das Haus Sonnenhof in der Straße Gerk sin Spoor gehörte einst der Sängerin.

Tourismus-Service Langeoog // Hauptstraße 28, 26465 Langeoog

// www.langeoog.de

10 NORDERNEY

Das 26 Quadratkilometer große Norderney ist die jüngste der sieben Ostfriesischen Inseln. Die Insel entstand erst im 16. Jahrhundert, gehörte gleichwohl zu den ersten mondänen Inselbädern Deutschlands. Zu Norderneys berühmtesten Gästen zählten Heinrich Heine, Theodor Fontane und Reichskanzler Otto von Bismarck, dem 1898 ein Denkmal errichtet wurde, von den Insulanern nur kurz »Klamottendenkmal« genannt. Trotz zahlreicher Bausünden an der Promenade hat sich die Insel mit dem Kurhaus und dem Kurpark im Zentrum ein wenig vom einstigen Flair erhalten können. Von dem knapp 55 Meter hohen Leuchtturm neben der reetgedeckten Mühle und dem Wasserturm, einem der Wahrzeichen der Insel, blickt man auf die Dünenlandschaft und Teile des Nationalparks – Orte der absoluten Ruhe.

Norderney // Tourist-Information im Conversationshaus, Am Kurplatz 1, 26548 Norderney

// www.norderney.de

11 JUIST

Hier warten Dünen mit langem, grün-goldenem Gras und endlose Sandflächen. Tief einatmen! Die Luft ist salzig und frisch, dazu rauscht das Meer beständig und beruhigend in den Ohren – abschalten, entschleunigen. Juist ist nicht einmal einen Kilometer breit, dafür aber stolze 17 Kilometer lang. Damit ist das »Töwerland«, das Zauberland, wie die Insel gern genannt wird, die schmalste und längste der ostfriesischen Schwestern. Die gesamte Insel ist mit Wanderwegen

GUT ZU WISSEN

Wale beobachten // Schweinswale sind die einzigen Wale, die im Wattenmeer heimisch sind. Man erkennt die durchschnittlich 1,50 Meter langen Meeressäuger an der gedrungenen kurzen Rückenflosse. Ein wenig Geduld und natürlich eine Portion Glück gehören schon dazu, eine Gruppe zu sichten. Meistens sind sie in einer Gemeinschaft von bis zu zehn Tieren unterwegs. Am besten stehen die Chancen in der Zeit von März bis Mai.

Links: Richtig gut gehen lassen kann man es sich im Strandhotel, das im ehemaligen Kurhaus von Juist beheimatet ist.

Unten: Im Pavillon an der Strandpromenade von Borkum finden regelmäßig Konzerte statt.

Ganz unten: Die alte Inselkirche von Baltrum ist nicht nur sehr hübsch, sondern auch eines der ältesten Gotteshäuser der Ostfriesischen Inseln.

erschlossen, auch Reitwege sind vorhanden. Eine Tour führt um den Hammersee, den größten Süßwassersee der Ostfriesischen Inseln. Seine Dünen wurden aufgeschüttet, um die nach Sturmfluten auseinandergebrochene Insel wieder zu einen. Im Osten von Juist liegt der Kalfamer. Von Anfang November bis Ende März darf er bei Niedrigwasser auf markierten Wegen umrundet werden.

Kurverwaltung Juist // Rathaus, Strandstraße 5, 26571 Nordseebad Juist

// www.juist.de

⑫ BORKUM

Die größte der Ostfriesischen Inseln bietet einen schlickfreien Südstrand und Hochseeklima. Erst Mitte des 19. Jahrhunderts wurde Borkum als Ferieninsel entdeckt. Die Architektur im Ort Borkum verrät, dass hier einst »höhere Herrschaften« Urlaub gemacht haben. An der Strandpromenade stehen edle, weiß getünchte Häuser, die um 1900 errichtet wurden. Die ehemalige »Kurhalle am Meer« ist heute ein Komplex mit zahlreichen Restaurants, Cafés und Galerien. Der 60 Meter hohe Leuchtturm, das Wahrzeichen der Insel, wurde 1879 erbaut und ersetzte den Alten Leuchtturm, einen ehemaligen Kirchturm von 1576. Auf den »Therapiewegstrecken« geht es um Entspannung: Das sind Touren, die Körper und Geist in Balance bringen sollen. Sie führen etwa am Strand entlang mit Blick auf die Seehundbank.

Nordseeheilbad Borkum // Goethestraße 1, 26757 Borkum

// www.borkum.de

⑬ BALTRUM

Mit nur 6,5 Quadratkilometern ist Baltrum die kleinste der bewohnten Ostfriesischen Inseln. So gibt es keine Straßennamen, sondern lediglich Hausnummern. Knapp 500 Menschen bietet sie eine Heimat. Die Form der Insel hat sich im Laufe der Zeit deutlich verändert. Durch die Kraft der Wellen wurde im Westteil der Sand abgetragen und im Ostteil wieder angelagert, sodass die Insel nach Osten wanderte. An der Südwestflanke von Baltrum befindet sich das historische Pfahlschutzwerk, das als Wellenbrecher lange Zeit den Westkopf der Insel schützte. Zu den berühmten Gästen von Baltrum gehört der Maler Paul Klee, der 1923 auf der Insel Erholung suchte und seine Eindrücke in verschiedenen Aquarellen und Zeichnungen festhielt. Autos gibt es nicht, und auch einen Fahrradverleih sucht man auf Baltrum vergeblich. Dafür kann man für die Ausflüge zu Fuß einen Bollerwagen mieten, zum Beispiel zur 22 Meter hohen Aussichtsdüne, von wo aus man den Blick auf die Nachbarinsel Langeoog genießen kann.

Kurverwaltung Baltrum // Rathaus, Westdorf 130, 26579 Baltrum

// www.baltrum.de

Links: Eine verwunschene Anmutung: Wacholder und Heidekraut im Morgennebel am Totengrund in der Lüneburger Heide.

⑭ LÜNEBURGER HEIDE

Wenn im August die Heideflächen lila leuchten, dann ist zwischen Hamburg, Bremen und Hannover touristische Hochsaison. Die Heideblüte ist ein außergewöhnliches Naturschauspiel und gerade im Naturschutzgebiet rund um den Wilseder Berg ist mit vielen Besuchern zu rechnen. Genauso schön, jedoch weniger besucht und deshalb viel entspannter, ist die Südheide auf dem Lössplateau oder die Ellerndorfer Wachholderheide. Auch bei Gifhorn und Lüchow-Dannenberg lässt sich das traumhafte Farbenspiel in aller Stille genießen. Außerhalb der Hauptsaison ist aber auch der große, vollkommen autofreie Naturpark um Wilsede ein herrliches Refugium für Ruhesuchende. Beispielsweise ab Oktober, wenn mystische Nebelschwaden über die weiten Heideflächen ziehen. Ein Geheimtipp und eine ganz besondere Zeit im Jahr ist die Wollgrasblüte auf den abgeschiedenen Moorflächen im Frühjahr. Eine sanfte Frühlingsbrise und das Zwitschern der Vögel sorgen für entspannte Momente.

Lüneburger Heide // Naturpark Lüneburger Heide, Schlossplatz 6, 21423 Winsen (Luhe)
// www.lueneburger-heide.de
// www.naturpark-lueneburger-heide.de

NICHT VERPASSEN!

Wilseder Berg // Den Blick von der höchsten Erhebung der Region sollte man sich nicht entgehen lassen. Vom Parkplatz in Niederhaverbeck aus führt ein ausgeschilderter 4,5 Kilometer langer Weg hinauf. Alternativ kann man mit einem geländetauglichen Rad auf den Berg gelangen.

Pietzmoor // Das 8000 Jahre alte Pietzmoor bei Schneverdingen ist das größte zusammenhängende Hochmoor der Lüneburger Heide. Ein Steg aus hölzernen Bohlen schlängelt sich durch das Moor. Er führt zu zehn Stationen mit Informationstafeln, die nicht nur die Entstehung der Torfschichten erklären, sondern auch den Blick für Pflanzen und Tiere schärfen.

⑮ FEHMARN

Ein Fehmarner Sprichwort sagt, dass auf der Insel schon morgens zu sehen ist, wer nachmittags zum Kaffee kommt – so flach ist sie, deren höchste Erhebung der 27 Meter hohe Hinrichsberg ist. Ihren Charakter prägen eine Felsenküste im Osten sowie Dünen nebst flachen Stränden an den übrigen Ufern. Die ovale Insel mit 78 Kilometern Küstenlinie gehört zu den sonnenreichsten Gegenden Deutschlands. Neben einer Viertelmillion Gästen – viele davon kommen wegen der exzellenten Surfreviere – rollt ununterbrochen der Transitverkehr: Über Fehmarn verläuft die Vogelfluglinie, die Lkw-Route von Mitteleuropa nach Skandinavien, vom Festland über die 1963 erbaute Fehmarnsundbrücke und weiter von Puttgarden per Fähre über den Fehmarnbelt nach Dänemark und Schweden. 2003 wurden alle Gemeinden zur Stadt Fehmarn vereinigt, der Hauptort der Insel ist Burg.

Tourismus-Service Fehmarn // Burgtiefe, Zur Strandpromenade 4, 23769 Fehmarn
// www.fehmarn.de

⑯ HIDDENSEE

Hiddensee ist überschaubar und doch die größte Insel im Nationalpark Vorpommersche Boddenlandschaft. Sie ist starker Bodenbewegung ausgesetzt. Sand wird im Westen an der Steilküste des Dornbuschs abgetragen und ostwärts getrieben. Dort hat er zwei Landzungen geschaffen, Nehrungshaken genannt, den Alten und den Neuen Bessin. Der neue Teil ist den Menschen nicht zugänglich, sondern ist ausschließlich den Wat- und Wasservögeln vorbehalten, die hier brüten und rasten. Er legt jedes Jahr um rund 40 bis 50 Meter zu. Der Altbessin ist etwa 400 Jahre alt und wächst seit geraumer Zeit nicht mehr. Man darf ihn betreten, Fahrräder sind allerdings nicht erlaubt. Man erreicht den Sandhaken über den Weg Richtung Enddorn. Geht man den Pfad zwischen Wiesen hindurch zum Ende, erreicht man eine Hütte, von der aus sich die Vögel auf dem Neuen Bessin sehr gut beobachten lassen. Pro Strecke sollte man mindestens eine Stunde einplanen.

Insel-Information Hiddensee // Achtern Diek 18a, 18565 Vitte auf Hiddensee
// www.seebad-hiddensee.de

⑰ UMMANZ

Westlich von Rügen liegt im Bodden das Inselchen Ummanz. Wiesen und Äcker recken sich kaum höher als drei Meter aus dem Wasser. Die »kleine Schwester« Rügens ist sehr viel weniger touristisch. Die Bevölkerung besteht traditionell aus Fischern und Landwirten. In Freesenort, einem alten Fischerdorf, kann man noch heute ein Hallenhaus im Zuckerhutstil und weitere historische Gebäude bewundern. Südlich des Ortes liegt die unbewohnte Insel Heuwiese. Dort kann man Möwen, Enten und Kormorane beim Brüten beobachten.

// www.ummanz.m-vp.de
// ruegeninsel-ummanz.de

GUT ZU WISSEN

Inseleinsamkeit // Keine großen Hotels, eingeschränkte Fährverbindungen und keine Möglichkeit, das eigene Auto mitzunehmen: Auf der Ostseeinsel Hiddensee wird Wert darauf gelegt, dass der Tourismus den ruhigen Charme der Insel nicht zerstört.

Rechts: Schöne Ausblicke auf Hiddensee: Grieben und Vitter Bodden.

onen den Kosenamen »Badewanne Berlins« bescherten. Während die alten Siedlungen der Fischer mit ihren reetgedeckten Häusern mehrheitlich am Achterwasser liegen, entstand gegen Ende des 19. Jahrhunderts zum offenen Meer hin eine Reihe eleganter Seebäder. Zu den namhaftesten ihrer Art zählen Bansin, Ahlbeck und Heringsdorf. Wahrzeichen dieser »drei Kaiserbäder« auf Usedom sind die eindrucksvollen

Links: Boote dümpeln im kleinen Hafen der Gemeinde Zempin am Achterwasser von Usedom. Das flache Gewässer mit steinigem Grund hat über den Peenestrom Verbindung zum Meer.

⑱ KÖNIGSSTUHL UND KREIDEKÜSTE AUF RÜGEN

Die weißen Kreidefelsen von Rügen gelten seit den Gemälden von Caspar David Friedrich als Inbegriff der deutschen Romantik. Vor allem der Blick vom 118 Meter hohen Königsstuhl ist tatsächlich atemberaubend. Noch schöner und romantischer ist es jedoch, den Königsstuhl selbst zu betrachten. Anstatt also das Besucherzentrum anzusteuern, nimmt man am besten den rund neun Kilometer langen Höhenweg von Sassnitz aus, der eine Vielzahl malerischer Ausblicke bietet. Ein unvergessliches Erlebnis ist die Kreideküste auch vom Meer aus. Unter Paddlern gilt die Fahrt von Sassnitz nach Lohme als Traumtour – jedoch nur für Geübte. Die Alternative ist ein Strandspaziergang am Fuß der Felsen. Vorher sollte man sich jedoch unbedingt informieren, ob die Verhältnisse sicher sind. Nach langen und kräftigen Regenfällen drohen Felsabstürze, bei starkem Seegang Überflutungen.

Königsstuhl und Kreideküste // Nationalpark-Zentrum Königsstuhl, Stubbenkammer 2, 18546 Sassnitz auf Rügen

// www.koenigsstuhl.de

⑲ USEDOM

Die fast 450 Quadratkilometer große Insel Usedom, die sich zwischen Peene und Swina, den beiden Mündungsarmen der Oder, erstreckt, ist ein Feriengebiet par excellence. Hauptgründe für ihre Beliebtheit sind die heilsame Seeluft und die kilometerlangen familienfreundlichen Strände, die ihr bereits vor Generati-

NICHT VERPASSEN!

Fossiliensuche // Drei Treppen führen vom Höhenweg der Stubnitz, wie die Waldlandschaft im Herzen des Nationalparks Jasmund auf Rügen heißt, hinunter an den Strand. Zu Füßen des Kliffs kann man mit Glück Fossilien finden. Sie haben in der Kreide kleine Ewigkeiten überdauert, bevor sie durch Wind und Wetter zum Vorschein kamen. Die beste Zeit, um versteinerte Seeigel, Schwämme oder versteinertes Holz zu finden, ist das Frühjahr.

Vom Wasser aus // Von diversen Orten der Insel starten Ausflugsschiffe. Der Gast hat die Wahl, ob er ganz Rügen umrunden oder nur eine Tour entlang der Kreideküste und eventuell zu den Leuchttürmen von Kap Arkona machen möchte. Für Foto-Freunde bieten sich hier die besten Motive des Königsstuhls.

Kreidemuseum Gummanz // Über 60 Millionen Jahre hat das weiße Gold der Insel auf dem Buckel. Alles über seine Entstehung, den Abbau und die Verarbeitung erfährt man im Kreidemuseum. Ein Ausflug dorthin lohnt sich schon wegen der herrlichen Sicht vom Lehrpfad über Jasmund und den Jasmunder Bodden. Das Museum bietet auch Führungen in den Tagebau Promoisel, in dem noch heute Kreide abgebaut wird.

// www.kreidemuseum.de

Unten: Pastellfarben zeigt sich die Niederlausitzer Heidelandschaft.

Ganz unten: Mehr als 100 Meter ragen die Kreidefelsen an der Küste von Rügen auf. Doch sie sind ein fragiler Schatz. Immer wieder brechen große Teile ab.

Seebrücken: Die von Ahlbeck ist mehr als 100 Jahre alt, jene von Heringsdorf mit 508 Metern das längste Bauwerk dieser Art in Kontinentaleuropa. Gleichzeitig ist »die grüne Insel am Meer« seit 1999 ein Naturpark. Man findet waldgesäumten Ostseestrand, Salzwiesen am Brackwasserhaff, flache, kleine Seen, Buchenwälder, Dünen und Kulturlandschaft.

Usedom Tourismus // Hauptstraße 42, 17459 Seebad Koserow

// usedom.de

⑳ NATURPARK NIEDERLAUSITZER HEIDELANDSCHAFT

Der Naturpark wurde zunächst eiszeitlich und danach vom Kohleabbau geprägt. Er liegt im Süden Brandenburgs und umfasst 484 Quadratkilometer. Herz des Parks ist ein ehemaliger Truppenübungsplatz, das heutige Naturschutzgebiet Forsthaus Prösa mit großen Flächen von violett blühender Callunaheide und Silbergras. Wo einmal die Panzer rollten, können jetzt Schäfer mit ihren Heidschnucken oder auch Pferdekutschen angetroffen werden. Daran schließt sich ein ausgedehnter Traubeneichenwald mit 200 bis 300 Jahre alten Bäumen an. Unweit davon wartet ein weiterer Höhepunkt, das Naturschutzgebiet »Der Loben«. Hier wurde früher Ton für die ansässigen Töpfereien abgebaut. Inzwischen wird aus dem Niedermoor nur noch Torf für medizinische Zwecke geholt. Es ist der Lebensraum verschiedenster Pflanzen, einige davon gelten als gefährdet. Eine sechsstündige Wanderung führt in das Herz des Parks, in das Naturschutzgebiet Forsthaus Prösa und zu den dort lebenden Heidschnucken. Ein Ranger bringt Besuchern die Tiere, die hier aktiv Landschaftspflege betreiben, näher.

Naturpark Niederlausitzer Heidelandschaft // Naturparkhaus, Markt 20, 04924 Bad Liebenwerda

// www.naturpark-nlh.de

#09 STEINERNE RUHEPOLE
NATURPHÄNOMENE AUS FELS UND STEIN

Geologische Naturwunder laden dazu ein, still zu werden und ehrfurchtsvoll zu staunen. Gerade in der Mitte Deutschlands hat die bewegte Erdgeschichte eine Fülle verschiedenartigster Mittelgebirge hervorgebracht, inmitten derer man eine Vielzahl dieser besonderen Orte erleben kann.

Oben und rechts: Die großartigen, bis zu 40 Meter hoch aufragenden Sandsteinklippen am Südostende des Teutoburger Walds, die Externsteine, sind ein bedeutendes Natur- und Kulturdenkmal. Aus den Felsen haben die Mönche des Paderborner Klosters Abdinghof um 1115 das größte Kreuzabnahmerelief Europas unter freiem Himmel gemeißelt.

Linke Seite: Die unterirdischen Hohlräume der Saalfelder Feengrotten wurden im Laufe der Zeit in eine farbenprächtige Tropfsteinwelt verwandelt. Täglich finden geführte Rundgänge statt.

01 EXTERNSTEINE

Wie versteinerte Wächter erheben sich die Externsteine über 40 Meter hoch beidseits des Weges. Wandelt man inmitten dieses mystischen Naturdenkmals, kann man verstehen, dass manche vermuten, hier handele es sich um eine frühgeschichtliche Kultstät-

te. Die meisten Zeugnisse verweisen jedoch auf das frühe Mittelalter, als Mönche begannen, Kammern und Reliefs in die Steine zu schlagen, hier beteten oder als Eremiten lebten. Im 19. Jahrhundert entstand dann die parkähnliche Landschaft mit dem aufgestauten Teich. Die aus 13 Felsen bestehende Formation gilt noch heute als Kraftort, an dem man Energie tanken kann, tiefe Ruhe, Glück und Geborgenheit empfindet und Inspiration erhält. Lohnend sind aber nicht nur der Aufstieg und der fantastische Ausblick über die faszinierenden Felsen. Wer sich noch mehr mit der Natur verbunden fühlen möchte, sollte eine Wanderung ins kleine Naturschutzgebiet Externsteine unternehmen. Auf dem angrenzenden Sandsteinhöhenzug des Knickenhagen vergisst man die Zeit, während man auf Bänken oder Liegen die Sonne und die Natur genießt.

Externsteine // Infozentrum Externsteine, Externsteiner Straße 35, 32805 Horn-Bad Meinberg
//www.externsteine-info.de

HAMBURG

BERLIN

01 **02**

KÖLN

03

08 **09**

06 **07**

04 **05**

10

12

11

MÜNCHEN

01 **EXTERNSTEINE**
02 **SCHILLAT-HÖHLE**
03 **HÖHLEN IM HARZ**
04 **GREIFENSTEINE**
05 **NATIONALPARK SÄCHSISCHE SCHWEIZ**
06 **MARIENGLASHÖHLE**
07 **SAALFELDER FEENGROTTEN**
08 **NATURPARK VULKANEIFEL**
09 **KALTWASSERGEYSIR ANDERNACH**
10 **TEUFELSSCHLUCHT**
11 **TAGESTOUR DURCH DAS DAHNER FELSENLAND**
12 **FELSENMEER BEI LAUTERTAL**

02 SCHILLAT-HÖHLE

1992 wurde Deutschlands nördlichste Tropfstein-höhle entdeckt, 2004 wurde sie der Öffentlichkeit als Schauhöhle zugänglich gemacht. Reproduktio-nen von Felsmalereien, ausgestellte Mineralien und Fossilien, ein Märchenwald aus glitzernden Kristal-len und nicht zuletzt ein Blick in die benachbarte Riesenberghöhle machen den Besuch zu einem be-sonderen Erlebnis. Die Riesenberghöhle selbst ist nicht begehbar. Umso eindrucksvoller ist es, sich eine 3D-Bilder-Schau davon anzusehen. Auch die Aus-sicht auf den Riesenberg-Steinbruch, die man von einer Terrasse außerhalb der Schillat-Höhle genie-ßen kann, ist beeindruckend.

Schillat-Höhle // Riesenbergstraße 2a,
31840 Hessisch Oldendorf
// www.schillathoehle.de

03 HÖHLEN IM HARZ

Der Harz ist nicht nur für seine steilen Klippen be-kannt, auch unterirdisch warten eindrückliche Erleb-nisse. Benannt wurde die Einhornhöhle, die vor über drei Millionen Jahren entstand, nach dem gleichna-migen Fabelwesen. Grund dafür waren zahlreiche Knochenfunde, die man bis ins 17. Jahrhundert für Einhornknochen hielt. Es handelte sich jedoch tat-sächlich um die fossilen Überreste von Höhlenbären, -löwen und Wölfen. Mit über 600 Metern erschlos-senen Gängen ist die Einhornhöhle die größte be-

Oben: Der Westen des Harzes, der sich 800 bis 1100 Meter hoch auftürmt, wird als Oberharz bezeichnet. Bizarre Felsformationen wie die Rabenklippen findet man hier.

Unten: Markant ragen die Greifensteine im Erzgebirge in die Höhe.

Rechts: Die innere Ruhe finden, das funktioniert besonders gut mit meditativen Klängen, zumal, wenn diese in der faszinierenden Akustik unterirdischer Höhlen erklingen. In der Einhornhöhle werden deshalb regelmäßig Klangevents angeboten.

gehbare Höhle im Westharz. Sie kann selbst mit Kinderwagen und Rollstuhl erkundet werden. Sehenswert ist auch die Iberger Tropfsteinhöhle bei Bad Grund. Bergleute entdeckten sie wahrscheinlich schon im 16. Jahrhundert, eine erste Beschreibung stammt aus dem 18. Jahrhundert. Erstaunlich ist, dass die Höhle aus einem Korallenriff entstanden ist, das sich vor 350 bis 250 Millionen Jahren dort befand und mit der Auffaltung des Gebirges nach oben schob.

Neben den Höhlen, die im Rahmen einer Führung zu besichtigen sind, zeigt das Museum am Berg interessante Höhlenfunde.

// www.einhornhoehle.de
// www.hoehlen-erlebnis-zentrum.de

04 GREIFENSTEINE

Die markanten Greifensteine ragen aus den Wäldern um Ehrensfriedersdorf im westlichen Erzgebirge. Die ehemals 13, heute noch sieben Granitfelsen sind entstanden, als vor mehreren Hundert Millionen Jahren flüssiges Magma zur Erdoberfläche aufstieg und dann erkaltete. Im Laufe der Zeit verwitterte das weichere Gestein rundherum, sodass nur die Magmasäulen stehen geblieben sind. Die Felsregion ist heute ein beliebtes Wander- und Klettergebiet sowie eine ergiebige Fundstätte für Mineraliensucher.

Naturpark Erzgebirge/Vogtland //
Schlossplatz 8, 09487 Schlettau
// www.naturpark-erzgebirge-vogtland.de

05 NATIONALPARK SÄCHSISCHE SCHWEIZ

Wenige Landschaften haben die Romantiker des 19. Jahrhunderts so begeistert wie die Sächsische Schweiz: ein idyllisches Flusstal, gesäumt von den ebenso malerischen wie bizarren Felsformationen des Elbsandsteingebirges, in denen oft der Nebel hängt.

NICHT VERPASSEN!

Rabenklippe im Harz // Die mächtigen Granitsteine der Rabenklippe erheben sich 200 Meter über das Eckertal. Schon im 19. Jahrhundert war die Klippe ein beliebtes Ausflugsziel. 1874 baute man deshalb für Wanderer eine Unterstandhütte. An ihrem Platz befindet sich heute ein Waldgasthaus. Bei einer Gesamthöhe von ungefähr 550 Metern über dem Meeresspiegel hat man von der Klippe, die teilweise über Steinstufen begehbar ist, einen guten Blick auf den Brocken und den Ort Torfhaus.

NICHT VERPASSEN!

Felsenburg Neurathen // Über die Basteibrücke erreicht man die Relikte einer einstigen Burganlage, die spätestens im 13. Jahrhundert in die steilen Felsen hineingebaut wurde. Beeindruckend ist vor allem die exponierte Lage, die sich über die rekonstruierten Wehrgänge und Brücken erkunden lässt. Von den Gebäuden selber sind nur Fundamente erhalten, da Burg und Burgturm aus Holz und Fachwerk bestanden. Zahlreiche Info-Tafeln sorgen jedoch dafür, dass man einen guten Eindruck von der einstigen Anlage bekommt.

Lilienstein // Der 415 Meter hohe Gipfel, der zwischen Rathen und Bad Schandau in einer Elbschleife liegt, gilt als das Wahrzeichen der Sächsischen Schweiz. Das Plateau, von dem aus man eine großartige Rundsicht hat, war vermutlich schon in der Bronzezeit besiedelt und trug später eine Burg. Heute ist die Westseite des Felsens ein beliebtes Klettergebiet, während an der Ostseite nach der Wende wieder Wanderfalken angesiedelt wurden. Wanderer können den Gipfel sowohl von der Fähre Halbestadt im Süden wie von Norden her erklimmen.

Schrammsteine // Zu den malerischsten Formationen im östlichen Teil des Nationalparks gehören die Schrammsteine, eine stark zerklüftete Felsenkette. Der höchste der Gipfel ist mit 425 Metern der Hohe Torstein. Die Schrammsteine sind ein Paradies für Kletterer. Es gibt jedoch auch diverse Wanderwege, etwa auf die Schrammsteinaussicht und über den Grat, die allerdings wegen der steilen, teils mit Leitern und Steigen gesicherten Aufstiege eine gute Kondition, Trittsicherheit und Schwindelfreiheit erfordern.

Geformt wurde diese Landschaft durch die Erosion, die im Verlauf von Millionen von Jahren dem weichen Sandstein zusetzte. Der Nationalpark umfasst die schönsten Gebiete am nördlichen Elbufer. Ein Teil erstreckt sich westlich von Bad Schandau rund um die Bastei bis Stadt Wehlen, der andere reicht östlich von Bad Schandau bis zur tschechischen Grenze und geht dort in den Nationalpark Böhmische Schweiz über. Die zerklüfteten Felsregionen wurden aber nicht nur wegen ihrer Schönheit unter Schutz gestellt, sondern auch, weil sich durch die starke Gliederung der Landschaft eine Vielzahl kleiner Lebensräume ergibt, in denen sich Pflanzen mit speziellen Bedürfnissen ansiedeln konnten. Die große geschlossene Waldfläche im westlichen Teil des Nationalparks dient zudem vielen seltenen Tierarten als Rückzugsraum. Hier findet man 16 der 18 in Deutschland heimischen Fleder-

Oben und Mitte: Klippen und Tafelberge wie an der Felsenburg Neurathen oder an den Schrammsteinen in der Sächsischen Schweiz sind die Reste einer einst kompakten Sandsteinplatte.

Unten: Spektakulär ist die Tropfsteinwelt in den Saalfelder Feengrotten.

mausarten, Eulen und Habichte, Wanderfalken, Kolkraben, Schwarzstörche sowie Gämsen, Mufflons und Luchse, die hier schon einmal ausgestorben waren.

Nationalpark Sächsische Schweiz //
Nationalparkverwaltung, An der Elbe 4,
01814 Bad Schandau

// **www.nationalpark-saechsische-schweiz.de**

06 GLITZERND: MARIENGLASHÖHLE

Man fühlt sich, als wäre man in einem Zimmer voller Diamanten. In der Marienglashöhle im Thüringer Wald glitzern bis zu knapp einem Meter große, klare Kristalle. Besucher gelangen über einen 100 Meter langen Eingangsstollen in diese natürlich entstandene Grotte, in der neben den funkelnden Steinen auch ein echter Höhlensee für staunende Bewunderung sorgt. Neben Führungen finden in der Höhle hin und wieder auch Konzerte statt, die von der ganz besonderen Akustik der Grotte profitieren.

Unten: Zu den bekanntesten Maaren der südlichen Eifel gehören die Dauner Maare, die »blauen Augen der Eifel«.

Naturpark Thüringer Wald e.V. // Rennsteigstraße, OT Friedrichshöhe, 98678 Sachsenbrunn

// **www.naturpark-thueringer-wald.eu**
// **Weitere Informationen zur Höhle unter**
www.marienglashoehle-friedrichroda.de

07 SAALFELDER FEENGROTTEN

In eine magische Welt versetzt fühlt man sich in den Saalfelder Feengrotten – ein wahrlich passender Name für die laut Guinness-Buch der Rekorde farbenprächtigsten Tropfsteinhöhlen der Welt! Die sagenhafte Märchenwelt wurde 1910 in einem alten Bergwerk entdeckt, in dem man einst silurischen Alaun- und Kieselschiefer abbaute. Der Mineralreichtum des Gesteins hat hier zauberhafte Farben hervorgebracht, die eindrucksvoll von der Oberfläche eines künstlich entstandenen Sees reflektiert werden. Wer die funkelnden Farben abseits der Führung auf sich wirken lassen möchte, findet im Heilstollen in einem Arm des Labyrinths Gelegenheit dazu. Warm eingepackt und gemütlich im Liegestuhl genießt man hier zwei Stunden lang die Stille, während man tief entspannt die gesunde ionisierte Luft einatmet.

Saalfelder Feengrotten // Feengrottenweg 2,
07318 Saalfeld

// **www.feengrotten.de**

08 NATURPARK VULKANEIFEL

Am 31. Mai 2010 wurde der Naturpark Vulkaneifel aus der Taufe gehoben. Er ist damit der achte Naturpark von Rheinland-Pfalz und rund 980 Quadratkilo-

meter groß. Der vulkanische Ursprung ist das große Plus der Region. Er hat typische Kegel, Maare, erkaltete Lava und Mineralwasserquellen hinterlassen. Im ganzen Land gibt es keinen Ort, an dem solche geologischen Spuren in dieser Dichte zu finden sind. Noch vor rund 11 000 Jahren waren die Vulkane aktiv. Aus erdgeschichtlicher Sicht handelt es sich also um eine sehr junge Landschaft. Doch nicht nur die geologische Seite ist höchst interessant und sehenswert, auch die Natur ist es. Unvergleichlich präsentiert sich die Gegend beispielsweise im Frühjahr, wenn wilde Narzissen weite Wiesen in leuchtendes Gelb tauchen. Ebenfalls zu erwähnen ist das Vogelschutzgebiet Sangweiher im Herzen des Naturparks.

Natur- und Geopark Vulkaneifel // Mainzer Straße 25, 54550 Daun
// **www.geopark-vulkaneifel.de**

⑨ KALTWASSERGEYSIR ANDERNACH

Wer die atemberaubenden Kräfte der Natur hautnah erleben möchte, muss dafür nicht gleich eine Reise zu Islands berühmten Geysiren auf sich nehmen: Auf dem Namedyer Werth, einer Halbinsel bei Andernach am Rhein, ist der höchste Kaltwassergeysir der Welt zu besichtigen. Entstanden ist er 1903 bei einer Bohrung nach kohlendioxidhaltigem Mineralwasser. Im Sommer führt eine Schifffahrt auf dem Rhein durch das malerische Rheintal zum Naturschutzgebiet Namedyer Werth. Nach einem kurzen Spaziergang durch die artenreiche Natur lauscht man gespannt dem Brodeln aus der Tiefe und hält überwältigt den Atem an,

während die majestätische Fontäne 50 bis 60 Meter in die Höhe schießt. Die faszinierende Reise beginnt im Geysir-Erlebniszentrum mit einer imaginären Fahrt unter die Erde, wo man die Kräfte im Erdinneren ergründen kann, die dieses Naturphänomen möglich machen.

Kaltwassergeysir Andernach // Geysir.info, Konrad-Adenauer-Allee 40, 56626 Andernach
// **www.geysir-andernach.de**

⑩ TEUFELSSCHLUCHT

Schon 1964 gründeten Luxemburg und Deutschland einen gemeinsamen Naturpark, den ersten seiner Art in Westeuropa, der eine Staatsgrenze überschritt. Tiefe Flusstäler mit teilweise spektakulären Schluchten, dann wieder weite Wiesen, auf denen Obstbäume gedeihen, oder dichte Wälder, Feuchtwiesen, Niedermoore und Heide. Das Ferschweiler Plateau ist eine Hochfläche aus Sandstein, die sich über 4 × 8 Kilometer erstreckt. Als die letzte Eiszeit zu Ende ging, führten die starken Temperaturschwankungen zu Erdrutschen und Felsabbrüchen. Bei einem solchen Ereignis entstand ein 28 Meter tiefer Spalt, der heute Teufelsschlucht genannt wird. Ein Naturparkzentrum in Ernzen informiert über die Entstehung, auch eine Wanderung um das Plateau herum ist möglich.

Deutsch-Luxemburgischer Naturpark // Auf Omesen 2, 54666 Irrel
// **www.naturpark-suedeifel.de**

Ganz links: Schlummernde Vulkane, der höchste Kaltwassergeysir der Welt, das Römerbergwerk Meurin und vieles mehr erwartet Besucher im Vulkanpark Andernach.

Links: Ein gut ausgebautes Rad- und Wanderwegenetz sorgt im Deutsch-Luxemburgischen Naturpark dafür, dass der Besucher die gesamte Vielfalt ohne großen Aufwand genießen kann.

⓫ TAGESTOUR DURCH DAS DAHNER FELSENLAND

Das Dahner Felsenland ist ein Paradies für Wanderer und Kletterer. 16 Burgen bzw. deren Überreste gibt es dort zu sehen. Manche der Buntsandsteinfelsen haben nicht nur poetische Namen – etwa Teufelsstich oder Jungfernsprung –, sondern sind auch Inhalt von Sagen. Auf einem romantischen Rundwanderweg führt die Route vom Kurpark in Dahn durch das vielfältige Dahner Felsenland im Wasgau in der Südwestpfalz. Auf abwechslungsreichen Pfaden und bequemen Waldwegen geht es über das Felsmassiv Hochstein, vorbei an bizarren Sandsteinfelsen und imposanten Burganlagen. Gekrönt von spektakulären Aussichtspunkten wie die vom Römerfelsen oder dem Jungfernsprung, dem Wahrzeichen der Stadt Dahn. Weitere skurrile Felsformationen entlang des Weges tragen sagenumwobene Namen, die mittelalterlichen Mythen entsprungen sind: Satansbrocken und Hexenpilz liegen bereits auf der anderen Talseite bei dieser herrlichen Tagestour.

Naturpark Pfälzerwald // Franz-Hartmann-Straße 9, 67466 Lambrecht

// **www.pfaelzerwald.de**

⓬ FELSENMEER BEI LAUTERTAL

Wie zu Stein erstarrte Wogen wirken die mächtigen Granitblöcke, die das Felsenmeer bei Lautertal aufgetürmt haben. Der Sage nach von steinewerfenden Riesen erschaffen, entstand die wasserfallartige Steinwildnis infolge von geologischen Prozessen zum Ende der letzten Eiszeit. Die fantastischen Formen lassen einen die Kraft der Natur unmittelbar erleben und beflügeln die Fantasie. Davon rühren auch manche Namen wie etwa »Krokodil« oder »Riesensessel«. Daneben sind unvollendete Werke römischer Steinmetze zu sehen, etwa eine über 27 Tonnen schwere Säule. Besonders gut kann man das Felsenmeer bei einer Wanderung in der idyllischen Landschaft auf sich wirken lassen.

Felsenmeer bei Lautertal // Felsenmeer-Informationszentrum, Seifenwiesenweg 59, 64686 Lautertal Odenwald

// **www.felsenmeer-zentrum.de**

NICHT VERPASSEN!

Höhlenkunst // Naturwunder und Lichtkunst vereinen sich in der Tropfsteinhöhle Herbstlabyrinth im nordhessischen Breitscheid. LED-Technik setzt die Tropfsteinformationen besonders effektvoll in Szene. Damit die Besucher dies genießen können, erfolgen die Führungen in kleinen Gruppen.

//**www.schauhöhle-breitscheid.de**

Bilder rechts: Die Felsformationen im Pfälzerwald sind außergewöhnlich, eine ist als »Teufelstisch« bekannt (oben), eine andere als »Jungfernsprung«.

#10   FÄLLE UND KLAMMEN

Erhaben und majestätisch präsentiert sich der Süden Deutschlands. Hier finden sich einsame Gipfel, schwindelnde Höhen, tiefe Bergseen, imposante Wasserfälle und atemberaubende Schluchten. Angesichts dieser gewaltigen Natur rücken Stress und die Sorgen des Alltags in weite Ferne.

Oben: Am Eingang des Tals zwischen Watzmann und Hochkalter befindet sich die romantische Wimbachklamm, die über Holzstege und Brücken für Besucher zugänglich ist.

Linke Seite: Der Trusetaler Wasserfall im Thüringer Wald stürzt sich mit drei Kaskaden 58 Meter in die Tiefe.

01 TRUSETALER WASSERFALL

Das Trusetal liegt am Südwesthang des Thüringer Waldes. Neben seinen dichten Buchen- und Nadelwäldern, die vor allem dem Rotwild ein geschütztes Rückzugsgebiet ermöglichen, ist die Gegend hauptsächlich für seinen beeindruckenden Wasserfall bekannt, der im Jahr 1865 künstlich angelegt wurde und eine Falltiefe von rund 58 Metern hat. Für Besucher ist dieses Wasserschauspiel optimal erschlossen. Über 228 Stufen kann man am Fall entlang hinaufsteigen.

Trusetaler Wasserfall // Brotteroder Straße 49, 98596 Trusetal

// **www.thueringen.info/ trusetaler-wasserfall.html**

02 WASSERFÄLLE IM NATIONALPARK SCHWARZWALD

Der Schwarzwald gilt nicht zu Unrecht als eine der wasserreichsten Regionen Deutschlands und hat viele bekannte und unbekannte Wasserfälle zu bieten. Der Wasserfall des Grobbachs im Baden-Badener Stadtteil Geroldsau ist ein neun Meter hohes Naturdenkmal, das wegen seiner Einmaligkeit die besondere Schutzwürdigkeit der Deutschen Naturschutzbehörden genießt. Die Wasserqualität entspricht der höchsten Klasse »sehr gut«. Besonders sehenswert ist auch die umliegende Bepflanzung mit Rhododendron-Büschen, die sich vom Frühjahr bis in den Hochsommer in einer bunten Blütenpracht zeigt. Ihr Rauschen und Plätschern kann man schon aus der Ferne hören: Die Burgbach-Wasserfälle sind ein Naturerlebnis für Augen und Ohren. Sie liegen ganz in der Nähe von Bad Rippoldsau-Schapbach und zählen zu den höchsten frei fallenden Wasserfällen in Deutschland. Die Gesamthöhe dieses geologischen Naturdenkmals beträgt 32 Meter, die freie Fallhöhe 15 Meter. Die Fallstufe hat sich aus verkieseltem Sandstein gebildet, der über verwitterndem Graniten liegt. Die Triberger Wasserfälle wiederum unterteilen sich in die oberen Fälle mit drei Hauptstufen,

01 TRUSETALER WASSERFALL

02 WASSERFÄLLE IM NATIONALPARK
SCHWARZWALD

03 WUTACHSCHLUCHT

04 URACHER WASSERFALL

05 NATURPARK BAYERISCHER WALD

06 BREITACHKLAMM IN OBERSTORF

07 PARTNACHKLAMM

08 HÖLLENTAL

09 LEUTASCHER GEISTERKLAMM

10 WEISSBACHKLAMM

11 WIMBACHTAL UND WIMBACHKLAMM

Ganz oben: Der Todtnauer Wasserfall gehört zu den höchsten Wasserfällen Deutschlands. Oben: Noch höher sind die Triberger Wasserfälle. Sie stürzen in insgesamt zehn Stufen 163 Meter in die Tiefe. Sie sind damit die höchsten Wasserfälle in Deutschland außerhalb der Alpen. Links: Im südlichen Schwarzwald liegen die Allerheiligen-Wasserfälle.

Rechts: Bei Menzenschwand im Albtal stürzt die Alb in einem Wasserfall in die Tiefe. Das Tal ist touristisch gut erschlossen, viele Wander- und Spazierwege führen durch es hindurch.

einen steilen Sturzbachabschnitt und schließlich die siebenstufigen Hauptfälle. Schön ist der Anblick auch in den Abendstunden, da die Wasserfälle bis 22 Uhr beleuchtet sind. Es gibt wohl nur eine weitere Attraktion, die dieser Naturkulisse die Show zu stehlen vermag: die vielen Eichhörnchen, die rund um die Wasserfälle leben und inzwischen so sehr an Menschen gewöhnt sind, dass sie sich sogar von Hand füttern lassen. Wenn bei Todtnau das Wasser des Stübenbachs – des »stiebenden Bachs« – fast 100 Meter in die Tiefe stürzt, haben alle anderen Geräusche gegen die Naturgewalt keine Chance und gehen im Rauschen der Wassermassen unter. Auf seinem Weg in die Tiefe nimmt der Fall dabei die verschiedensten Formen an: Mal fällt er frei, mal gleitet das Wasser über die Felsen, mal donnert es in schmalem Strahl nach unten, dann wieder verteilt es sich in malerischer Breite über die Steinstufen. Wer über genügend Kondition verfügt, ignoriert am besten den Parkplatz in Aftersteg, den die meisten Besucher benutzen, und macht sich lieber auf den äußerst lohnenswerten Wasserfallsteig von Todtnau nach Todtnauberg. Der zwölf Kilometer lange Premiumwanderweg gilt als »Genießerpfad« und hält zahlreiche Ruhebänke und -liegen bereit, um die imposanten Panoramablicke ausgiebig auf sich wirken zu lassen. Besonders eindrucksvoll ist der Besuch an ruhigen, kalten Wintertagen, wenn der Wasserfall vollständig vereist ist. Dann allerdings sollte man auf den breiten Zugangswegen bleiben und sich keinesfalls auf den vereisten Steig wagen.

// www.hochschwarzwald.de

03 WUTACHSCHLUCHT

Sie trägt nicht umsonst den Spitznamen »größter Canyon in Deutschland«. Die Wutachschlucht ist ein geschütztes Wildflusstal, in dem urwüchsige Wälder, steile Felsen, rauschende Wassermassen und klare Quellen aufeinandertreffen. Perfekt wird die Romantik dieser malerischen Kulisse zudem noch durch die über 500 verschiedenen Schmetterlingsarten. Wer etwas Glück hat, kann hier sogar einen Eisvogel in seinem natürlichen Umfeld beobachten. Der Südschwarzwald zählt zu einem der wasserreichsten Gebiete der Region. Die meisten Flüsse im Naturpark sind so naturnah erhalten, dass hier Tier- und Pflanzenarten überleben konnten, die andernorts bereits ausgestorben sind. Es ist daher ein Muss für jeden Naturliebhaber, einen der letzten großen Wildflüsse Mitteleuropas, die Wutach, zu besuchen. Mit etwas Geduld und Glück kann man hier auf Stein- und Dohlenkrebse treffen. Aber auch die Groppe und das seltene Bachneunauge sind hier beheimatet, ebenso wie seit einigen Jahren wieder laichende Atlantische Lachse, Flussneunaugen und Meerforellen. Besonders stolz sind die Einheimischen natürlich darauf, dass sich auch immer mehr Biber im Naturpark sehen lassen.

Wutachschlucht // Schattenmühle 1, 79843 Löffingen

// www.wutachschlucht.de

NICHT VERPASSEN!

Blautopfhöhle // Höhlen und Tunnel sind typisch für die Schwäbische Alb. Eine der schönsten Grotten ist die Blautopfhöhle in Blaubeuren. Ihr türkises Wasser bietet Besuchern eine Kulisse, wie man sie sonst nur aus dem Fernsehen kennt. Erst in den 1950er-Jahren gelang es Tauchern, auf den Grund der bis zu 22 Meter tiefen und knapp 5 Kilometer langen Höhle vorzudringen. Für Besucher bieten die begehbaren Passagen der Blautopfhöhle einen Anblick zum Staunen. Hier sieht man Tropfsteine, die mehr als 20 Meter lang sein können.

04 URACHER WASSERFALL

Es ist ein tosendes Spektakel, wenn bis zu 240 Liter Wasser pro Sekunde aus 37 Meter Höhe über eine Tuffsteinkante ins Tal stürzen. Der Wasserfall in Bad Urach ist nicht umsonst eine der bekanntesten Naturattraktionen der Region und gleich aus mehreren Perspektiven zu bewundern. Von unten kann man die Wassermassen auf sich zustürzen sehen, man kann aber auch die steilen Stufen an der Seite des Falls hinaufklettern und oben angelangt auf einer Brücke über dem Wasserfall stehen und hinabblicken.

Uracher Wasserfall // Bei den Thermen 4, 72574 Bad Urach
// www.badurach-tourismus.de/Media/ Attraktionen/Uracher-Wasserfall

05 UNTERWEGS IM NATURPARK BAYERISCHER WALD

Im Bayrischen Wald gibt es eine Menge Erholungsgebiete, fernab von jeder Menschenseele. Das Höllbachtal etwa ist Naturschutzgebiet. Der einst wilde Bach schlängelt sich durch Granitfelsen, auf denen seltene Moose und Flechten leben. Das Ursprüngliche des Biotops ist eingeschränkt, seit das Gewässer zur Energiegewinnung teilweise umgeleitet wird.

NICHT VERPASSEN!

Allerheiligen-Wasserfälle // Die Fälle bei der frühgotischen Klosterruine Allerheiligen gehören zu den höchsten und beliebtesten im Schwarzwald. Nur wenige Hundert Meter vom ehemaligen Kloster entfernt stürzt der Lierbach über sieben Stufen in einem natürlichen Fall insgesamt 83 Meter in das Tal hinunter. Die steile Spalte wurde erst im Jahr 1840 erschlossen. Heute führen mehrere Brücken und Treppen durch die Schlucht, die die Natursehenswürdigkeit erlebbar machen.

Bilder links: Wasser bestimmt vielerorts das Bild im Bayerischen Wald, so auch im Höllental, in der Steinklamm oder an der Buchberger Leite (von oben).

Links ganz unten: Es ist ein tosendes Spektakel, wenn bis zu 240 Liter Wasser pro Sekunde aus 37 Meter Höhe über eine Tuffsteinkante stürzen. Der Wasserfall in Bad Urach ist eine der Naturattraktionen der Region.

An der Grenze zum Nationalpark Bayerischer Wald liegt die Steinklamm. Drei Wege führen durch die Schlucht der Großen Ohe mit ihren vom Wasser glatt geschliffenen Felsbrocken. Sie sind von Mai bis Oktober begehbar. Zwei Bäche vereinigen sich in der Buchberger Leite zur Wolfsteiner Ohe. Die unter Naturschutz stehende Leite ist eine wildromantische Schlucht. Empfehlenswert ist der acht Kilometer lange Erlebniswanderweg »Mensch und Natur«, der auf eigene Faust oder mit einer ortskundigen Führung begangen werden kann.

Naturpark Bayerischer Wald e.V. // Info-Zentrum, 94227 Zwiesel

// www.naturpark-bayer-wald.de

06 BREITACHKLAMM IN OBERSTORF

Die tiefste Felsenschlucht Europas liegt südlich von Oberstorf. Die schweren eiszeitlichen Gletscher haben den Stein einst gespalten. Dadurch hat sich das abfließende Wasser anschließend über die Jahrtausende bis zu 150 Meter tief in den Fels gefressen. 1905 veranlasste dann der Pfarrer des nahen Tiefenbach, dass ein erster Steig durch den »Höllenschlund« gebaut wurde. Er sollte die Schönheit der gewaltigen Schöpfung zugänglich machen, aber auch die Lebens-

verhältnisse der Menschen im Ort verbessern. Heute ist die Klamm längst ein beliebtes Touristenziel. Deshalb kommt man am besten gleich morgens, wenn die Klamm öffnet, und nutzt den Tag, um nach Durchschreiten der imposanten Schlucht weiter in das idyllische Kleinwalsertal hinaufzuwandern. Ein magisches Erlebnis sind abendliche Fackelwanderungen, die im Winter angeboten werden.

Breitachklamm // Klammstraße 47, 87561 Tiefenbach

// www.breitachklamm.com

Oben: Kleine Holzwege und -brücken führen auf vielen Pfaden durch den Bayerischen Wald.

Rechts: Zwischen Kleinwalsertal und Oberstdorf liegt die Breitachklamm im Allgäu.

Links: Von Mittenwald aus gelangt man kurz hinter der österreichischen Grenze in die mystische Welt der Leutascher Geisterklamm, in der ein Kobold hausen soll.

07 PARTNACHKLAMM

Die Partnachklamm ist eines der beeindruckendsten Naturschauspiele im Werdenfelser Land. Über Millionen von Jahren hat sich die Partnach, die vom Schneeferner auf dem Zugspitzblatt gespeist wird, im Reintal tief in den harten Muschelkalk gegraben und eine faszinierende Landschaft geschaffen. An vielen Stellen sind die bis zu 80 Meter hohen Wände der Klamm nur wenige Meter voneinander getrennt. Vom 19. Jahrhundert bis weit in die 1960er-Jahre hinein wurde unter Einsatz von Leib und Leben Holz durch die Klamm getriftet. Schon im Jahr 1912 begann man auch mit der touristischen Nutzung der Schlucht. Der bestehende Triftsteig wurde ausgebaut und an vielen Stellen wurden Tunnel durch den Fels getrieben, um die Klamm auf voller Länge begehbar zu machen. Durch die Tunnelbauweise ist die Klamm weitgehend unverbaut und bietet immer wieder eine Vielzahl von atemberaubenden neuen Fotomotiven.

Partnachklamm // Graseck 4,
82467 Garmisch-Partenkirchen
// www.partnachklamm.eu

08 HÖLLENTAL

Auch das Höllental beherbergt eine beeindruckende Klamm. Sie wurde vor über 100 Jahren touristisch erschlossen und ist heute mit ihren bis zu 150 Meter tiefen Schluchten, Wasserfällen und verschlungenen

NICHT VERPASSEN!

Zum Schachen // Eine der schönsten Wanderungen im Wetterstein ist der Weg durch die Partnachklamm und weiter hinauf auf den Schachen. Der Weg startet am Olympiastadion in Partenkirchen und schon nach wenigen Minuten steht man am Eingang der beeindruckenden Klamm. Auf 700 Metern wurde die Klamm durch in den Fels gesprengte Stollen und Durchgänge begehbar gemacht. Der Weg bietet zu jeder Jahreszeit einmalige Eindrücke. Für alle, die eine sportliche Herausforderung suchen, ist das Weiterwandern zum Königsschloss auf dem Schachen empfohlen. Bis hierher ist man mindestens vier bis fünf Stunden unterwegs und muss einen Höhenunterschied von 1150 Metern überwinden. Dafür wird man mit einem einmaligen Panorama und einem kulturellen Kleinod belohnt, das man sich nicht entgehen lassen sollte.

// www.schachenhaus.de

Stegen ein unvergleichliches Naturerlebnis. Im Gegensatz zur Partnachklamm ist die Höllentalklamm nur im Sommer zu besichtigen. Eine beliebte Route ist, mit der Alpspitzbahn hinaufzufahren und über das Höllental nach Grainau abzusteigen.

Höllentalklamm // Höllentalstraße 18, 82491 Grainau

// www.hoellentalklamm-info.de

Oben: Die Partnachklamm ist ein spektakuläres Naturschauspiel am Fuß des Zugspitzmassivs.

Rechts: Hellblau fließt der Bach durch die Leutascher Geisterklamm; stählerne Brücken darüber bieten tolle Ausblicke.

09 LEUTASCHER GEISTERKLAMM

Kurz hinter der österreichischen Grenze wartet das Reich des Klammkobolds auf kleine und große Besucher. Auf einem 800 Meter langen, atemberaubend angelegten Steig, der hoch über der Klamm am Fels klebt, erklären Klammgeister und Kobolde die geologischen Besonderheiten der Leutaschklamm. Nicht nur ein Spaß für alle Kinder, sondern auch ein einmaliges Naturerlebnis mit vielen Gumpen, Wasserfällen und senkrechten, engen Felswänden.

Leutascher Geisterklamm // Tourist-Information, Dammkarstraße 3, 82481 Mittenwald

// www.leutaschklamm.com/ geisterklamm.php

10 WEISSBACHKLAMM

Die Weißbachschlucht liegt zwischen Weißbach und Schneizelreuth an der Deutschen Alpenstraße. Der Weißbach hat sich hier eine tiefe, enge Schlucht gegraben, die auf einem fünf Kilometer langen Wanderweg erkundet werden kann. Vor allem für Kinder ist der Weg zur Schlucht schon ein Erlebnis, da sie hier einen idealen Wasserspielplatz vorfinden, mit Kiesbänken zum Planschen und erfrischenden Gumpen, die zum Baden einladen.

Weißbachklamm // Tourist-Info, Berchtesgadener Straße 12, 83458 Schneizlreuth

// www.schneizlreuth.de

11 WIMBACHTAL UND WIMBACHKLAMM

Das zwölf Kilometer lange Hochtal liegt zwischen den Gebirgsmassiven des Watzmanns und des Hochkalters. Am Eingang des Tals befindet sich die romantische Wimbachklamm. Über Jahrmillionen hat sich der Wildbach hier einen Weg durch das Gestein gebahnt und eine einmalige Naturschönheit mit unzähligen Wasserfällen geschaffen. Der hintere Teil des Tals bis zu den Palfelhörnern wird von einem bis zu 300 Meter mächtigen Schuttstrom geprägt, der wie eine Mondlandschaft wirkt.

Wimbachklamm // Rotheben 2, 83486 Ramsau bei Berchtesgaden

// www.berchtesgaden.de/wimbachklamm

SEEN
ERHOLUNG PUR IM NASSEN VERGNÜGEN

#11

Wasser ist unser Lebenselixier. Deutschland ist mit dem kostbaren Nass gesegnet, denn es besitzt eine überaus reiche Seenlandschaft. Die malerischen Gewässer der Voralpen und die Naturschutzgebiete, die sich rund um unsere Seen erschließen, bieten einmalige Freizeit- und Erholungsangebote für jeden Geschmack.

Oben: Der Selenter See ist mit rund 25 Quadratkilometer Fläche der zweitgrößte Schleswig-Holsteins und eignet sich vorzüglich zum Paddeln, Segeln und Surfen.

Linke Seite: Vor den Toren Hannovers lädt der größte Binnensee Norddeutschlands, das Steinhuder Meer, zu einer Radumrundung ein. Dabei sind 30 Kilometer ohne Steigungen zu bewältigen.

01 SELENTER SEE

Der etwa 21 Quadratkilometer große Selenter See schließt die Holsteiner Seenlandschaft nach Norden hin ab. Von hier aus sind es nur noch wenige Kilometer bis zur Ostsee. Von flacher Küstenlandschaft ist hier noch keine Spur: Der zweitgrößte See Schleswig-Holsteins ist in eine wellige Hügellandschaft eingebettet, die entweder vom Aussichtsturm der Blomenburg am Südufer oder – für Ambitioniertere – vom 133 Meter hohen, bei Panker gelegenen Pilsberg gut überblickt werden kann. Der See selbst ist für seinen Fischreichtum bekannt. Unter anderem findet man hier die Große und Kleine Maräne sowie viele Rotaugen. Sein Nordteil steht größtenteils unter Naturschutz, da hier die Reiherente ihren größten Mauserplatz in Mitteleuropa hat. Da die Tiere während der Mauser nicht fliegen können, sind sie in dieser Zeit besonders schutzbedürftig. Außerhalb des Schutzgebietes aber darf nach Herzenslust gebadet, gesegelt, gesurft, gerudert und gepaddelt werden.

Selenter See // Touristinformation Hohwachter Bucht/Selent, Berliner Platz 1, 24321 Hohwacht
// www.hohwachterbucht.de/selent.html

02 STEINHUDER MEER

Das Steinhuder Meer ist der größte Binnensee in Nordwestdeutschland. Um ihn erstreckt sich der gleichnamige Naturpark auf einer Fläche von 310 Quadratkilometern über die Landkreise Schaumburg und Nienburg sowie die Region Hannover. Schon 1959 wurde die Idee zu einem Naturpark geboren, erst 1974 wurde sie realisiert. Rund zwei Drittel sind Schutzgebiet. Wald- und Moorflächen sorgen für eine unverwechselbare Landschaft, das Herzstück bleibt jedoch der See als besonderer Lebensraum. Im Brut- und Rastgebiet Meerbruch sind Wasser- und Watvögel wie die Bekassine oder die Uferschnepfe anzutreffen. Unweit des Steinhuder Meers liegt das Tote Moor, ein Hochmoor, das vor dem Untergang gerettet werden soll. Graugans, Kiebitz und Krickente nutzen das Gebiet bereits wieder als Brutplatz, auch typische Moorpflanzen siedeln sich nach und nach wieder dort an.

Naturpark Steinhuder Meer // Tourist-Information Steinhude, Meerstraße 15–19, 31515 Wunstorf-Steinhude
// www.naturpark-steinhuder-meer.de
// www.steinhuder-meer.de

03 GROSSER FÜRSTENSEER SEE

Im Osten des Nationalparks Müritz zwischen Fürstensee und Herzwolde befindet sich einer der schönsten Badeseen der Region, der Große Fürstenseer See. Das Wasser ist klar, der Sand teilweise so fein, dass man den Eindruck hat, in einer besonders schönen Ostsee-Bucht zu sein. Außer in Fürstensee, wo sich die wohl beliebteste Badestelle befindet, sind die Ufergebiete bewaldet. Bis zu 25 Meter ist das von der Halbinsel Pankower Ort geteilte Gewässer tief. Angler schätzen das Revier wegen seines Fischreichtums. Die am häufigsten vorkommenden Fischarten sind Barsch, Hecht, Zander und auch Aal. Wer die Tiere lieber in ihrem Lebensraum beobachtet, sollte schnorcheln gehen. Das Tauchen mit Ausrüstung ist allerdings untersagt. Um den See herum ist eine interessante Fauna zu finden. Biber und Fischotter lieben die feuchten Uferzonen, lassen sich Menschen gegenüber jedoch kaum sehen.

Tourismusverband Mecklenburgische Seenplatte e. V. // Turnplatz 2, 17207 Röbel/Müritz **// www.mecklenburgische-seenplatte.de**

04 GROSSER LYCHENSEE

Inmitten von sieben Seen, dem sogenannten Lychener Seenkreuz, liegt die Flößerstadt Lychen. In ihrem Herzen befindet sich das Strandbad des knapp 20 Meter tiefen Großen Lychensees. Vorbei an drei In-

Unten: Unglaublich klar ist der Große Fürstenseer See.

Ganz unten und links: Einmalig schöne Fotomotive bietet der Große Lychensee in der Uckermark.

Oben: Eine alte Buche steht im Großen Stechlinsee, nach dem Theodor Fontane die Hauptfigur in seinem gleichnamigen Roman benannte.

Oben rechts: Ein an den Uckermärkischen Seen auch vorkommender Eisvogel hat einen stolzen Fang gemacht.

selchen gelangt man von hier aus über den Haussee in die Obere Havel-Wasserstraße. Vielleicht kommen deshalb viele Wasserwanderer hierher, die am Strandbad einen Liegeplatz und Übernachtungsmöglichkeiten vorfinden. Außer an den Badestellen ist das Seeufer meist bewaldet.

Naturpark Uckermärkische Seen //
Zehdenicker Straße 1, 17279 Lychen
    // www.uckermaerkische-seen-naturpark.de

NICHT VERPASSEN!

Unterwasserkamera // In Naugarten läuft im Restaurant des Hofes Kokurin eine Live-Übertragung aus dem 2,50 Meter tiefen See. Fische werden vom Futterautomaten vor die Unterwasserkamera gelockt. Vom Hof aus kann man wunderbar um den Naugartener See wandern. Es geht rechts am Wasser entlang, hinter der Feldhecke links in einen Sandweg und hinter der Siedlung hinauf in den Ort. Von dort geht es an der Badestelle vorbei zurück zum Hof.
    // hof-kokurin.de

Paddeln // Es empfiehlt sich, die Uckermärkischen Seen vom Wasser aus zu erkunden. Besonders gut eignet sich die 60 Kilometer umfassende Rundtour Naturpark Uckermärkische Seen. Start und Ziel ist der Große Lychensee. Neben mehreren Seen wird die Havel befahren, sieben Schleusen liegen auf dem Weg, einmal wird ein Shuttle benötigt.
    // www.tourismus-uckermark.de

05 GROSSER STECHLINSEE

Der Große Stechlinsee, kurz »der Stechlin« genannt, ist einer der wichtigsten Klarwasserseen Norddeutschlands. Das bedeutet, er ist besonders sauber und ermöglicht einen Blick weit in die teilweise türkis schimmernde Tiefe. Was liegt näher, als dort auf Tauchstation zu gehen und Barsch und Hecht ganz nah zu kommen? Erlaubt ist das ausschließlich bei Neuglobsow, wo auch eine Tauchbasis ansässig ist. In der Bucht von Neuglobsow gibt es zudem eine Badestelle mit Einstiegshilfe für Menschen, die in ihrer Beweglichkeit eingeschränkt sind. Wer den See umrunden will, braucht etwas Kondition für die 16 Kilometer lange Strecke. Ein durchgehender Wanderweg ist jedoch vorhanden. Im Stechlin sind zwei Lebewesen beheimatet, die es nirgends sonst auf der Welt gibt: die erst 2000 als eigene Art entdeckte kleine Stechlin-Maräne, zu Ehren Fontanes Coregonus fontanae genannt, und eine spezielle Kieselalge.

Naturpark Stechlin-Ruppiner Land //
Am Friedensplatz 9, OT Menz, 16775 Stechlin
    // www.stechlin-ruppiner-land-naturpark.de
    // www.tauchbasis-stechlinsee.de

06 UNTERSEE AM BODENSEE

Einheimische sprechen vom Untersee als dem »Bodensee in konzentrierter Form«, da die Region Untersee zwar klein und überschaubar ist, aber dennoch alle Vorzüge ihres großen Bruders zu bieten hat. Sie ist Teil der Grenze zwischen Deutschland und der Schweiz. Naturfreunde finden hier zahlreiche naturbelassene Ufer, Inseln und Halbinseln, Buchten und kleine Anhöhen, auf denen Burgen, alte Klöster und Schlösser thronen. Die Region ist durch ihr mildes Klima und ihre Naturschutzgebiete Wollmatinger Ried, Mettnau und Mindelsee ein hoch frequentierter Rast- und Überwinterungsort für 400 Vogelarten. Ein besonderes Highlight für Naturfreunde ist die Marienschlucht. Sie hat etwa eine Höhe von 100 Metern und ist teilweise nur einen Meter breit. Der Einstieg wurde erst jüngst aufwendig

Links: Die Ufer des Bodensees sind altes Siedlungsland, wie die Pfahlbauten in Uhldingen eindrucksvoll belegen. Im Untersee liegt die Gemüseinsel Reichenau und an seinem Ufer die hübsche Stadt Konstanz.

saniert, sodass jeder die Schlucht erklimmen und den Blick genießen kann.

// **www.bodensee.de/region/untersee-hegau**

07 FÜNFSEENLAND

Bekannt ist das bayerische Fünfseenland natürlich vor allem für Ammer- und Starnberger See, doch es sind die kleineren Seen, die echte Erholung bieten. Nordöstlich von Herrsching liegt der Pilsensee, der anfänglich noch mit dem Ammersee verbunden war. Erst Geröllablagerungen des Kienbachs trennten die beiden Seen. Mit einer Fläche von knapp zwei Quadratkilometern ist der Pilsensee deutlich kleiner als seine Brüder im Osten und Westen. Am nördlichen Ufer hat der hier einst heimische Biber heute sein Revier wieder zurückerobert. Am Südufer liegt das Naturschutzgebiet »Herrschinger Moos«, das eine Vielfalt von geschützten Tieren und Pflanzen beherbergt. Der Wörthsee ist der größte der drei kleinen Seen im Fünfseenland. Mit einer Fläche von vier auf zwei Kilometern kann man ihn in drei Stunden gut umwandern. Als Moorsee wird er im Sommer bis zu 25 °C warm und ist deshalb ein sehr beliebter Badesee, aber auch Surfer und Segler sind hier anzutreffen, da das Gewässer sehr ruhig ist und ideale Windbedingungen bietet. Selbst im Winter wird er zum Segeln genutzt. Eissegeln auf dem Wörthsee wird immer beliebter. Südlich des Starnberger Sees schließen sich die Osterseen an die Region an. Auch sie sind wie die großen Seen im Norden ein Überbleibsel der letzten län-

geren Eiszeit. 20 größere und kleinere Seen bedecken insgesamt eine Fläche von 2,25 Quadratkilometern. Seit 1981 ist das ganze Areal Naturschutzgebiet und beherbergt mit seiner Mischung aus nährstoffarmen Seen, Wäldern sowie Nieder-, Übergangs- und Hochmooren eine außerordentliche Vielfalt an seltenen Tier- und Pflanzenarten.

Fünfseenland // BAYregio GmbH, Parkstraße 6 1/2, 82131 Gauting

// **www.5sli.de**

GUT ZU WISSEN

Deutschlands höchster Wasserfall // Wer den Königssee besucht, sollte sich den Röthbach-Wasserfall am Südende des Obersees nicht entgehen lassen. Mit dem Schiff geht es über den Königssee und dann von der Saletalm noch einmal drei Kilometer bis zu Deutschlands höchstem Wasserfall. Ein echter Geheimtipp, denn durch die relativ komplizierte Anfahrt bleiben Besucheranstürme aus.

// **www.saletalm.de**

08 SCHMALENSEE, GEROLDSEE UND LAUTERSEE

Rund um den Markt Mittenwald am Fuße des Karwendels findet man eine große Anzahl von wunderschön gelegenen kleineren Seen. Der Lautersee liegt 100 Höhenmeter oberhalb von Mittenwald in einem Hochtal zwischen Hohem Kranzberg und Ederkanzel. Eine kurze Wanderung entlang des Lainbachs bringt einen hinaus zum See, der neben dem Naturgenuss auch zum Baden und Angeln lockt. Der Schmalensee liegt zwischen Mittenwald und Klais. In seiner ruhigen, glatten Oberfläche spiegeln sich die Karwendelspitzen malerisch wider. Der See ist bei Spaziergängern und Anglern gleichermaßen beliebt. In der Nähe liegt die größte zusammenhängende Buckelwiese in Bayern. Dieses einzigartige Naturphänomen ist ein Überbleibsel aus der Eiszeit. Heute sind die Wiesen ein geschütztes Biotop, das auf sehr engem Raum eine sehr große Artenvielfalt vereint. Der Geroldsee ist ein Moorsee mit hervorragender Wasserqualität, der sich im Sommer sehr schnell erwärmt und deshalb bei Badegästen sehr beliebt ist

// www.alpenwelt-karwendel.de

09 KÖNIGSSEE

Norwegen hat seine Fjorde, Deutschland den Königssee. Wie diese windet er sich zwischen engen, steil abfallenden Felsenwänden hindurch und strahlt eine ähnliche Majestät aus. Der Blick auf die alte Wallfahrtskirche St. Bartholomä gehört zu den bekanntesten Fotomotiven überhaupt. Die steilen Wände erlauben jedoch keine ufernahe Wanderung. So sind Ausflügler wie Wanderer auf die Elektroboot-Flotte der Schifffahrt Königssee angewiesen. Die Besucherströme kann man jedoch schnell hinter sich lassen, wenn man eine der vielen Tages- oder Mehrtagestouren ins Watzmannmassiv macht. Meist reicht es auch schon, ein bisschen abseits der direkten Wege zu gehen. Beispielsweise kann man von Schönau nicht nur zum Malerwinkel, sondern weiter zum Königsbachfall wandern. Ebenfalls empfehlenswert ist die einfache Tour von St. Bartholomä bis zur beeindruckenden Eiskapelle, einem Eisfeld unterhalb der Watzmann-Ostwand. Da die meisten Touristen das Wirtshaus von St. Bartholomä und die Fischunkelalm am Obersee ansteuern, ist auch eine Picknickausrüstung eine gute Idee. Wer versorgungstechnisch autonom ist, findet nicht weit entfernt jede Menge traumhaft schöner Plätze, um die Seele baumeln zu lassen. Als individuelle Alternative zu den Fahrgastschiffen kann man ein Ruderboot mieten. Dann darf man auch Christlieger, die einzige Insel im See, ansteuern, die den Motorbooten verwehrt ist.

Königssee // Tourist-Information im Haus des Gastes, Rathausplatz 1, 83471 Schönau a. Königssee
// www.koenigssee.de

Unten: Umrahmt von Felswänden ruht der Königssee inmitten einer gewaltigen Gebirgslandschaft. Gerade diese fast mystische Ruhe macht den See so anziehend.

Unten rechts: Südlich von Seeshaupt im Fünfseeland bilden 21 am Südende des Starnberger Sees gelegene kleine Seen und Weiher eine einzigartige sumpfige, von Mooren durchsetzte Naturlandschaft, in der seltenste Tiere und Pflanzen zu finden sind.

#12 AKTIV UNTERWEGS
DIE STILLE DER NATUR GENIESSEN

Bewegung an der frischen Luft – dazu gibt es zu jeder Jahreszeit und in jeder Region Deutschlands vielseitige Möglichkeiten. Wie wäre es mit Meeresluft schnuppern auf einer ausgedehnten Wattwanderung, Bergluft atmen bei einem Trekkingausflug im Harz oder in der Eifel oder auf dem Drahtesel das Unterallgäu entdecken?

Oben: Von Neuwerk aus lässt sich eine Wattwanderung auf die sechs Kilometer entfernte Vogelschutzinsel Scharhörn machen. Allerdings darf man die Insel nur im Rahmen offizieller Führungen betreten.

Linke Seite: Auf dem Wikinger-Friesen-Weg kann man mit dem Drahtesel die Region rund um die Schlei erkunden.

01 RUNDTOUR AUF DEM WIKINGER-FRIESEN-WEG
Die Schlei, ein Seitenarm der Ostsee, erstreckt sich auf einer Länge von 43 Kilometern von Schleimünde bis Schleswig. Sie ist das Herzstück des Naturparks Schlei. Die malerische Landschaft mit ihren sanften Hügeln, kleinen Buchten, den Feldern und reizvollen Ortschaften lässt sich am schönsten mit dem Fahrrad auf dem Wikinger-Friesen-Weg erkunden. Er führt von der Nord- bis zur Ostsee auf einer Länge von rund 180 Kilometern quer durchs Land. Während der westliche Abschnitt des Wikinger-Friesen-Wegs durch das Land der Friesen führt, wandelt man auf der Ostseeseite auf den Spuren der Wikinger. Der mit einem blau-roten Wikingerboot markierte Weg verbindet die Städte Schleswig und Kappeln. Los geht es in Schleswig. Beeindruckend ist das Schloss Gottorf, in dem das Archäologische Landesmuseum untergebracht ist. Durch die Fischersiedlung Holm führt der Weg nach Lindaunis mit seiner historischen Klappbrücke und vorbei an der kleinsten Stadt Deutschlands, Arnis, bis zur Heringsstadt Kappeln. Sehens-

wert ist der europaweit letzte Heringszaun, in dem die Fische bis zu einem Netz geleitet werden, mit dem sie dann abgefischt werden können. Südlich der Schlei

GUT ZU WISSEN

Wissenswertes zum Hören // Entlang des Wikinger-Friesen-Wegs befinden sich 43 Stelltafeln mit Informationen zur Siedlungsgeschichte und zur Tier- und Pflanzenwelt. Diese Infos sind auch als Audioguide verfügbar und können kostenlos heruntergeladen werden.
// www.wikinger-friesen-weg.de

HAMBURG

BERLIN

KÖLN

MÜNCHEN

01 **WIKINGER-FRIESEN-WEG**
02 **WATTWANDERUNG AB NEUWERK**
03 **AUF DER SCHWENTINE**
04 **TREIDELWEG AM FINOWKANAL**
05 **WESTFÄLISCHE MÜHLENROUTE**
06 **NATURGENUSS-ROUTE IM MÜNSTERLAND**
07 **STAND-UP-PADDELN (SUP) AM RURSEE**
08 **EIFELLEITER**
09 **TRAUMPFÄDCHEN SAYNER AUSSICHTEN**
10 **DEUTSCH-DEUTSCHER GRENZWEG**
    IM NATIONALPARK HOCHHARZ
11 **GEBIRGIGER TAUNUS**
12 **HOCHRHÖNER**
13 **TREKKING IM BIOSPHÄRENRESERVAT**
    PFÄLZERWALD-NORDVOGESEN
14 **VOGTLAND PANORAMA WEG**
15 **BÄDERRADWEG BAD GRÖNENBACH**
16 **KÖNIG-LUDWIG-WEG**
17 **ALTHERRENWEG**

führt der Weg nach Sieseby, das mit seinen reetgedeckten Häusern seit 2000 komplett unter Denkmalschutz steht. Weitere Stationen sind Rieseby und Missunde, wo die Schlei am schmalsten ist. Am Haddebyer Noor liegt Haithabu, die Wikingersiedlung, die zum UNESCO-Weltkulturerbe ernannt wurde. Über Busdorf gelangt man zurück nach Schleswig.

// **www.wikinger-friesen-weg.de**

02 WUNDERWELT WATT – VON NEUWERK ZUM FESTLAND

Wie lässt sich besser zur Ruhe kommen als bei einem Spaziergang durch das schier endlose Watt vor der deutschen Nordseeküste? Alle Geschäftigkeit bleibt an Land zurück, der Meeresboden gibt seine Geheimnisse frei, je nach Wetter und Tageszeit bieten Sonne und Wolken ein eindrucksvolles Schauspiel und die tiefe Stille wird nur vom Kreischen der Seevögel unterbrochen. Eine der schönsten Möglichkeiten, die Wunderwelt Watt ganz intensiv zu erleben, bietet sich zwischen Cuxhaven und der Insel Neuwerk im Nationalpark Hamburgisches Wattenmeer. Politisch gehört Neuwerk zu Hamburg und wird gern auch als sein grünster oder schönster Stadtteil bezeichnet. Bei Hochwasser erreicht man sie per Schiff von der Alten Liebe in Cuxhaven aus, bei Niedrigwasser mit dem pferdegezogenen Wattwagen von den Cuxhavener Stadtteilen Duhnen oder Sahlenburg. Objektiv betrachtet gibt es eigentlich nicht viel zu sehen und in einer Stunde hat man die nur drei Quadratkilometer große Insel umrundet. Für Ruhesuchende ist sie gerade deshalb ein Paradies: einfach mal nichts tun, die Seele baumeln lassen, baden, im Watt herumstreifen, den Seevögeln zusehen. Ausgangspunkt für eine Wanderung zurück aufs Festland ist der Leuchtturm. Von hier aus geht es in knapp neun Kilometern nach Sahlenburg oder gut elf Kilometern nach Duhnen. Da der Weg auf dem weichen Meeresboden anstrengender als auf dem Festland ist, bedeutet das, dass man etwa drei bis dreieinhalb Stunden unterwegs ist. Die genaue Streckenführung ist gut sichtbar markiert. Trotzdem wird unerfahrenen Wattwanderern geraten, sich lieber einer Führung anzuschließen.

// **www.wattwandernneuwerk.de**

Links: Gemächlich geht es mit dem Kanu voran und man kann die Natur in vollen Zügen genießen. Besonders beliebte Paddelreviere im Norden sind die Schwentine oder die Mecklenburgische Seenplatte.

Rechts oben: Die kleine Vogelinsel Scharhörn liegt auf einer Sandbank im Nationalpark Hamburgisches Wattenmeer. Sie ist nur zu Fuß von Neuwerk aus zu erreichen.

Rechts unten: Das Plöner Schloss, die frühere Residenz der Herzöge von Schleswig-Holstein-Plön, erkundet man am besten vom Wasser aus.

03 MIT KAJAK UND KANU AUF DER SCHWENTINE

Zwischen Kiel und Lübeck erstreckt sich der Naturpark Holsteinische Schweiz. Unberührte Wälder, sanfte Hügel, die typischen Knicks und mehr als 200 Seen prägen die malerische Landschaft. Neben den Seen durchziehen mehrere Flüsse den Naturpark. Einer von ihnen ist die Schwentine, der längste Fluss der Region. Das naturbelassene Gewässer folgt bis heute seinem in der Eiszeit entstandenem Bett und wurde niemals begradigt oder vertieft. Paddler und Kanuten finden hier ein einmaliges Naturparadies, das auf insgesamt 55 Kilometer Länge von Eutin bis Kiel befahrbar ist. An einigen wenigen Stellen, wie zum Beispiel dem Übergang vom Großen Eutiner See in den Kellersee muss das Boot umgesetzt, also ein kurzes Stück auf dem Landweg befördert werden. Ganz nah an der Natur ist man während einer mehrtägigen Tour mit Übernachtung auf einem der Wasserwanderrastplätze direkt am Fluss.

Naturpark Holsteinische Schweiz e. V. //
Schloßgebiet 9, 24306 Plön
// www.naturpark-holsteinische-schweiz.de

NICHT VERPASSEN!

Mit dem Kanu durch die Stadt // Wie könnte man eine von Seen umgebene Stadt wie Plön besser erkunden als vom Wasser aus? Auf den zweistündigen Kanutouren, die im Sommer angeboten werden, können fünf Seen durchpaddelt werden, während ein ausgebildeter Stadtführer Wissenswertes über Plön und seine Umgebung vermittelt. Die Touren eignen sich auch für Anfänger und Kinder.
// www.holsteinischeschweiz.de/ kanustadtfuehrung

04 AUF DEM TREIDELWEG DEN FINOWKANAL ENTLANG

Der Naturpark Barnim gehört gleich zu zwei Bundesländern: Berlin und Brandenburg. Neben den natürlichen Gewässern bietet der Finowkanal am nördlichen Rand des Naturparks die Möglichkeit, Naturerlebnisse in Verbindung mit Technikgeschichte zu erfahren: Wo früher Pferde die schweren Lastkähne den Kanal entlangzogen, befindet sich heute ein gut ausgebauter Rad- und Wanderweg, der Treidelweg. Er ist im Naturpark durchgängig von Finowfurt bis Niederfinow begehbar und verläuft auf 32 Kilometern – bis auf wenige Ausnahmen – direkt am Wasser. Steigungen gibt es nicht, sodass die Tour auch mit Kindern gut zu bewältigen ist. Der Finowkanal gilt als die älteste noch schiffbare Wasserstraße Deutschlands. Bereits 1605 wurde mit dem Bau des Kanals begonnen. Wer ihn befahren möchte, muss einen Höhenunterschied von 36 Metern überwinden und dazu zwölf historische, handbetriebene Schleusen passieren. Vom Treidelweg aus kann man den Schleusungen zusehen und die alte Technik bestaunen.

Tourist-Information Eberswalde // Steinstraße 3, 16225 Eberswalde

// **www.tourismus-eberswalde.de**
// **barnimerland.de**

05 IM LAND DER MÜHLEN – DIE WESTFÄLISCHE MÜHLENROUTE

Kaum etwas steht so für ländliche Idylle wie eine klappernde Mühle am rauschenden Bach. Auch traditionelle Windmühlen lassen die Herzen von Romantikern höher schlagen. Im westfälischen Weser- und Wiehengebirge hat man das schon in den 1960er-Jahren erkannt und ging aktiv gegen das Mühlensterben vor. Bis heute wurden 43 alte Wind-, Wasser-, Ross- und Schiffsmühlen restauriert. Sie bilden heute zusammen mit beschaulichen Dörfern, vielen kleinen Museen und Herrensitzen im Stil der Weserrenaissance ein einzigartiges Freilichtmuseum. Ein guter Ausgangspunkt für eine Mühlentour ist die hübsche Kleinstadt Petershagen. Im Stadtteil Lahde liegt eine der eindrucksvollsten Mühlen des Landes. Die ehemalige Klostermühle ist eine seltene Kombination von Wind- und Wassermühle. Von dort sind es keine fünf Kilometer nach Frille, wo das Informationszentrum des Mühlenvereins eingerichtet wurde. Insgesamt fin-

Ganz oben: Schleuse bei Marienwerder auf dem Finowkanal. Der Kanal ist auch auf dem Wasser ein Erlebnis. Wer es sportlicher mag, leiht sich ein Paddelboot. Oben: Rund um Petershagen findet man zahlreiche Windmühlen.

Rechts: Auf dem Rursee in der Eifel kann man sich im Stand-up-Paddling versuchen.

den sich im idyllischen Umland von Petershagen elf historische Mühlen – die höchste Dichte in der Region. Am besten erkundet man sie mit dem Fahrrad, denn mit rund 300 Kilometer gut ausgebauten, bequemen Routen ist die Gegend ein absolutes Radtourparadies.

Mühlenkreis Minden-Lübbecke //
Portastraße 13, 32423 Minden
// www.muehlenkreis.de/
Natur-aktiv-genießen/Mühlenroute

06 NATURGENUSS-ROUTE IM MÜNSTERLAND

Hinaus aufs Land kann bei dieser Route wörtlich genommen werden. Die Themenradroute, unter Leitung des NABU, kombiniert Naturerlebnisse, Bewegung und kulinarische Genüsse. Radfahrer können auf der Strecke zauberhafte Naturgebiete entdecken und erleben die Schönheit des Münsterlandes hautnah. Empfehlenswert ist eine Einkehr in eine der urigen Bauernwirtschaften in den ländlich-idyllischen Orten. Hier werden regionale Spezialitäten wie die Münsterländer Hochzeitssuppe, Rindfleisch mit Zwiebelsauce und Pumpernickel serviert. Und wer direkt Produkte vom Erzeuger kaufen möchte, hat bei den Direktvertreibern eine große Auswahl.

// www.naturgenussroute.de

07 STAND-UP-PADDELN (SUP) AM RURSEE

Lust, mal was Neues auszuprobieren? Im Vergleich zu Windsurfen oder Wellenreiten hat Stand-up-Paddeln den Vorteil, dass man nicht auf Wind oder Wellen angewiesen ist und mindestens genauso viel Spaß dabei haben kann. Es ist leicht zu erlernen und beansprucht alle Muskeln im Körper. SUP ist wie ein Spaziergang oder Jogging auf dem Wasser, man steht auf seinem Board, ein langes Paddel in der Hand, und hat das berauschende Gefühl, lautlos und leicht über das Wasser zu gleiten! Ein ideales Gewässer, um den neuen Wassersporttrend auszuprobieren, ist beispielsweise der Rursee in der Eifel. Hier bietet SUPsafety zusätzlich zu den Kursen für Anfänger und Fortgeschrittene auch Equipment zur Miete an.

SUPsafety // Seerandweg 26, 52152 Simmerath
// www.supsafety.de

GUT ZU WISSEN

Naturlehrpfad Hohe Ward // Die Hohe Ward, ein abwechslungsreiches Waldgebiet, erstreckt sich im Süden von Münster. Eine spannende Entdeckungsreise erwartet die Besucher auf diesem Naturlehrpfad, der im Jahr 2008 eingerichtet wurde. Den rund 13 Kilometer langen Pfad kann man sowohl per pedes als auch per Rad erkunden. Auf insgesamt 15 Informationstafeln werden Geschichte und Natur anschaulich erläutert.

Naturlehrpfad Dreierwalde Lünnemanns Pättken // Eine erholsame Auszeit vom Alltag und zugleich eine Reise in die ländliche Vergangenheit bietet dieser Naturlehrpfad. Gleich am Anfang informiert ein Schaukasten, was den Besucher auf dem rund 1,5 Kilometer langen Pfad erwartet. Sehenswert ist beispielsweise die Reinings Mühle, deren Grundstein im 18. Jahrhundert gelegt wurde. Vorbei am Mühlenwehr führt der Weg weiter bis hin zu einer wunderschön restaurierten Hofanlage.
// www.hoerstel.de

ⓧ EIFELLEITER-WOCHENENDE: VOM RHEINTAL ZUR VULKAN- UND HOCHEIFEL

An einem wunderschönen Wochenende auf der reizvollen »Eifelleiter« ergeben sich bei drei genussvollen Etappen eine Fülle abwechslungsreicher Eindrücke. Von Bad Breisig im idyllischen Rheintal aus hält bereits der Aufstieg atemberaubende Ausblicke auf Schlösser, Burgen und die herrliche Flusslandschaft bereit. Vom zauberhaften Brohltal aus geht es weiter auf alten Römerpfaden durch Wälder und furiose Landschaften vulkanischen Ursprungs wie dem Rodder Maar. Nach ruhigen Waldpassagen wird das Erklimmen des Eifelgipfels, der Hohen Acht, belohnt mit dem fantastischen Panorama der Hocheifel und der finalen Einkehr in das historische Fachwerkstädtchen Adenau.

Eifelleiter // Zweckverband Ferienregion Laacher See, Kapellenstraße 12, 56651 Niederzissen

// www.eifelleiter.de

ⓧ TRAUMPFÄDCHEN SAYNER AUSSICHTEN

Traumhafte Aussichten begleiten die Wanderung durch die Umgebung von Sayn, einem Ort mit viel Geschichte und Sehenswürdigkeiten aus Kultur und Natur. Selbst bei nicht so gutem Wetter wird hier kein Trübsal geblasen: Im Garten der Schmetterlinge warten farbenfrohe Erlebnisse beim Anblick der unzähligen exotischen Falter inmitten einer tropischen Pflanzenwelt auf die Besucher. Vom wunderschönen Kurpark aus schwingt sich das Sayner »Traumpfädchen« bergan über den Saynsteig auf den Burgberg. Bereits von der Burg Sayn aus bietet sich ein herrlicher Blick hinunter ins Tal und hinüber zum Neuwieder Becken. In engen Serpentinen schlängelt sich der Weg anschließend hinab und durch die weiten Wiesen des romantischen Brexbachtals. Auf einem schmalen Steg überquert man den Brexbach und sammelt seine Kräfte für den Anstieg zum Pulverberg. Schilder markieren den weiteren entspannten Teil des Traumpfädchens, das durch den Wald an der Schutzhütte der Emma-Höhe vorbeiführt. Bald darauf gelangt man zum Sayner Kletterwald, der mutiges Schwingen durch die Baumwipfel möglich macht. Entlang der Brexbachtalbahn führt der Weg zur altehrwürdigen Abteikirche mit sehenswertem Kreuzgang. Innehalten und dann geht es weiter über den Mühlenbach, an der Heins Mühle vorbei und von dort aus gen fürstlichem Schloss und seinem wunderbaren Park. Hier, im Garten der Schmetterlinge, lassen sich all die kleinen und großen Falter bewundern, bevor es zum Ausgangspunkt zurückgeht.

// www.bendorf.de

Unten: Zum »Reinschnuppern« in die Eifelleiter gibt es zwei Rundtouren für erste Eindrücke: Durch das »Breisiger Ländchen« geht die Rundtour von den Römer-Thermen in Bad Breisig aus über 17 Kilometer durch die ebene Landschaft mit tollen Ausblicken auf Rheintal und Burgen. Durch das traumhafte Vinxbachtal führt der 16 Kilometer lange Rundwanderweg vom Rodder Maar aus durch historische Örtchen.

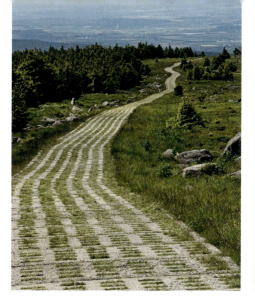

Rechts: Deutsch-deutscher Grenzweg: Wo früher der Todesstreifen war, kann sich heute die Natur ihren Lebensraum zurückerobern.

Ganz rechts: Etwas deplatziert wirkt die norwegisch anmutende Gustav-Adolf-Stabkirche mitten im Harz.

❿ DEUTSCH-DEUTSCHER GRENZWEG IM NATIONALPARK HOCHHARZ

»Elend« und »Sorge« scheinen als Ausflugs- oder Etappenziele auf einer Wanderung eher wenig vielversprechend zu sein. Im Zusammenhang mit dem Harzer Grenzweg sind es aber zwei beschauliche Örtchen, die mit Gemütlichkeit und Idylle bestechen. In dem ehemaligen Grenzort Sorge kann man sich heute kaum vorstellen, dass die Gegend im Kalten Krieg vor Gefahren nur so wimmelte. Heute tummeln sich hier Wanderer, die in der faszinierenden Bergwelt des Nationalparks viel Kultur und Natur entdecken können. Der Harzer Grenzweg beginnt in der Stadt Osterwieck, genauer gesagt am dortigen Grenzturm Rhoden. Wer sich in der historischen Altstadt von Osterwieck ausreichend gestärkt hat, kann die insgesamt mehr als 90 Kilometer lange Strecke entweder am Stück oder in einzelnen Teiletappen erwandern. Durch die abwechslungsreiche Landschaft des Harzes wandert man zu Beginn durch das Tal des ehemaligen Grenzflusses Ecker, bis man die Eckertalsperre erreicht hat. Ab hier kann es auch mal anspruchsvoll werden. Etwa beim Aufstieg auf den Brocken, bei dem etwa 900 Höhenmeter überwunden werden müssen. Zahlreiche Überbleibsel aus der Zeit des Kalten Krieges und der deutschen Teilung wie etwa Wachtürme, Zäune oder der Grenzöffnungsgedenkstein zwischen Braunlage und Elend erinnern eindrücklich daran, dass hier einmal die deutsch-deutsche Grenze verlief. Besonderes Highlight entlang der Strecke ist das Grenzmuseum Sorge, das sich als Freilandmuseum diesem Teil der Geschichte und seinen landschaftlichen Relikten widmet. Anschließend führt der Weg weiter bis nach Bad Sachsa, wo sich das Grenzlandmuseum ebenfalls dem Bewahren der Erinnerung an die deutsche Teilung verschrieben hat.

// www.harzinfo.de

NICHT VERPASSEN!

Gustav-Adolf-Stabkirche // Mit einer norwegischen Stabkirche kann der Goslarer Stadtteil Hahnenklee-Bockswiese aufwarten. Als dort zu Beginn des 20. Jahrhunderts ein Kirchenbau anstand, fertigte der Hannoveraner Architekt Karl Mohrmann eine vergrößerte Kopie der 700 Jahre alten Stabkirche von Borgund an. Die Kirche hat eine Schweizer Goll-Orgel und ein Glockenspiel.

Naturkundlich-geologischer Lehrpfad Hasserode // Am Floßplatz im Wernigeroder Stadtteil Hasserode startet ein sieben Kilometer langer Rundweg, der sowohl an Relikten des einstigen Bergbaus vorbeiführt wie auch an Schautafeln, die über den Lebensraum der dort beheimateten Tiere und Pflanzen informieren.

// www.harztourist.de

⑪ GEBIRGIGER TAUNUS: VON GIPFEL ZU GIPFEL

Wie sanft schwingende Wellen erheben sich die Bergrücken des Taunus in einer Linie nördlich des Mains, herrliche Höhenlagen und tief eingeschnittene Bachtäler wechseln sich ab mit prächtigen Obstwiesen. Dörfer mit hübschen Fachwerkhäusern und verwinkelten Gassen prägen das Bild ebenso wie alte Burgen und Schlösser auf den Höhen. Die gute Luft ist hier so klar und rein, dass Teile des Hochtaunus als Heilklimapark anerkannt wurden. Der höchste Gipfel des Taunus, der Große Feldberg, zeigt mit seiner Höhe von 878,53 Metern wahrlich erhabene Größe. Wegweiser, Schutzhütten und Aussichtstürme entstanden bereits im 19. Jahrhundert, die heute mehr denn je zum aktiven Wandern raus in die herrliche Natur des Taunus locken. Wer den Taunus als Gebirgslandschaft in all seiner Pracht und Herrlichkeit erleben möchte, nimmt einen der abwechslungsreichen Wanderwege, die im Stadtpark des malerischen Städtchens Kronberg beginnen. Mit seiner gut erhaltenen Burg und der Altstadt am steilen Hang ist Kronberg selbst bereits eine Besichtigung wert. Einer der markierten Wege führt von hier aus zum knapp 800 Meter hohen Gipfel des Altkönigs. Auf dem Weg zur Kuppe findet man Überreste mächtiger Ringwälle keltischer Fürstensitze von vor 2400 Jahren. Auf dem Weg hinab vom Gipfel des Altkönigs ergeben sich wundervolle Aussichten. Im weiteren Verlauf der gut ausgeschilderten Strecke trifft man auf den Europäischen Fernwanderweg und hält sich von hier aus Richtung Fuchstanz. Dieser mitten im Wald gelegene Pass zählt zu einem der beliebtesten Ausflugsziele des Taunus. Hier kreuzen sich mehrere Wanderwege zwischen dem Großen Feldberg, dem Kleinen Feldberg und dem des Altkönig.

Zweckverband »Naturpark Taunus« //
Hohemarkstraße 192, 61440 Oberursel
// www.naturpark-taunus.de

⑫ HOCHRHÖNER

Dieser Wanderweg ist insgesamt 180 Kilometer lang und verläuft von Bad Kissingen bis Bad Salzungen. Im Gebiet der Hessischen Rhön führt er am Roten Moor, der Wasserkuppe und Milseburg vorbei. Die Strecke ist in verschiedene Etappen unterteilt, zu denen es beschriebene Verläufe sowie Entfernungsangaben gibt. Eine weitere schöne Wanderung führt rund um den malerischen Gukaisee und startet an der Wasserkuppe. Der Weg ist knapp über 20 Kilometer lang und in rund sieben Stunden Laufzeit zu bewältigen. Auch um die Milseburg verläuft ein Rundweg. Stationen der 17,5 Kilometer langen Strecke sind neben der Milseburg das Naturschutzgebiet Wacholderheide Oberbernhardser Höhe, Mambach- und Biebertal, Karwald und der 727 Meter hohe Stellberg.

// www.rhoen.de

Rechts oben und Mitte: Ausgebaute Wege führen im Biosphärenreservat Pfälzerwald an Bachläufen entlang und laden zu Trekkingabenteuern ein.

Rechts unten: Architektonisches Wunderwerk. Die Göltzschtalbrücke ist die größte Ziegelsteinbrücke der Welt. Sie passiert man auf dem Vogtland Panorama Weg.

⓭ TREKKING IM BIOSPHÄRENRESERVAT PFÄLZERWALD-NORDVOGESEN

Der Naturpark Pfälzerwald gehört bereits seit 1998 als deutscher Teil zum grenzüberschreitenden deutsch-französischen Biosphärenreservat Pfälzerwald-Nordvogesen – hier finden Mensch und Natur zu einem harmonischen Miteinander. Im dafür beispielhaften »Haus der Nachhaltigkeit« in Johanniskreuz gibt es Informatives zu diesem Lebensraum – und es bildet den Ausgangspunkt für spannende Trekkingtouren. Speziell dafür gibt es sogar eigens eingerichtete Trekkingplätze, die das Übernachten an abseits gelegenen Orten im Naturpark ermöglichen. Den Geheimnissen des Waldes auf der Spur, beginnt das erste Reinschnuppern von Johanniskreuz aus auf dem Weg rund um den Steinberg, an dem sich Zeugnisse der Vergangenheit wie alte Grenzsteine oder Nachweise ehemaliger Waldbewirtschaftung erkennen lassen. Botanische Raritäten wie seltene Eiben finden sich in der Nähe des Albrecht-Hains. Das besonders biegsame Gehölz war bereits im Mittelalter für die Herstellung von Bogen und Armbrust begehrt. Auf einem kurzen Teilstück des Premiumwanderweges Pfälzerwald erfreut man sich bereits hier an der Schönheit der unberührten Natur. An der Quelle des Burgalbweihers lauscht man dem Plätschern des Weihers, der hier seit 1875 aufgestaut wird. Die biologische Vielfalt des Waldes wird in diesem Gebiet erkennbar, da der natürlichen Entwicklung des Ökosystems Vorrang eingeräumt wurde. Herrschaftliche Altbäume ragen an den schmalen, stillen Pfaden hoch empor und spiegeln die mehrere Hundert Jahre alte Geschichte des Waldes wider.

Biosphärenhaus Pfälzerwald-Nordvogesen //
Am Königsbruch 1, 66996 Fischbach bei Dahn
// **www.biosphärenhaus.de**

⓮ VOGTLAND PANORAMA WEG

Der Name ist Motto: Etwa 80 eindrucksvolle Panoramaaussichten laden im Vogtland zum Staunen und zum Weitblick ein. Was wie eine echte Herausforderung klingt – immerhin ist der Weg 228 Kilometer lang –, wird zu einem wahren Natur- und einzigartigen Wandererlebnis für denjenigen, der sich ganz auf diesen Rundwanderweg einlässt, der bei der Göltzschtalbrücke in der Nähe von Mylau beginnt und hier auch wieder endet. Ein bisschen

Zeit sollte mitbringen, wer den ganzen Weg erwandern möchte. Bei Tagesstrecken von moderaten zehn bis zu ambitionierten 28 Kilometern sind mindestens zwölf Etappen zu erwarten. Der größte Teil davon verläuft auf sächsischem Gebiet bis hinunter an die tschechische Grenze im Süden, kleine Schlenker gibt es im Norden ins Thüringer Vogtland. Wildromantische Täler wie das der Göltzsch gleich zum Start oder das der Weißen Elster wechseln sich ab mit wunderbaren Ausblicken von den Höhen wie den Köhlerspitzen und den zahlreichen Aussichtstürmen entlang der Strecke. Der Prinz-Georg-Turm auf dem Kuhberg bei Stützengrün ist mit seinem roten Mauerwerk nicht nur selbst ein Blickfang, sondern erlaubt dem Wanderer einen weiten Blick ins Erzgebirge und über das Vogtland. Bis auf 915 Meter schwingt sich der Wanderweg bei Klingenthal mit dem Aschberg empor, damit ist auch der höchste Punkt der gesamten Strecke erreicht.

Tourismusverband Vogtland e.V. //
Göltzschtalstraße 16, 08209 Auerbach/Vogtl.
// www.vogtland-tourismus.de

Ganz oben: Der Bäderradweg ab Bad Grönebach führt durch schönstes bayerisches Voralpenland.

Oben: Schloss Neuschwanstein ist eines der sehenswerten Highlights auf dem König-Ludwig-Wanderweg.

GUT ZU WISSEN

Illerradweg // Die Iller entsteht bei Oberstdorf aus dem Zusammenfluss von Breitach, Trettach und Stillach. Bei Ulm mündet sie in die Donau. Der überwiegend geschotterte und gut ausgeschilderte Iller-Radwanderweg folgt fast durchgängig dem Flussverlauf. Auf der 146 Kilometer langen Strecke nach Ulm wandelt sich die Iller von einem wilden Gebirgsbach zu einem breiten Fluss. Immenstadt, Kempten und Memmingen, die an der Strecke liegen, bieten sich für eine Besichtigung an.

// www.illerradweg.de

Rechts: Die bayerischen Voralpen bieten von leichten Familienwanderungen bis hin zu anspruchsvollen Kletterpartien im Fels ideale alpine Voraussetzungen – ganz besonders bei herrlichem Sonnenschein.

⑮ BÄDERRADWEG BAD GRÖNENBACH

Der Radweg verbindet auf knapp 250 Kilometern Länge neun Kurorte von Überlingen am Bodensee bis ins voralpine Unterallgäu. Die vorletzte bzw. vierte Etappe führt über 42 Kilometer vom Moorheilbad Bad Wurzach nach Bad Grönenbach. Einige der Höhepunkte entlang der Strecke sind die Naturschutzgebiete Herrgottsried und Moosmühle, die Käserei Vogler in Gospoldshofen und die Kneipp-Anlage in Lautrach. Seinen Abschluss findet der Bäderradweg mit der fünften Etappe zwischen Bad Grönenbach und Bad Wörishofen. Falls es beim Radeln zu Muskelkater kommt, helfen Besuche in einer der sieben Thermalbäder entlang der Tour.

// www.schwaebische-baederstrasse.de

⑯ KÖNIG-LUDWIG-WEG

Von Starnberg nach Füssen auf den Spuren des berühmten bayerischen Königs: Im Gegensatz zu seinem Vater, Max II., war Bayerns Märchenkönig, Ludwig II., kein großer Wanderer, sondern ließ sich lieber in Kutsche oder Schlitten spazieren fahren. Trotzdem empfand er eine tiefe Liebe und Verbundenheit zur prachtvollen Berglandschaft der Alpen, die schon aus seiner Jugend herrührte. Der 1977 eröffnete König-Ludwig-Weg folgt dem Leben des sagenumwobenen Monarchen gleichsam rückwärts. Er beginnt an jener Stelle am Starnberger See, wo der als unzurechnungsfähig eingestufte und in Schloss Berg inhaftierte Ludwig 1886 unter bis heute mysteriösen Umständen ums Leben kam, und führt von dort zu den Ammergauer Alpen. Dort wuchs Ludwig in der romantischen Burg Hohenschwangau auf und dort ließ er später in nächster Nachbarschaft seine populärste Schöpfung, das Märchenschloss Neuschwanstein, errichten. Von den großen Voralpenseen südlich von München führt der Fernwanderweg über 120 Kilometer immer näher heran an die schroffen Gipfel der Alpen. Der König-Ludwig-Weg führt auch durch das Kernland des berühmten oberbayerischen Rokoko. Die Großartigkeit der Natur findet ihr Gegenbild in einer Vielzahl ebenso großartiger Kirchen und Klöster, deren Inneres eine überschäumende, geradezu ekstatische Sinfonie aus Gold, Stuck und bunten Fresken ist. Allein, um dem allen gerecht zu werden, empfiehlt es sich, nicht allzu lange Tagesetappen zu planen. Für alle, die besonders unbeschwert unterwegs sein wollen, gibt es auch Arrangements mit Gepäcktransport.

// www.koenig-ludwig-weg.de

⑰ ALTHERRENWEG

Die fast zwölf Kilometer lange Strecke ist eine komfortable Möglichkeit, sich das Schönste des Ammergaus zu erwandern. Von fast jeder Stelle aus fällt der Blick auf die umgebenden Gipfel. Die nur sanft hügelige Strecke beginnt in Oberammergau, führt am Pulvermoos vorbei und nach der Romanshöhe wieder zurück zum Ausgangspunkt. Eine Einkehrmöglichkeit auf halbem Wege ist der Berggasthof Romanshöhe. Der Altherrenweg ist ganzjährig begehbar.

// www.oberammergauer-land.de/
romanshoehe

BESINNLICHE ORTE UND ZEITREISEN

Pilgern ist eine Reise zu sich selbst: Durch den Pfälzerwald führt ein Abschnitt des Jakobsweges, der unter anderem herrliche Fernblicke bereithält.

#13

STILLE GENIESSEN
IN KLOSTER- UND KRÄUTERGÄRTEN

Lavendel wirkt entspannend, Rosendüfte öffnen das Herz und beruhigen Kummer und Sorgen. In den Gärten der Klöster wurde dieses Wissen um die Macht der Pflanzen seit jeher gepflegt. Noch heute laden sie ein, auf eine ebenso sinnliche wie geruhsame Entdeckungsreise zu gehen.

Oben: Gärtnerisch vielfältig, regt der Abteigarten in Seligenstadt zu innerer Einkehr an.

Linke Seite: Duftende Kräuterbeete und schattige Bäume zieren auch den Klostergarten in Bad Doberan. Größte Sehenswürdigkeit ist hier aber das eindrucksvolle Münster.

① KLOSTERGARTEN BAD DOBERAN BEI ROSTOCK

Zisterzienserklöster wie Bad Doberan spielten eine wichtige Rolle für die Entwicklung weiter Regionen Europas, suchten sich die Mönche doch bewusst unwirtliche, einsame Orte für neue Gründungen aus. Direkt neben dem einstigen Kornhaus hat ein Verein den alten Kräutergarten der Abtei wieder liebevoll hergerichtet: Mehrere Kastenbeete mit Heil- und Nutzpflanzen, ein Rosenrondell und ein Bereich für nützliche Wald- und Wiesenpflanzen werden von einer Brombeerhecke schützend umschlossen. Vor allem in den Sommermonaten wird der Klostergarten dann zu einem blühenden und duftenden Rückzugsort. Ein Gästehaus direkt am Garten lädt dazu ein, länger zu verweilen und auch das Münster und den weitläufigen, idyllischen Park rund um die alten Klostergebäude zu erkunden.

Klostergarten Bad Doberan // Besucherinformationszentrum Kloster Doberan, Klosterstraße 1, 18209 Bad Doberan
// www.kaole.de/kloster/klosteranlage.htm

② STIFT BÖRSTEL

Es gibt sie noch, diese einsam gelegenen Orte des gemeinsamen Gebetes, an denen der Trubel der Welt in kaum hörbarer Ferne vorbeibrandet. So auch im im Stift Börstel, in dem zehn Kapitularinnen in ökumenischer Gemeinschaft zusammenleben. Sie haben sich dem Erhalt der historischen Klosteranlage verpflichtet. Regelmäßige Führungen erlauben einen Einblick in das Stiftsleben. Das Zusammenleben der hiesigen Kapitularinnen basiert auf einem christlichen Bekenntnis, ohne ein strenges Gelübde abzulegen. Sie müssen nicht einmal im Stift residieren, können weltlichen Tätigkeiten nachgehen und gehören doch zu der kleinen, das Kloster bewahrenden christlichen Gemeinschaft. Jede der Stiftsdamen muss volle Verantwortung für einzelne Arbeitsbereiche übernehmen und wie früher gehört dazu auch die Verwaltung des zum Stift gehörenden Forstes, die Pflege des Klostergartens und das Versorgen der Tiere. Das Stift ist ein Arche-Hof, eine Herberge für einige noch immer vom Aussterben bedrohte Leine-Gänse, für Ostfriesische Möwen (eine alte Hühnerrasse) sowie für

01 **KLOSTERGARTEN BAD DOBERAN**
02 **STIFT BÖRSTEL**
03 **KLOSTER DRÜBECK**
04 **KLOSTER-GARTEN-ROUTE**
05 **KLOSTER MARIA LAACH**
06 **ABTEI MARIENSTATT**
07 **KLOSTER ENGELTHAL**
08 **KLOSTER SELIGENSTADT**
09 **KLOSTER EBRACH**
10 **ERZABTEI BEURON**
11 **STRABOS KRÄUTERGARTEN AUF REICHENAU**
12 **ABTEI FRAUENWÖRTH**

Ganz oben: Ein idyllischer Klostergarten umgibt die historischen Backsteinge-bäude von Stift Börstel im Norden von Osnabrück.

Oben: An die Kirche von Stift Börstel angegliedert ist ein gut erhaltener Kreuzgang. Links: Die Bedeutung des Klostergar-

tens von Kloster Drübeck erkennt man gleich am Eingang: Das Gärtnerhaus empfängt die Besucher der Abtei.

Rechts: Die alte Linde im Klosterhof von Kloster Drübeck ist bereits über 300 Jahre alt, sie gehört zu den Naturdenkmälern des Harzes.

Gehörnte Heidschnucken. Die Schafe werden von Herdenschutzhunden behütet, denn gelegentlich streifen auch Wölfe durch die waldige Gegend rund um das Stift. Ökologie und Christentum bilden eine enge Einheit im Wirken der Kapitularinnen, weshalb auch die Möglichkeit für junge Sinnsuchende besteht, ein freiwilliges ökologisches Jahr im Kloster zu absolvieren.

Stift Börstel // Börstel 3, 49626 Berge

// boerstel.de

⓸ KLOSTER DRÜBECK

Am Fuße des nordöstlichen Harzes bildet Kloster Drübeck eine Insel der inneren Einkehr. Üppiges Grün empfängt den Besucher hinter den sandsteinfarbenen Klostermauern. Das romanisch angelegte Kloster vereint Gartenkunst und moderne Theologie in seinen Mauern und lässt sich am besten bei der Abendandacht erleben. Sein Café ist bei Ausflugsgästen sehr beliebt und zählt zu den schönsten der Umgebung. Die insgesamt 107 Übernachtungsgäste, die der Komplex aufnehmen kann, können sich zur Besinnung in den Garten zurückziehen: Zellenartig sind die Gärten der Stiftsdamen hinter der Kirche angelegt, eine Streuobstwiese sorgt für die Versorgung mit Äpfeln und überall fördern kleine Tafeln mit Zitaten die Nachdenklichkeit. Es sind diese Gärten, die so verwunschen schön sind, dass sie es sogar in die Lis-

te der Gartenträume Sachsen-Anhalts geschafft haben. Naturverbundenheit und Nachhaltigkeit sind dem Kloster Drübeck wichtig, beides wurde mit dem Ökosiegel »Grüner Hahn« ausgezeichnet.

Kloster Drübeck // Klostergarten 6, 38871 Ilsenburg (Harz)

// kloster-druebeck.de

NICHT VERPASSEN!

Kapuzinerklostergarten Münster // Begegnungsort, Refugium für den Erhalt alter Obst- und Gemüsesorten sowie Ort der inneren Einkehr ist der Garten des Kapuzinerklosters Münster. Bis 2015 diente er der Versorgung der Brüder, inzwischen ist er öffentlich zugänglich. Es gibt Infotafeln, Stationen zum Meditieren, Führungen, Workshops und andere Veranstaltungen

// www.kapuzinerklostergarten.de

04 RADFAHREN AUF DER KLOSTER-GARTEN-ROUTE

Klöster und Gärten satt gibt es zwischen Bad Driburg und Höxter, Steinheim und Warburg im Naturpark Teutoburger Wald/Eggegebirge. Die Kloster-Garten-Route mit insgesamt 315 Kilometern kann zu verschiedenen individuellen Runden verkürzt werden. Zu den Höhepunkten zählen das Weltkulturerbe Corvey sowie Marienmünster mit seinem neu angelegten Abteigarten, aber auch der gräfliche Park Bad Driburg. Besonders attraktiv für alle, die Stille suchen, sind die vielen kleinen, meditativ gestalteten Gärten. So sind etwa der Zionsgarten mit Meditationsweg in Scherfede, der Lebensgarten in Amelunxen sowie der Sinnesgarten in Germete und der Schöpfungspfad in Hardehausen zur Entschleunigung wie gemacht.

Kloster-Garten-Route // Touristeninformation Kulturland Kreis Höxter, Corveyer Allee 7, 37671 Höxter

// www.kulturland.org/Kloster-Garten-Route

05 KLOSTER MARIA LAACH

Zugleich trutzig und doch voller Anmut thront sie im Herzen der Klosteranlage Maria Laach und zieht jährlich Hunderttausende Kirchenbegeisterte an: Es gibt nicht viele so gut erhaltene romanische Basiliken in

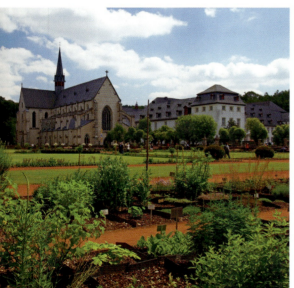

Ganz oben: Hübsch gepflegt und ungemein artenreich zeigt sich der Kloster- und Kräutergarten von Maria Laach.

Oben: Im idyllischen Nistertal liegt die Abtei Marienstatt mit ihrem großen Kräuter- und Gemüsegarten.

NICHT VERPASSEN!

Bibliothek von Maria Laach// Bibliophile werden das Gefühl haben, am Ziel ihrer Träume angekommen zu sein beim Betreten der 2015 neu eröffneten Klosterbibliothek. Mit ihren elf Meter hohen Regalwänden, der umlaufenden Galerie, einer geschmiedeten Wendeltreppe wirkt sie fast märchenhaft, von den 60 000 Buchtiteln aus ganz unterschiedlichen Sparten ganz zu schweigen, die sich kaum ein würdevolleres Zuhause wünschen können.

Rechts: Der Klostergarten der ehemaligen Benediktinerabtei Seligenstadt mit Blumenrabatten sowie Kräuter- und Apothekergarten.

Deutschland wie die sechstürmige Klosterkirche Maria Laach. Etwa 35 Benediktinermönche tragen derzeit einen lebendigen Klosterbetrieb, der zum bedeutenden Arbeitgeber der Region avanciert ist. Es ist kaum zu glauben, was sie alles stemmen: Eine große überregional bekannte Gärtnerei mit Rosen, Heilkräutern, Stauden. Einen gut sortierten Klosterladen. Kreative Kunstwerkstätten. Ein Biobauernhof mit Rindern, Ländereien, Obstplantagen. Die touristische Erschließung des Laacher Sees. Fischzucht. Einen luxuriösen 4-Sterne-Hotelbetrieb mit angeschlossenem Restaurant. Um die 250 Mitarbeiter sind mittlerweile vom Kloster beschäftigt. Freundlich führen die Mönche durch ihre atemberaubende Klosterbibliothek, erläutern die Ikonografie der Kapitellplastiken im »Paradies« oder lassen den wunderbar gepflegten Klostergarten für sich selbst sprechen.

Benediktinerabtei Maria Laach // 56653 Glees
// www.maria-laach.de

Abtei Marienstatt // 57629 Streithausen
// www.abtei-marienstatt.de

06 ABTEI MARIENSTATT

Oft ranken sich Gründungsmythen um Klosteranfänge. Die Legende der Abtei Marienstatt ist besonders poetisch. Maria sei im Jahre 1212 dem mit der Klostergründung beauftragten Abt Hermann in einer Vision erschienen und habe ihm den neuen Standort mittels eines mitten im Winter blühenden Weißdornstrauches angezeigt. Noch heute blüht ein Weißdornstrauch vor dem Gebäude mit Pfarrsaal und das Wappen der Abtei ist, wie könnte es anders sein, ein blühender Weißdornzweig auf blauem Grund. Vieles blüht mittlerweile wieder, vor allem im Sommer. Seit 2007 widmen sich die Mönche verstärkt der Landschaftsgestaltung um die Abtei herum. Sowohl ein alter Heilpflanzengarten wurde angelegt, als auch die ursprüngliche barocke Klostergartenanlage wiederbelebt. Strenge Form und bunte Blütenpracht müssen sich nicht ausschließen, wie der insektenfreundliche und dennoch wohlproportionierte Klosterpark beweist. Auch im Inneren der Gemäuer hat die Abtei so manches zu bieten. Während einer Führung lässt sich beispielsweise die Bibliothek des Klosters bewundern. Teile der Sammlung gelten als national wertvolles Kulturgut. Herz der Klosteranlage ist natürlich die Abteikirche. Sie gilt als eine der ersten frühgotischen Kirchen östlich des Rheins und steht seit Jahrhunderten im Mittelpunkt marianischer Wallfahrten.

07 KRÄUTER- UND KLOSTERGARTEN SELIGENSTADT

Die ehemalige Benediktinerabtei Seligenstadt, am Mainufer gelegen, gehört zu den sehr gut erhaltenen Klosteranlagen. Das gilt auch für den rund drei Hektar großen Abteigarten, der sich für die innere Einkehr geradezu anbietet. Hier kann man zur Ruhe kommen. Wunderbar in das Gesamtgefüge der Abtei eingegliedert, vereint er verschiedene Elemente der Gartenkultur. Im großen Konventgarten wird der Anbau von Obst, Gemüse und anderen Nutzpflanzen mit repräsentativer barocker Gestaltung verbunden. Daneben kann man im Apothekergarten die Welt der Heilpflanzen erkunden.

Kräuter- und Klostergarten Seligenstadt // Ehemalige Benediktinerabtei Klostergarten, Klosterhof 2, 63500 Seligenstadt
//www.botanischer-garten.org/ krautergarten-und-klostergarten- seligenstadt

08 KLOSTER ENGELTHAL

Sie nehmen ihre Berufung ernst, die Benediktinerinnen in Engelthal. Gäste sind willkommen und werden warmherzig empfangen, aber es wird auch deutlich, das die Nonnen ihren ganz eigenen Weg mit Gott

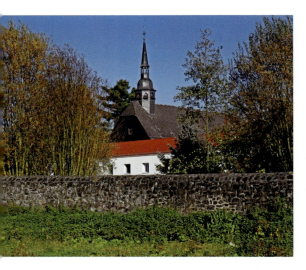

Links: Eingebettet in herrliche Natur liegt Kloster Engelthal in der hessischen Wetterau.

es sich herrlich lustwandeln und entspannen. Barocke Prachtbauten bieten hier die Kulissen für die wunderschönen Gärten, die viel Platz für Ruhe, Erholung und Innehalten bieten.

Abteigärten Kloster Ebrach // 96157 Ebrach
**// www.frankens-paradiese.de/poi/
klostergaerten_ebrach-9068**

⑩ ERZABTEI BEURON

Gegen 1080 wird Kloster Beuron als Augustiner-Chorherrenstift gegründet. Das Kloster, seit 1687 Abtei, hat anders als die meisten anderen Klöster bis zur Säkularisation 1802 nichts auszustehen. Ende des 17. Jahrhunderts erfolgt die obligatorische Barockisierung der Gebäude. Sie überstehen die Zeit bis zur spirituellen Wiederbesiedelung der Gemäuer 1863, diesmal allerdings von Benediktinern. Während des Bismarck'schen »Kulturkampfes« stehen die Gebäude noch einmal zwölf Jahre leer, von 1875 bis 1887. Der große Klostergarten ist eine Art Schatzkammer des Klosters und öffnet nur selten seine Pforten. Hier wachsen zahlreiche Kräuter, die in selbst hergestellten Cremes und Tinkturen ihre heilsame Wirkung entfalten – erhältlich unter anderem im Buchladen des Klosters, der eine Nische für klostereigene Produkte bereithält. Und noch etwas reift alljährlich in den Gärten heran und findet eine Kenner ansprechende Weiterverarbeitung: Schlehen, Quitten, Kornelkirschen und Kirschpflaumen (Myrobalanen) werden in der klostereigenen Brennerei zu edlen Hochprozentigen destilliert. Edel sind auch die Produkte des Beuroner Kunstverlages, der 1898 noch während der Wirkungszeit der Beuroner Schule entstand und sich bis heute auf dem Markt für Druckerzeugnisse gehalten hat.

Erzabtei Beuron // Abteistraße 2, 88631 Beuron
// www.erzabtei-beuron.de

⑪ STRABOS KRÄUTERGARTEN AUF DER INSEL REICHENAU

Die Klosterinsel Reichenau liegt idyllisch im Bodensee und ist seit 2000 UNESCO-Weltkulturerbe. Der Kräutergarten wie auch die Insel selbst sind perfekte Orte, um einfach die Seele baumeln zu lassen. Hier ist das Urbild eines Klostergartens zu finden: der Kräutergarten des Abtes Walahfrid Strabo, der 1991 original-

gehen. Zu Gebet, Gespräch oder gemeinsamen Arbeiten öffnen sie sich. Doch Gäste speisen im Gästetrakt. Der Klausurbereich bleibt den Nonnen vorbehalten. Jede hat eine kleine karge Zelle, wie früher. Das Kloster strahlt eine konzentrierte geordnete Stille aus, im Innen- und Außenbereich. Keine Ecke ist vernachlässigt, es ist spürbar, dass »alle Geräte und der ganze Besitz des Klosters als heiliges Altargerät« betrachtet wird, ganz nach klassischer benediktinischer Regel. 2012 wurde der vom Bistum Mainz ausgelobte »Umweltpreis« an das ökologisch handelnde »Biotop Kloster Engelthal« verliehen. Biotope, Vogelschutzgehölze, eine geschützte Fledermauskolonie gehören genauso zum Nachhaltigkeitskonzept wie die Umstellung auf erneuerbare Energien. Die Gebäude wurden aufwendig renoviert. Dabei wurde auf die Verwendung natürlicher Baustoffe geachtet. Alles scheint zu gedeihen unter den Händen der 16 Schwestern und ihrer ehrenamtlichen und angestellten Helfer.

Benediktinerinnenabtei Kloster Engelthal //
Klosterstraße 2, 63674 Altenstadt
// www.abtei-kloster-engelthal.de

⑨ ABTEIGÄRTEN KLOSTER EBRACH

Durch den duftenden Kräutergarten spazieren, in aller Ruhe den geometrischen Formen des Abteigartens folgen und dem Plätschern des Herkulesbrunnens lauschen: In den Gartenanlagen des ehemaligen Zisterzienserklosters Ebrach im Steigerwald lässt

Unten: Im Oberen Donautal erhebt sich die imposante Fassade der Erzabtei Beuron.

Ganz unten: Der Garten der Abtei Frauenwörth auf der Fraueninsel im Chiemsee ist ein echtes Kleinod.

getreu rekonstruiert wurde. Ein Garten wie ein Gedicht, denn das »Gärtlein« basiert auf Strabos Versen über Gartenkultur und Heilpflanzen aus dem 9. Jahrhundert. Wer zwischen den Beeten des Gartens mit Schlafmohn, Schwertlilien und Salbei spaziert, fühlt sich schnell in eine frühere Zeit zurückversetzt.

Strabos Kräutergarten // Klostergarten beim Münster St. Maria und Markus, Münsterplatz 4, 78479 Reichenau

// www.reichenau-tourismus.de

12 ABTEI FRAUENWÖRTH

Für manche gilt es als die schönste Lage für ein Kloster – auf der Fraueninsel mitten im Chiemsee mit Blick auf die Alpen. Aber natürlich ist es ein enormer touristischer Anziehungspunkt. Abgeschiedenheit ist also nicht unbedingt ein Merkmal des Lebens in diesem seit 1200 Jahren von Benediktinerinnen bewohnten Kloster. Gastfreundschaft dagegen schon. Sowohl Klostergäste als auch Seminarteilnehmer sind herzlich willkommen. Wer auf den Spuren der Karolinger unterwegs ist, wird begeistert sein. In dem ältesten erhaltenen Gebäude der im 8. Jahrhundert gegründeten Klosteranlage, der Torhalle, wurden fünf unfertige Fresken unter dem Putz entdeckt, ein Erzengel-Zyklus im karolingischen Renaissancestil. Der Rest der Anlage ist zum größten Teil, wie die meisten Klöster Süddeutschlands, im Barock neu angelegt worden. Aufgrund ihrer touristisch exponierten Lage haben die Schwestern von Frauenwörth es gelernt, Gastfreundschaft mit Zeiten des Abstandes und der Einsamkeit zu verbinden. Das »Haus Scholastica« ist Gästen des Klosters vorbehalten, denen es um Klausur und Stille geht.

Abtei Frauenwörth im Chiemsee // Frauenchiemsee 50, 83256 Chiemsee

// www.frauenwoerth.de

RUHE FINDEN

Abgeschirmt vom Trubel der Welt, versuchten sich die Ordensfrauen und -männer, ganz der religiösen Hingabe und Gottes-erfahrung zu widmen. Die kontemplative Atmosphäre hinter Klostermauern hilft auch heute noch, über das eigene Leben nachzudenken oder einfach nur abzuschalten.

14

Linke Seite: Schon von Weitem empfängt die neugotische Herz-Jesu-Kirche die Besucher der Erzabtei St. Ottilien, die hier eine Auszeit vom Alltag nehmen können.

Oben: Im schönen Backsteinkreuzgang von Kloster Lehnin lässt es sich bestens zur Ruhe kommen.

Rechts: Der Innenhof mit dem Kreuzgang und der Kirche St. Marien ist das Zentrum der Klosteranlage Lehnin.

01 KLOSTER LEHNIN

Egal ob Pilger, Ausflügler oder Tagungsgast – das ehemalige Zisterzienserkloster Lehnin wird ganz verschiedenen Gästen gerecht. Auf dem ausgedehnten Klostergelände ist seit 1911 auch das Luise-Henrietten-Stift ansässig. Der Dienst am Nächsten wird von den Diakonissen noch heute gelebt, sei es im Hospiz, in der Altenpflegeeinrichtung oder im Kindergarten. In Mu-

sikkreisen berühmt sind die Lehniner Sommermusiken. Ehrwürdig ruht das neospätromanisch-frühgotische Gotteshaus im Herzen des weitläufigen Klosterkomplexes, dessen Ursprünge ins 12. Jahrhundert zurückreichen. Die Klosterkirche St. Marien war, wie alle Gebäude des ehemaligen Zisterzienserklosters, im 19. Jahrhundert nur noch eine Ruine. Doch sehr früh schon setzte das Interesse an einer Restaurierung

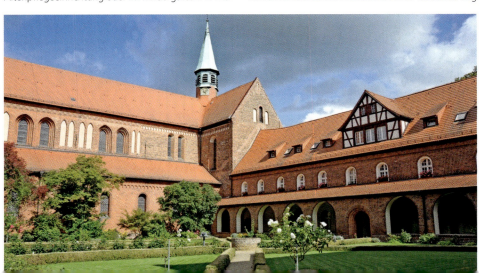

01 KLOSTER LEHNIN
02 KLOSTERHOTELS
03 KLOSTER VINNENBERG
04 KLOSTER WÜLFINGHAUSEN
05 KLOSTER ARENBERG
06 ABTEI WALDSASSEN
07 KLOSTER UNTERMARCHTAL
08 ABTEI ST. OTTILIEN
09 KLOSTER MALLERSDORF
10 KLOSTER BERNRIED

ein. 1871, im Jahr der Kaiserkrönung und der deutschen Reichsgründung, wurde begonnen, der Kirche ihre ursprüngliche Gestalt zurückzugeben. Heute gilt sie als interessantes Beispiel früher Backsteingotik in Norddeutschland. Von der ersten Bauphase Ende des 12. Jahrhunderts sind sogar noch Grundmauern erhalten. Die Kirche wurde mit viel Liebe zum Detail rekonstruiert. Heute nimmt das Zentrum Kloster Lehnin gerne Gäste aus nah und fern auf, die hier ihren Urlaub verbringen möchten oder einfach nur eine Auszeit vom Alltag einlegen wollen. Egal ob Schulhaus, Torhaus, Rentmeisterhaus oder Elisabethhaus – sie alle bieten Übernachtungsmöglichkeiten und natürlich auch die passende Verpflegung.

Zentrum Kloster Lehnin // Klosterkirchplatz 4, 14797 Kloster Lehnin

// **www.klosterlehnin.de**

02 ORTE DER STILLE: KLOSTERHOTELS

Um in Klostergemäuern dem Geist vergangener Zeiten nachzuspüren und ganz zu sich zu kommen, ist auch ein Aufenthalt in einem Klosterhotel empfehlenswert. Beispielsweise im Klostergut Wöltingerode bei Goslar. Von außen betrachtet, scheint hier noch ein Kloster zu stehen. Die Kirche ist noch da, in den vier Flügeln der mächtigen Anlage könnten nach wie vor Zisterzienserinnen wohnen und in den alten Wirtschaftsgebäuden wird gebacken, gebraut, Schnaps gebrannt und Fisch geräuchert. Tatsächlich aber wurde das Kloster im Jahr 1809 aufgehoben und im historischen Gemäuer befindet sich heute ein Hotel. Bei allem Komfort strahlt das Ambiente noch die Ruhe und Beschaulichkeit früherer Tage aus. Viele andere Klöster bestehen nach wie vor, doch die historischen Gebäude und Anlagen sind heute viel zu groß für die Ordensgemeinschaften in unseren Tagen und öffnen sich Gästen. In Kloster Hegne beispielsweise beherbergen die Barmherzigen Schwestern vom heiligen Kreuz deswegen nicht nur mehrere Schulen und karitative Einrichtungen in ihren Mauern, sondern auch das Hotel St. Elisabeth, das geruhsamen Urlaub direkt am Bodensee verspricht. Ebenso halten es die Prämonstratenser in dem prächtigen barocken Chorherrenstift Roggenburg bei Neu-Ulm. In Maria Laach in der Eifel können sich die Gäste entscheiden: innere Einkehr im Gästehaus des Klosters mit seinem reichen Seminarprogramm oder »weltliche« Atmosphä-

Links: Nicht nur das seelische, sondern auch das leibliche Wohl stehen im Kloster Roggenburg in Schwaben im Vordergrund.

Rechts: Die gesamte Klosteranlage Vinnenberg liegt im Naturschutzgebiet Vinnenberger Busch. Auch eine historische Mühle und ein hübscher Mühlteich befinden sich auf dem Gelände.

re im Seehotel direkt gegenüber der imposanten romanischen Abtei am Laacher See.

Klosterhotel Wöltingerode // Wöltingerode 3, 38690 Goslar/Vienenburg
// **www.klosterhotel-woeltingerode.de**

Hotel St. Elisabeth // Konradistraße 1, 78476 Allensbach-Hegne
// **www.st-elisabeth-hegne.de**

Klostergasthof Roggenburg // Klosterstraße 2, 89297 Roggenburg
// **www.kloster-roggenburg.de**

Maria Laach // Benediktinerabtei Maria Laach Gastflügel St. Gilbert, 56653 Maria Laach
// **www.maria-laach.de/gastfluegel**

Seehotel Maria Laach // Am Laacher See 1, 56653 Maria Laach
// **www.seehotel-maria-laach.de**

03 KLOSTER VINNENBERG

Es ist so eine Sache mit Wallfahrten in unserer Zeit. Wer glaubt noch an Wunder, zumal an die Wundertätigkeit eines Stückes Holz? Und dann ist es nicht einmal mehr die echte, mittelalterliche Maria, die im Zweiten Weltkrieg verbrannte. Das sogenannte Vinnenberger Gnadenbild ist eine Neuschöpfung aus den 1950er-Jahren. Und doch zieht das Kloster noch immer unzählige Sinnsucher an. Es bleibt Wallfahrtsstätte auch in kirchenskeptischen Zeiten. Und ist damit selbst eine Art Wunder, Madonna hin oder her. In einem Kloster muss heutzutage nicht mehr unbedingt eine Gemeinschaft von Mönchen oder Nonnen leben, um es am Leben zu halten. In unserer spirituellen Eindrücken gegenüber offenen Zeit reicht ein engagierter Verein, um die Einkehr und Besinnung fördernde Atmosphäre einer Klosteranlage aufrechtzuerhalten. Der 2006, ein Jahr nach dem altersbedingten Auszug der letzten Benediktinerinnen aus dem Kloster, gegründete Verein zur Förderung des Klosters Vinnenberg e.V. schafft es mit einem gut durchdachten Konzept, die Aura des Klosters zu wahren.

Jährlich pilgern, wie schon seit vielen Jahrhunderten, zahlreiche Gäste nach Vinnenberg – auf der Suche nach Gott, nach Stille, nach sich selbst.

Kloster Vinnenberg // Beverstrang 37,
48231 Warendorf-Milte

// **www.klostervinnenberg.de**

04 KLOSTER WÜLFINGHAUSEN

Glockenhell erklingen die Stimmen der zur Communität gehörenden Damen während der Andachten in der uralten Krypta. Leises Harfenspiel begleitet die Psalmen. Spiritualität wird in dieser kleinen ökomenischen Gemeinschaft, die seit 2014 die Klostermauern wieder mit Leben füllt, in all ihrer Vielschichtigkeit spürbar. Gäste sind herzlich willkommen, es finden zahlreiche Kurse und Seminare während des Jahresverlaufes statt, und auch mehrwöchige Ora-et-Labora-Aufenthalte sind möglich. Treffender kann das Miteinander im Kloster Wülfinghausen kaum formuliert werden als auf der Homepage selbst: Es ist ein »Haus der Stille als Ort der Kommunikation«. Die Stille, die sich im Inneren ausbreitet und das Herz in einen Ort verwandelt, wo Göttliches walten kann, wird kultiviert von den ursprünglich aus dem fränkischen Raum stammenden Schwestern, die zur Christusbruderschaft gehören. Das heißt nicht, dass hier nicht ganz viel gelacht und geredet werden würde, im Gegenteil. Sie haben ihren Humor mitgebracht aus dem Süden. Aber sie schaffen Raum für Stille und laden Gäste und Besucher ein, an der besonderen Stimmung teilzuhaben, die durch und in Stille entsteht.

Kloster Wülfinghausen // Klostergut 7,
31832 Springe

// **www.kloster-wuelfinghausen.de**

05 TAGE DER STILLE IM DOMINIKANERINNEN-KLOSTER ARENBERG BEI KOBLENZ

Kaum ein Kloster verwöhnt seine Gäste so wie die Dominikanerinnen von Arenberg. Der Klosteralltag ist darauf ausgerichtet, Stress zu lindern und bei der Alltagsbewältigung zu helfen. Sauna, Schwimmbad und Massagen dienen der körperlichen Entspannung, spirituelle Impulse erhält man in Gottesdiensten und im Stundengebet oder durch individuelle Gespräche. Darüber hinaus gibt es in Park und Bibliothek, Kreativwerkstatt oder Meditationsraum viele Möglichkeiten, Muße zu finden. Eine besondere Gelegenheit für Ruhesuchende sind die Tage der Stille mit einem reichen Meditationsprogramm. Aber auch zu anderen Zeiten sind individuelle Tage der inneren Einkehr möglich. Schweigend essen, der klösterlichen Musik lauschen, in den Ruheräumen oder im Park verweilen, Gefühle und Gedanken zulassen und in sich hineinhorchen.

Kloster Arenberg // Cherubine-Willimann-Weg 1,
56077 Koblenz

// **www.kloster-arenberg.de**

Links: Meditative Ruhe und tiefe Entspannung findet man im Kloster Wülfinghausen.

Rechts: Prunkvoll zeigt sich die Ausstattung des Innenraums der Klosterkirche St. Maria und St. Johannes, der Stiftsbasilika von Waldsassen in der Oberpfalz.

GUT ZU WISSEN

Klosteraufenthalte für eine bestimmte Zeit // Wer auf der Suche nach einer Auszeit im Kloster ist, hat in Deutschland viele Möglichkeiten. Orientierung bietet die Broschüre »Atem holen«, die von der deutschen Ordensobernkonferenz herausgegeben wird. Sie enthält nicht nur einen Überblick über alle Klöster, die Gäste aufnehmen, sondern stellt in übersichtlicher Form auch weitere Informationen zum Kloster und zum Aufenthalt zur Verfügung. Welche Gäste werden aufgenommen? Wo erfolgt die Unterbringung und welche Kosten fallen an? Dies und noch viel mehr findet man in der Broschüre, die man im Internet herunterladen kann

// www.orden.de/ ordensleben/atem-holen

06 ABTEI WALDSASSEN

Natürlich würde Äbtissin Laetitia Fech OCist niemals behaupten, sie habe Waldsassen gerettet. Wie könnte eine schmale junge Frau allein eine so gewaltige Aufgabe meistern? 1994 folgt sie einem Aufruf, der damals an alle Zisterzienserinnen erging, wer nach Waldsassen wechseln könne, um das Sterben des Klosters zu verhindern. Sie findet desolate Zustände vor. Ein einsturzgefährdetes Klostergebäude. Kaum Einnahmen. Ein überalterter, viel zu kleiner Konvent. 1995 wird sie einstimmig zur Äbtissin gewählt und seitdem geht es beständig bergauf mit dem Kloster, dessen beeindruckende Stiftsbibliothek allein einen Besuch wert ist. Ein Sanierungsprojekt wird umgesetzt zur Rettung der Klostergebäude, für das fast 40 Millionen Euro akquiriert werden. Ein modernes Gästehaus, St. Josef, wird aufgebaut. Hinter der bescheidenen Überschrift verbirgt sich ein ziemlich komfortables Klosterhotel mit angeschlossenem Restaurant. Der ehemalige Crangienhof, längst verwahrlost und schon lange nicht mehr zur klösterlichen Selbstversorgung genutzt, wird zur Straußen- und Urschweinefarm. Der Klostergarten wird zu einem weiteren Schmuckstück der Klosteranlage. Seit 2004 ist er staatlich anerkannte Umweltstation. Hier wachsen viele Kräuter, im Hildegard-von-Bingen-Garten, im Kneipp-Garten, im Temperamente-Garten.

Zisterzienserinnen-Abtei Waldsassen //
Basilikaplatz 2, 95652 Waldsassen
// abtei-waldsassen.de

07 KLOSTER UNTERMARCHTAL

Anfang des 18. Jahrhunderts wurden die Barmherzigen Schwestern in Straßburg gegründet, mit einem Fokus auf Kranken- und Altenpflege sowie der Kindererziehung. Schnell wuchs die Gemeinschaft, eigene Mutterhäuser entstanden, darunter die Schwestern vom Heiligen Vinzenz von Paul in Untermarchtal, Ende des 19. Jahrhunderts. Heute beherbergt das Klostergelände ein Bildungs- und Exerzitien-Haus (St. Ignaz), ein Pflege- und Schwesterwohnheim (Maria Hilf), einen Kindergarten (St. Peter). Um die 300 Schwestern wirken in Untermarchtal. Die Genossenschaft beschäftigt darüber hinaus über 6000 Mitarbeiter in der Region! Gäste sind hochwillkommen im Kloster. Ob zu kleineren oder größeren Auszeiten, mit oder ohne geistliche Begleitung, ob zu einem

Links: Als moderner Bau entpuppt sich die Vinzenzkirche von Kloster Untermarchtal (erbaut 1972). Ihre Architektur nimmt Anleihen an den Formen von Le Corbusier.

Kloster-auf-Zeit-Aufenthalt, ob mit Familie oder allein – das Credo der hilfsbereiten Schwestern lautet »Komm, so wie du bist«. Überregionale Strahlkraft haben mittlerweile die Sternwallfahrt und der Jugendtag in der Woche nach Pfingsten. Workshops, stimmungsvolle Gottesdienste, Gesprächskreise erzeugen ein tiefes Gemeinschaftsgefühl, das für viele Jugendliche einen prägenden Abschnitt ihrer Biografie bildet. 160 Betten warten im Bildungs- und Exerzitien-Haus St. Ignaz auf Gäste. Zwölf Tagungsräume und sogar zwei Kellerbars für ein nicht ganz so klösterliches Abendprogramm stehen zur Verfügung.

Kloster Untermarchtal // Margarita-Linder-Straße 8, 89617 Untermarchtal

// www.untermarchtal.de

08 KLOSTER AUF ZEIT – ENTSCHLEUNIGEN IN ST. OTTILIEN

Für viele Menschen ist der Lebensrhythmus im Kloster mit seiner entschleunigten Mischung aus »ora et labora« – Gebet und Arbeit – eine ideale Möglichkeit, den Alltagsstress hinter sich zu lassen und zu sich selbst zu finden. Männer zwischen 18 und 40 Jahren können in der Erzabtei St. Ottilien bei Landsberg am Lech in regelmäßigen Abständen das Leben der Mönche miterleben, an ihren Gebetszeiten teilnehmen oder bei der Arbeit mit anpacken. Alle anderen können im Gästehaus von St. Ottilien logieren und an dem reichhaltigen Kursprogramm der Abtei rund um Meditation, Lebenshilfe und Glauben teilnehmen. Etwa an einer Einführung in die Kontemplation oder in die Zen-Meditation. Oder man lernt an einem »Oa-

sentag«, wie man auch im Alltag immer wieder kleine »Inseln« der Ruhe und Entspannung schaffen kann.

Erzabtei St. Ottilien // Erzabtei 1, 86941 St. Ottilien

// www.erzabtei.de

09 KLOSTER MALLERSDORF

Sie gehören zu den Frauenorden, die im Zuge der Industrialisierung gegründet wurden, um gegen soziale Missstände anzukämpfen. Die „Armen Franziskanerinnen von der Heiligen Familie" widmeten sich von Anfang an vor allem den Schwächsten in der Gesellschaft: Kindern, Kranken und vom Alter Gebeugten. Heute laden sie ganz verschiedene Zielgruppen ein, im Mutterhaus des Ordens zu verweilen – im Kloster Mallersdorf. Ganz besonders angesprochen werden junge Frauen, die eine Weile im Kloster mitleben können, sofern sie zwischen 18 und 35 Jahren alt sind. Neben klassischen Kloster-auf-Zeit-Angeboten gibt es Schweigewochenenden und Meditationstage, die speziell für Frauen angeboten werden. Doch auch Jugendliche und Familien werden adressiert, um gemeinsam zu beten und Zeit füreinander und Gott zu finden. Für jeden, der Interesse zeigt, gibt es ein spannendes Spektrum weiterer Kurse wie die Franziskus-Tage, Wanderbesinnungstage oder die Möglichkeit, für eine bestimmte Zeit geistlich begleitet zu werden.

Kloster Mallersdorf // Klosterberg 1, 84066 Mallersdorf-Pfaffenberg

// www.mallersdorfer-schwestern.de

⑩ KOSTER BERNRIED

Die Benediktinerinnen in Bernried sind Profis für Grup-
pen-Bildungsprozesse. Keine Selbstverständlichkeit,
immerhin bieten viele Klöster mittlerweile ein buntes
Gemisch von Kursen an, zwischen Wellness, Ökologie, Spiritualität, Lifestyle und christlichem Glauben,
ausgelagert an externe Referenten. Im Bildungshaus
St. Martin in Bernried treten die Nonnen auch selbst
als Referentinnen in Erscheinung. Sie sind ausgebil-
dete Mediatorinnen, geistliche Begleiterinnen, Biblio-
dramaleiterinnen oder haben eine TZI-Ausbildung
durchlaufen. Hinter TZI verbirgt sich ein zertifiziertes
Programm zur themenzentrierten Arbeit mit Gruppen. Fast alles findet in und durch Gruppen statt im
Jahresverlauf, sachkundig begleitet von den Trägerin-
nen der Klostergemeinschaft Bernried. Yoga und Jesus, Meditativer Tanz, Dialogisch Arbeiten, Gartenta-
ge, Tee-Seminare, Führungskräfte-Auszeit, Stille-Zei-
ten – immer begegnen sich Menschen und gestalten
einen Zeitraum gemeinsam, prägen das Leben des
Klosters ein wenig mit und werden von diesem in un-
terschiedlichem Umfang geprägt. Gäste sind herzlich
eingeladen, die Gebetszeiten wahrzunehmen, vom
Morgenlob um 6.30 Uhr über das Mittagsgebet um
12 Uhr bis zum Abendlob um 17.30 Uhr.

Kloster Bernried // Klosterhof 8,
82347 Bernried am Starnberger See
// www.bildungshaus-bernried.de

*Oben: Eine Nonne betet in
der Seitenkapelle der
Kirche im Kloster Mallersdorf in Niederbayern.*

*Rechts: Kann es eine
schönere Lage für ein
Kloster geben? Kloster
Bernried liegt am Ufer des
Starnberger Sees.*

PILGERWEGE
AUF DEM WEG ZU SICH SELBST

#15

Hier ist der Weg das Ziel. Pilgerwege, die in früheren Zeiten vornehmlich als Wallfahrt begangen wurden, sind heute bei vielen Menschen wieder sehr beliebt. Kein Wunder, führen sie doch ebenso wie kulturhistorische Routen durch reizvolle Naturlandschaften und bieten die Möglichkeiten zur Rückbesinnung.

01 PILGERWEG DER HEILIGEN BIRGITTA VON SCHWEDEN

Von Rügen an die Lauenburgische Seenplatte durch das vielfältige Mecklenburg-Vorpommern: Ein weißes Brigittenkreuz auf der Jakobsmuschel weist den Weg über knapp 400 Kilometer. Benannt ist die Strecke nach der schwedischen Nationalheiligen. Ob Birgitta von Schweden tatsächlich im Jahr 1341 auf dieser Strecke gepilgert ist, lässt sich heute nicht mehr nachvollziehen. Sicher ist: Sie hat sich damals auf den Weg von Skandinavien nach Santiago de Compostela gemacht und ist dabei nach Stralsund übergesetzt.

Der Jakobus-Pilgerweg der heiligen Birgitta von Schweden ist heute ein wunderschöner Pilgerpfad, der vor allem die landschaftliche Vielfalt und Schönheit Mecklenburg-Vorpommerns präsentiert. Er führt von Rügen an die Lauenburgische Seenplatte und lässt sich in 19 Etappen bewältigen. Genießer planen mehr Zeit ein, denn mit Städten wie Stralsund und Schwerin liegen Etappenziele auf dem Weg, in denen sich längere Aufenthalte lohnen.

// **www.auf-nach-mv.de/ pilgerweg-heilige-birgitta**

02 AUF DEM WUNDERBLUTWEG VON BERLIN NACH BAD WILSNACK

Alte Pilgerwege sind oftmals in Vergessenheit geraten, auch der einst berühmte Wunderblutweg blieb von diesem Schicksal nicht verschont. Er gehörte im 14. und 15. Jahrhundert zu den beliebtesten Pilgerstrecken im Norden Europas. Der Grund lag in der

Wunderblutkirche in Bad Wilsnack. Dort sollen nach einem Brand des Gotteshauses nicht nur drei Hostien unversehrt geblieben, sondern auch noch mit jeweils einem Blutstropfen befleckt gewesen sein. Die Blut weinenden Abendmahlgaben haben sich damals schnell herumgesprochen, und die Menschen waren überzeugt von ihrer Wunder vollbringenden Wirkung. Heute ist dieser Weg fast in Vergessenheit geraten. Er ist weder besonders gut ausgeschildert noch gut besucht. Ein wirklicher Geheimtipp unter den Pilgerwegen! Mit seinen knapp 150 Kilometern und fünf Etappen lässt er sich auch für Anfänger gut bewältigen.

Förderverein Wunderblutkirche St. Nikolai Bad Wilsnack e. V. // Große Straße 25, 19336 Bad Wilsnack

// www.wegenachwilsnack.de

03 PILGERWEG LOCCUM-VOLKENRODA

Die Route führt malerisch entlang der Flüsse Weser, Leine und Unstrut sowie über Teile des Wesergebirges und das Eichsfeld durch eine harmonische Mittelgebirgslandschaft mit geringen Anstiegen. Zahlreiche Klöster und weitere Orte der Ruhe und Besinnung sind beste Voraussetzungen dafür, während der auf insgesamt 18 Wandertage ausgelegten Pilgerreise wieder zu sich zu finden.

Der Pilgerweg zwischen Loccum in Niedersachsen und Volkenroda in Thüringen ist eine recht neue Route, die erst im Jahr 2005 offiziell eröffnet wurde. Dabei reichen die Wurzeln dieses Weges vermutlich bereits bis ins 12. Jahrhundert zurück. Damals brach ein Dutzend Mönche des Zisterzienserklosters Volkenroda gen Norden auf, um dort ein neues Kloster in der Nähe der einstigen Lucca-Burg zu gründen. Ob die Mönche hierfür dieselbe Route nahmen, die heute vom Pilgerweg vorgegeben wird, ist nicht bekannt. Außer Frage steht jedoch, dass die rund 300 Kilometer lange Strecke faszinierende Landschaften offenbart und auch von Radwanderern in fünf Tagen befahren werden kann.

Pilgerweg Loccum-Volkenroda // Koordination des Pilgerwegs: Haus kirchlicher Dienste der Ev.-luth. Landeskirche Hannovers, Archivstraße 3, 30169 Hannover

// www.loccum-volkenroda.de

Links: Der Wunderblutweg schmiegt sich in weite Naturlandschaften, die gespickt sind von Seen, Feldern und Alleen.

Rechts: Das imposante Triumphkreuz wacht über das Stift Fischbeck und seine Besucher, die es auf dem Pilgerweg von Loccum nach Volkenroda erreichen.

04 HARZER KLOSTERWANDERWEG

Der Weg windet sich am Nordostrand des Harzes entlang. Unterwegs warten zwölf ehemalige Klöster, die mit andachtsvoller Atmosphäre zur Einkehr einladen, sowie einsame Plätze in der Natur und deutsch-deutsche Geschichte auf den Pilger. An diesen Orten kann neue Energie geschöpft und Vergangenes überdacht werden. Die reizvolle Landschaft des Harzes, altehrwürdige Klosteranlagen und Fachwerkschönheiten wie Wernigerode und Quedlinburg – all das bietet der rund 95 Kilometer lange Harzer Klosterwanderweg, der auf mehreren Etappen von Goslar in Niedersachsen bis nach Quedlinburg in Sachsen-Anhalt führt. Auf dem Weg zwischen den einzelnen Stationen finden sich immer wieder Momente der Stille. Ideal dafür sind die sogenannten Engelsbänke, die idyllisch gelegen zum Verweilen und Nachsinnen einladen.

Harzer Klosterwanderweg // Information und Unterkunft: Tourismus GmbH Ilsenburg, Marktplatz 1, 38871 Ilsenburg

// **www.harzer-klosterwanderweg.de**
// **www.ilsenburg-tourismus.de**

05 SIGWARDSWEG – SÜDROUTE VON MINDEN NACH IDENSEN

Sich auf dem Weg durch malerische Natur wieder auf das Wesentliche im Leben zu besinnen und wieder zu sich selbst zurückzufinden – der Sigwardsweg bietet hierfür die perfekten Bedingungen. Im Jahr 2009 wurde der Pilgerweg als Rundtour von Minden in Nordrhein-Westfalen nach Idensen und zurück offiziell eröffnet. Der Weg wurde nach Sigward, dem 25. Bischof von Minden, benannt und beginnt beim Mindener Dom. Von dort führt er auf der Südroute 170 Kilometer über Hausberge, Bückeburg und Obernkirchen nach Bad Nenndorf und Idensen. Unterwegs hat man Gelegenheit, zahlreiche Kirchen, Kapellen und weitere sakrale Bauten in aller Ruhe zu entdecken und den Blick in sich selbst zu vertiefen. Zwischen den Pilgerstationen taucht man in die Landschaft des Weserberglands ein und erlebt selbst, was Bischof Sigward zu der Aussage »Ich bin, der ich war, war aber nicht, der ich bin« bewogen hat. Wer seine

NICHT VERPASSEN!

Heilklimawandern im Harz // Wandern ist ein Fitnessprogramm für Geist und Körper. Besonders gut gelingt die Stärkung beim Heilklimawandern. Dadurch erlangt der Körper mehr Widerstandsfähigkeit und kann sich ganzheitlich regenerieren. Angebote gibt es in Altenau, Bad Grund und Bad Sachsa.

Wanderung ausdehnen möchte, findet auf der Nordroute über Loccum, Stolzenau, Großenheerse und Petershagen den Weg zurück nach Minden.

Sigwardsweg // Pilgerbüro, Domschatz Minden, Kleiner Domhof 24, 32423 Minden
// www.sigwardsweg.de

06 LUTHERWEG

Auf den Spuren des großen Reformators wandern – dazu bieten sich vor allem im Osten Deutschlands viele Möglichkeiten. Luther war reisefreudig und hat in vielen Städten gewirkt, gebetet und gearbeitet. Sein bekanntester Aufenthaltsort aber ist die Wartburg bei Eisenach – das Ziel dieser Pilgerreise. Der Lutherweg, der sich wie ein Netz über die Landschaft zieht und immer wieder Verzweigungen und andere Alternativen bietet, lässt sich auf diesem Abschnitt gut in acht Etappen bewältigen. Eisenach als Lutherstadt ist dabei ebenso reizvoll wie Erfurt, die Stadt, in der Luthers geistliche Ausrichtung begann. Und so spürt der Pilger auch ein wenig auf dem Weg der Entwicklung und Reifung des Reformators nach, wenn er sich für diese Strecke entscheidet.

Deutsche Lutherweg-Gesellschaft e. V. // Pädagogisch-Theologisches Institut, Zinzendorfplatz 3, 99192 Neudietendorf
// www.lutherweg.de

07 AUF DEN SPUREN DER RÖMER
VON DER EIFEL BIS NACH KÖLN

Auf 116 Kilometer Länge kann man auf dem Römerkanal-Wanderweg in die Epoche um das Jahr null eintauchen. Im ersten Jahrhundert nach Christi errichteten hier die Römer die sogenannte Eifelwasserleitung, die von Nettersheim bis nach Köln führte und heute noch als ingenieurstechnische Meisterleistung gilt. Eindrucksvolle Zeugnisse aus dieser Zeit sind die Brunnenstube »Grüner Putz« und die Aquäduktbrücke in Mechernich-Vollem und führen den Wanderer zurück in die Zeit vergangener Tage. Verträumte Naturlandschaften säumen den Wanderweg, der im Jahr 2012 eine umfangreiche Modernisierung erfahren hat. Apfelplantagen, Waldabschnitte und die typische Eifellandschaft sind für den leicht bis mittelschwer eingestuften Weg charakteristisch.

Rechts: Ob im Kreuzgang, in der Klosterkirche oder im berühmten Weinkeller – in den Räumen des Klosters Eberbach können Pilger im Rheingau zur Ruhe kommen.

Linke Seite oben: Nach dem Besuch der Residenzstadt Gotha können die Pilger auf dem Lutherweg inmitten erholsamer Natur in den Ruhemodus schalten. Idealer Platz hierfür ist der Inselsberg.

Linke Seite unten: Die Baugeschichte der Benediktinerabtei St. Mauritius in Tholey auf dem Wendelinusweg reicht bis ins 13. Jahrhundert zurück.

Römerkanal-Wanderweg // Naturpark-Zentrum im Himmeroder Hof, Himmeroder Wall 6, 53359 Rheinbach

// www.roemerkanal.de

⓽ AUF DEN SPUREN STARKER FRAUEN

Entlang kleiner Dörfer, Kirchen und Klöster führt der Weg »Auf den Spuren starker Frauen« auf verschlungenen Pfaden in gemächlichem Tempo durch Thüringens grüne Natur. Der knapp 50 Kilometer lange Wanderweg ist ein Teilabschnitt des mittelalterlichen Jakobswegs zwischen Erfurt und Singer Berg. Ihn beschritt einst die seliggesprochene Paulina von Paulinzella. Als eine der drei starken Frauen, denen dieser Pilgerweg gewidmet ist, gründete sie das Kloster Paulinzella, welches heute der Zielpunkt dieser romantischen Route ist. Neben der seligen Paulina stehen die heilige Elisabeth als Bistumspatronin und die heilige Walburga im Fokus des Pilgerweges. An ihre gutherzigen und menschenfreundlichen Taten wird auf der Strecke erinnert – der ideale Anlass, um vielleicht auch das eigene Tun und Handeln in neuem Licht zu betrachten.

Auf den Spuren starker Frauen // Weitere Informationen bei Tourist-Information Arnstadt, Markt 1, 99310 Arnstadt

// www.arnstadt.de
// www.thueringen-entdecken.de

⓽ RHEINGAUER KLOSTERSTEIG

30 000 Schritte Besinnlichkeit verspricht der Rheingauer Klostersteig, der mit seinen rund 30 Kilometern für geübte Wanderer in einem Tag zu bewältigen ist. Vom Kloster Eberbach bei Eltville geht es nach Rüdesheim-Aulhausen zur Marienkirche durch die liebliche Landschaft des Rheingaus. An verschiedenen Ruhepunkten entlang des Weges kann man besondere Momente der Besinnung und atemberaubende Ausblicke genießen. Zwischendurch bieten die schönsten und bedeutendsten Klöster des Rheingaus Möglichkeiten zur Einkehr: Beispielsweise die Basilika Schloss Johannisberg, die dank ihrer Schlichtheit viel Raum für Andacht und Versenkung lässt. Oder die Abtei St. Hildegard, wo man nicht nur herzlich eingeladen ist, in der Abteikirche am Gebet teilzunehmen, sondern auch die Vinothek und den Klosterladen besuchen kann.

Rheingauer Klostersteig // Weitere Informationen bei der Rheingau-Taunus Kultur und Tourismus GmbH, Probeck'scher Hof, Rheinweg 30, 65375 Oestrich-Winkel

// www.rheingau.com/klostersteig

⓾ JAKOBSWEG FÜR EINSTEIGER IM SAARLAND. WENDELINUS-PILGERWEG

Seit dem Jahr 2010 hat das Saarland auch offiziell einen Pilgerweg: Über drei Etappen schlägt er auf rund 60 Kilometern den Bogen von St. Wendel bis an die französische Grenze. Mit seinen nur drei Etappen und einer nicht allzu großen Schwierigkeit in Sachen Höhenmeter und Streckenprofil eignet sich dieser Weg vor allem für Anfänger oder Menschen, die sich für das Pilgern nicht so viel Zeit nehmen können. Im Mittelpunkt des Weges steht anfangs der heilige Wendelinus, der im Saarland Wunder vollbracht haben soll. Auf seinen Spuren startet der Jakobsweg zu den drei Etappen.

// www.tholey.de

⓫ JAKOBSWEG MAIN-TAUBERTAL

Auf der Suche nach einer besonders schönen Pilgerstrecke landet der Wanderer irgendwann auch beim Jakobsweg Main-Taubertal. Der Weg führt meist parallel des Mains von Miltenberg bis Urphar, ehe er mit

vielen Schleifen und Abweichungen dem Lauf der Tauber folgt, sie immer wieder quert und in Rothenburg ob der Tauber endet. Vor allem im Taubertal treffen die Pilger sehr oft auf Zeugnisse von einstigen Jakobswegpilgern. In fast jeder Stadt erinnern hier Kunstwerke daran, dass dieser Weg schon vor Jahrhunderten intensiv genutzt wurde. Die heutige Strecke allerdings ist neu und wurde modernen Bedürfnissen angepasst. Abgesehen davon, schließt er an weitere Jakobswege an. Die 184 Kilometer werden in neun Etappen gelaufen, sind aber auch individuell leicht zu modifizieren.

Tourismusverband »Liebliches Taubertal« e. V.
// Gartenstraße 1, 97941 Tauberbischofsheim
// **www.liebliches-taubertal.de**

⑫ ALBSTEIG SCHWARZWALD

Eintauchen in die urwüchsige Natur und abseits der Zivilisation, umgeben von Ruhe und Abgeschiedenheit, entspannen – all das bietet der etwas mehr als 80 Kilometer lange Albsteig Schwarzwald in Baden-Württemberg. Wild sprudelnde Wasserfälle, tiefe Schluchten, mystische Wälder und grandiose Ausblicke – wer den Albsteig erwandert, kann sich auf intensive Naturerlebnisse freuen. Entspannung und Entschleunigung stellen sich dabei praktisch von selbst ein. Das Besondere am Albsteig Schwarzwald ist, dass man es gemütlich angehen lassen kann und die Strecke in gemäßigtem Tempo innerhalb von fünf bis sieben Tagen zurücklegt. Die sportlich anspruchsvollere Variante ist der Abstieg in drei bis vier Tagen. Auch

NICHT VERPASSEN!

Schwarzwälder Genießerpfade // Entspanntes Genusswandern mit vielen kulinarischen, landschaftlichen und kulturellen Höhepunkten auf einfachen Tages- und Halbtagestouren bieten die Schwarzwälder Genießerpfade. Ob Wasserfallsteig oder Ibacher Panoramaweg – auf ihnen findet jeder in seinem ganz eigenen Tempo zurück zu sich selbst.
// **www.schwarzwald-tourismus.info/**
entdecken/Wandern

einzelne Tagesetappen sind auf der Strecke zwischen Albbruck am Hochrhein und Feldberg möglich.

Albsteig Schwarzwald // Weitere Informationen beim Landkreis Waldshut, Gartenstraße 7, 79761 Waldshut-Tiengen

// www.albsteig.de

⓭ CRESCENTIA-PILGERWEG

Wie schön, wenn nach dem Tode das eigene Wirken positiv bewertet wird und noch Jahrhunderte später die Menschen auf einem Pilgerweg wandeln, auf dem man selbst schon unterwegs war! Der Nonne und späteren Oberin des Klosters Kaufbeuren Maria Crescentia Höss wurde diese Ehre zuteil, denn der Crescentia-Pilgerweg trägt ihren Namen. Er ist rund 80 Kilometer lang, führt von Kaufbeuren nach Mindelheim und wieder zurück nach Kaufbeuren. Der Weg ist besonders schön und ruhig, da die Pilger meist auf Fuß- und Waldpfaden und abseits von Straßen unterwegs sind. Verlaufen wird man sich wohl nicht, denn der erst im Jahr 2003 eröffnete Pilgerweg ist gut ausgeschildert. Besonders reizvoll: Die Wanderer passieren viele Bildstöcke, Kapellen und auch einige Klöster. So liegen die Klöster Irsee, Ottobeuren und Mindelheim an der Strecke, die mit 1200 Metern keine großen Höhenunterschiede aufweist.

Kaufbeuren Tourist Information // Kaiser-Max-Straße 3a, 87600 Kaufbeuren

// www.kaufbeuren-tourismus.de

⓮ HEILIGE LANDSCHAFT PFAFFENWINKEL (WESTSCHLEIFE)

Pilgern ist eine langsame Art und Weise, dem Ziel näher zu kommen. Es geht nicht darum, möglichst schnell zu sein oder viele Kilometer zu absolvieren, sondern Ruhe zu finden, sich zu konzentrieren auf die Landschaft und vor allem auf sich selbst. Schon aus diesem Grund ist es ganz gut, dass der Pilgerweg »Heilige Landschaft Pfaffenwinkel« in mehrere Schleifen aufgeteilt ist. Besonders schön ist die Westschleife, wer aber nach den fünf Etappen und 76 Kilometern noch ein wenig mehr Zeit braucht, um zur Besinnung zu kommen, kann überlegen, ob er auf der Nord- oder Ostschleife weiterpilgern soll. Konditionell werden die Wanderer auf der Westschleife vom Hohen Peißenberg bis Schongau durchaus gefordert. Es geht zwar nicht in eisige Höhen, aber auch die sanften Hügel und Berge der Region Pfaffenwinkel sind, über fünf Tage gesehen, nicht so mühelos zu gehen, wie von vielen erwartet wird. Vom Namen her klingen die drei Wanderwege »Heilige Landschaft Pfaffenwinkel« durchaus ein wenig überambitioniert. Andererseits ist diese Landschaft, die ihren Namen Pfaffenwinkel schon seit Generationen führt, geprägt durch die enorm vielen Klöster und Kirchen, die in diesem besonders schönen Teil Bayerns zu finden sind – Highlight ist natürlich die Wieskirche.

Tourismusverband Pfaffenwinkel // Bauerngasse 5, 86956 Schongau

// www.heilige-landschaft.de
// www.pfaffen-winkel.de

Rechts: Seitdem sich 1738 das »Tränenwunder« der Wieskirche ereignete und sie dadurch zum Wallfahrtsort wurde, warten Besucher bis heute darauf, eine weinende Christusfigur zu erblicken.

HISTORISCHE PARKLANDSCHAFTEN
#16 AUS DER ZEIT GEFALLEN

Untrennbar verbunden mit historischen Gärten und Parkanlagen ist das herrliche Wort »Lustwandeln«: ein gemächlicher Spaziergang, der nur dem Zweck dient, die Schönheit der Umgebung aufzunehmen und zu genießen. Vor allem die großen Parks laden auch heute noch dazu ein, besichtigt zu werden.

01 HERRENHÄUSER GÄRTEN HANNOVER

Die vier ausgedehnten Parkanlagen zwischen Schloss Herrenhausen und der Universität (dem einstigen Welfenschloss) locken vor allem am Morgen zum stundenlangen Schlendern und Entdecken verborgener Schönheiten. Herzstück ist der Große Garten, einer der bedeutendsten Barockgärten Europas. Abseits von kunstvollen Parterres und prächtigen Skulpturen trifft man hier auf versteckte Winkel mit plätschernden Wasserspielen oder auf schattige Gänge und abgeschiedene Nischen aus Buchenhecken, in denen sich einst die Höflinge für verschwiegene Zusammenkünfte trafen. Nördlich schließt sich der Berggarten an, einer der ältesten botanischen Gärten Deutschlands. Nach Osten hin liegen Georgen- und Welfengarten, die mit gewundenen Wegen, stillen Weihern, Rasenflächen und malerischen Brücken zu meditativen Spaziergängen verleiten. Entspannt lauscht man dem Gesang der Vögel und verliert sich in der Ruhe und Stille zwischen Bäumen und Seen.

Herrenhäuser Gärten // Herrenhäuser Straße 4, 30419 Hannover

// www.hannover.de/Herrenhausen

02 SCHLOSSPARK SANSSOUCI

Die 300 Hektar große Parkanlage in Potsdam gehört zum Schloss Sanssouci, dem einstigen Lustschloss Friedrichs des Großen. Hier wollte der Monarch »sans souci« – ohne Sorge – in fast ländlicher Stille und Zurückgezogenheit seinen privaten Neigungen nachgehen. Dieser Geist lässt sich auch heute noch spüren: Hat man das Schloss mit seinen berühmten Weinbergterrassen hinter sich gelassen, eröffnet sich eine abwechslungsreiche Parklandschaft mit fast 70 Kilometer Wegen, auf denen sich die Spaziergänger weithin verstreuen. Immer wieder entdeckt man auf seinen Streifzügen reizvolle Statuen, Pavillons und kleine Schlösser, darunter auch lauschige Ecken wie zum Beispiel das versteckte Schloss Charlottenhof im Süden des Parks, der ruhige botanische Garten etwas abseits des Weges oder die Römischen Bäder, eine echte kleine Oase der Ruhe und Entspannung.

Schlosspark Sanssouci // Zur Historischen Mühle, 14469 Potsdam

**// www.spsg.de/schloesser-gaerten/
objekt/park-sanssouci**

Linke Seite: Faszinierende Naturinszenierung findet man in den Herrenhäuser Gärten in Hannover.

Oben: Präzise angelegt: der Große Garten, der barocke Lustgarten von Schloss Herrenhausen.

03 PARKLANDSCHAFT JOHANNISBERG IN BIELEFELD

Als grüner Höhenausläufer des Teutoburger Waldes reicht der Johannisberg fast an das Bielefelder Stadtzentrum heran. Im 19. und frühen 20. Jahrhundert war er ein beliebtes Ausflugsziel, nach dem Zweiten Weltkrieg verkam die Parkanlage jedoch. Inzwischen wurde der überwucherte Panoramablick freigeschlagen und neue Wege wurden angelegt. Inmitten der 20 Hektar großen Parklandschaft lassen sich zahlreiche verwunschene Entdeckungen machen. Hierzu gehören der Quellfelsen mit Bachbett und Brücke, ein altes Kassenhäuschen und der Winzersche Garten, ein vergessener Villengarten hoch über den Dächern der Stadt. Kleine Wege führen durch den idyllischen Park, vorbei an gepflegten Grünflächen und hohen Bäumen. Besonders schön ist der Johannisberg im Frühjahr, wenn auf den Wiesen Hunderttausende von Krokussen, Blausternen, Narzissen und Weinbergtulpen blühen.

Parklandschaft Johannisberg // Am Johannisberg, 33615 Bielefeld

// **www.gaerten-in-westfalen.de**

04 LANDSCHAFTSPARK DUISBURG-NORD

Eine traditionsreiche Geschichte hat auch der Landschaftspark im Duisburger Bezirk Meiderich. Allerdings nicht als historischer Lustgarten, sondern als Hüttenwerk. Wo einst Stahl gekocht wurde, hört man

Oben: Parks und Gärten mit Auen und Wäldern prägen das Gartenreich Dessau-Wörlitz.

Links: Auch eine Statue des Bacchus ziert den Großen Garten in Hannover.

Rechts: Im Landschafts-park Duisburg-Nord erobert Natur die alten Industrieanlagen zurück.

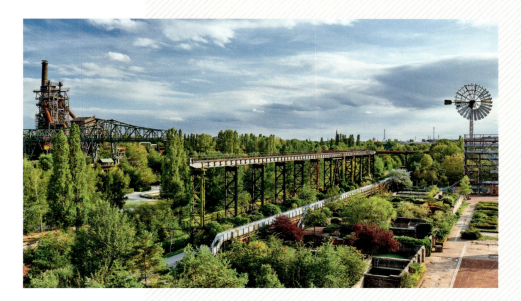

GUT ZU WISSEN

»Gärten ohne Grenzen« // Das Projekt »Gärten ohne Grenzen« ist ein grenzüberschreitendes Netzwerk von Gärten in Deutschland, Frankreich und Luxemburg. Auf deutscher Seite findet man hier vor allem im Saarland und in Rheinland-Pfalz traumhafte Gartenanlagen und Parks, die zu besinnlichen Spaziergängen einladen.

// **www.gaerten-ohne-grenzen.de**

Übernachten in historischen Gebäuden // In manchen Parks ist es möglich, einige der kleinen Häuser und Schlösser zu mieten und so besonders romantisch und ruhig zu logieren. Im Wörlitzer Gartenreich beispielsweise erstrecken sich die Angebote von der Jagdhütte bis zum »Schlangenhaus« der Fürstin Louise.

// **www.gartenreich.de**

heute den Gesang von Nachtigallen und das Lachen spielender Kinder. Die Ruinen der alten Industrieanlagen bilden einen malerischen Kontrast zum neuen Grün, das sich allmählich seinen Lebensraum zurückerobert und eine vielfältige Pflanzen- und Tierwelt hervorbringt. Im Sommer bieten versteckte Ecken auf dem Gelände schattige Plätzchen für ein entspanntes Picknick im Grünen. Führungen geben kundige Einblicke in die Industriegeschichte und ein ausgeschilderter Wanderweg lädt zu einer beschaulichen Erkundung ein.

Landschaftspark Duisburg-Nord //
Emscherstraße 1, 47137 Duisburg
// **www.landschaftspark.de**

05 DESSAU-WÖRLITZER GARTENREICH

Als aufgeklärter Fürst glaubte Leopold III. Friedrich Franz von Anhalt-Dessau (1740 bis 1817) an Vernunft, Bildung und Fortschritt, und auch daran, dass ein naturnah gestalteter Park positiv auf die menschliche Psyche wirkt. Also ließ er rund um sein Schloss Wörlitz einen der ersten englischen Landschaftsparks auf deutschem Boden anlegen. Die vielen Gestaltungselemente sollten nicht nur der Ästhetik dienen, sondern Spaziergängern auch bereichernde Sinneserfahrungen ermöglichen. So etwa der Wechsel von Hell

Links: Im Kromlauer Park bei Gablenz ragt die malerische Rakotzbrücke, oft auch als »Teufelsbrücke« bezeichnet, über den gleichnamigen See.

und Dunkel in den tunnelartigen Gängen der »Romantischen Partie«, die zu abgeschiedenen Szenerien wie etwa der Einsiedelei und den Grotten unter dem Venustempel führen, oder die meditative Versenkung am »Betplatz des Eremiten«. Hat man den zentralen Teil am Wörlitzer Schloss hinter sich gelassen, findet man auf dem 14 500 Hektar großen Gelände schnell seinen persönlichen Ort der Stille. Besonders friedlich ist es hier unter der Woche in den Morgenstunden, wenn man die Farben und Düfte in aller Ruhe auf sich wirken lassen kann.

Dessau-Wörlitzer Gartenreich // Wörlitzer Park, Erdmannsdorffstraße, 06785 Oranienbaum-Wörlitz, OT Wörlitz

// www.gartenreich.de

06 MUSKAUER PARK

Fürst Hermann von Pückler-Muskau war Freidenker, Weltreisender und Gartenkünstler. Auch seine Liebe galt dem englischen Landschaftsgarten. Besonders gut verstand er es, mit der natürlichen Topografie zu spielen, was dem Park in Bad Muskau die Anmutung einer gewachsenen Naturlandschaft verleiht. Mit 830 Hektar ist der Park so groß, dass man darin ausgie-

big und ungestört flanieren kann. Auch mit dem Rad lassen sich die verschlungenen Pfade, ausgedehnten Wiesen, pittoresken Seen, Flüsse und Bauten ganz mühelos erkunden. Auf einer Fußgängerbrücke überschreitet man dabei sogar eine Landesgrenze, denn der größere Teil des Parks liegt über der Neiße in

NICHT VERPASSEN!

Azaleen- und Rhododendronpark Kromlau // Was Fürst Pückler kann, das kann ich auch, mag sich Gutsherr Rötschke gedacht haben. Was er konnte, erfreut heute mit einem Meer leuchtend-bunter Rhododendren und vor allem der legendären Rakotzbrücke, die zusammen mit ihrer Wasserspiegelung einen perfekten Kreis formt.

// www.kromlau-online.de

Rechts: Der Lustgarten zwischen den Palais im Park Pillnitz war einst Stätte höfischer Feste. An der Freitreppe zur Elbe vor dem Wasserpalais konnten die Dresdner Fest-gesellschaften mit Gondeln anlegen.

Unten: Das Neue Schloss im Fürst-Pückler-Park in Bad Muskau. Der ab 1815 angelegte Landschafts-park ist ein Gartenkunst-werk von Weltrang.

Polen. Einen herrlichen Blick über die Weite des Ge-samtkunstwerks bietet der Schlossturm.

Tourismuszentrum Muskauer Park // Neues Schloss, 02953 Bad Muskau
// www.muskauer-park.de

07 SCHLOSS UND PARK PILLNITZ

August der Starke, der seiner Mätresse Anna Cons-tantia von Cosel das Pillnitzer Anwesen überlassen und nach dem Ende der Liaison wieder weggenom-men hatte, ließ hier ab 1720 ein Lust- und Spielschloss errichten. Nach Entwürfen von Matthäus Daniel Pöp-pelmann entstanden das Wasserpalais und das spie-gelbildlich angelegte Bergpalais – dem Geschmack der Zeit folgend im »indianischen Stil« mit geschwun-genen Dächern und »chinesischen« Malereien in den darunterliegenden Hohlkehlen. Pillnitz entwickelte sich zur Sommerresidenz der Wettiner. Die fehlende Heizung ist heute der Grund, dass das hier ansässige Kunstgewerbemuseum seine Pforten nur in den wär-meren Jahreszeiten für Besucher öffnet. In dem zu Beginn der 19. Jahrhunderts erbauten Neuen Palais wurde 2006 das Schlossmuseum Pillnitz eingerichtet.

Schloss & Park Pillnitz // August-Böckstiegel-Straße 2, 01326 Dresden
// www.schlosspillnitz.de

08 PLANTEN UN BLOMEN IN HAMBURG

Hinter dem niederdeutschen Begriff stecken »Pflan-zen und Blumen«. Der Park ist das grüne Herz der Hansestadt Hamburg. Überall gibt es kleine Teiche und Bäche sowie Liegestühle zum Entspannen. Spa-ziert man vom Hamburg Museum durch die Wallan-lagen vorbei an der Rollschuhbahn, erreicht man den Alten Botanischen Garten. Es folgen japanische Gär-ten, Schaugewächshäuser, Mittelmeerterrassen, Ab-teilungen für Heilpflanzen und für Rosen. Wenn es dunkel wird, beginnen am Parksee die Wasserspie-le. Zur Musik scheinen farbig beleuchtete Fontänen zu tanzen.

Planten un Blomen // Marseiller Straße, 20355 Hamburg
// plantenunblomen.hamburg.de

09 BERGPARK WILHELMSHÖHE IN KASSEL

Der Bergpark Wilhelmshöhe in Kassel zählt zu den schönsten Bergparks Europas. Mit einer Fläche von 2,4 Quadratkilometern gehört er zudem zu den größten seiner Art. Seit 2013 als UNESCO-Weltkulturerbe anerkannt, lockt er mit seiner vielfältigen Kulturlandschaft zahlreiche Erholungsuchende an. Berühmt ist er vor allem wegen der von Mai bis Oktober stattfindenden Wasserspiele, die sich vom Monumentaldenkmal Herkules über die herrlichen Kaskaden in Richtung Schloss Wilhelmshöhe bis zum Fontänenteich ergießen. Schlendert man weiter, verteilen sich die Besucher schnell auf dem weitläufigen Parkgelände und man findet immer wieder stille Plätze, an denen es sich verweilen und innehalten lässt. Die Löwenburg, eine künstliche Burgruine, sowie Grotten, Tempel, eine Pyramide und weitere sehenswerte Bauten sorgen immer wieder für neue Eindrücke. Auf ausgedehnten Spazier- und Wanderwegen lässt es sich stundenlang flanieren. Hier kann man seinen Gedanken nachgehen und die Schönheit des Parks bewundern. Ruhezonen und Sitzgelegenheiten laden zum Verschnaufen ein und dazu, die Natur zu genießen.

Bergpark Wilhelmshöhe // Besucherzentrum Wilhelmshöhe, Wilhelmshöher Allee 380, 34131 Kassel

// www.wilhelmshoehe.de

10 KURPARK BAD PYRMONT

Als einer der größten Kurparks in Europa bietet die Anlage einen bemerkenswerten Palmengarten mit 300 verschiedenen Exemplaren. Parallel dazu verteilen sich insgesamt 400 weitere tropische und subtropische Pflanzenarten über das Areal. Täglich von 9 Uhr morgens bis zum Einbruch der Dunkelheit geöffnet, von November bis März ist der Eintritt frei.

Kurpark Bad Pyrmont // Heiligenangerstraße 9-1, 31812 Bad Pyrmont

// www.badpyrmont.de

11 DEUTSCH-FRANZÖSISCHER GARTEN IN SAARBRÜCKEN

Zwischen dem südlichen Stadtrand von Saarbrücken und der Grenze zu Frankreich liegt im Deutschmühlental, auf einem Teil des Schlachtfelds des Deutsch-Französischen Kriegs von 1870/71, der 50 Hektar große Deutsch-Französische Garten, eine große Parkanlage mit Themengärten, Wasserlandschaften und Kleinbahn, geschaffen als Symbol der Versöhnung.

Deutsch-Französischer Garten // Deutschmühlental, 66117 Saarbrücken

// www.saarbruecken.de

12 ENGLISCHER GARTEN IN MÜNCHEN

Er ist so viel mehr als nur die grüne Lunge Münchens: Er verkörpert das Lebensgefühl dieser Stadt. Eine fünf Kilometer lange und einen Kilometer breite Oase für Naturgenießer, Pferdefreunde, Fußball- und Volleyballspieler, Biertrinker, Hundehalter, Schicki-Micki-Menschen, Romantiker, Verliebte, Flirtsuchende, Verlassene, Exhibitionisten, Voyeure, Underground-Freaks, Musiker und ganz einfach nur Spaziergänger.

Ganz links: Er ist der Herrscher über den Bergpark Wilhelmshöhe und das Wahrzeichen der Stadt Kassel: Herkules thront als Kupferstatue seit dem frühen 18. Jahrhundert auf einem Oktagon und lässt das Wasser zu Tal fließen.

Links: Vom Monopteros, einem klassizistisch-griechischen Rundtempel (1836) im Englischen Garten in München, blickt man weit über die Stadt.

Rechts: Ein Naturerlebnis zu jeder Jahreszeit – die Blumeninsel Mainau im Bodensee.

Unten: Fast schon mediterran mutet der Kurpark in Bad Pyrmont an.

Wenn man so will, flaniert man auf einer riesigen Bühne mitten in der Stadt. Sir Benjamin Thompson Graf von Rumford, ein Amerikaner in bayerischen Diensten, gilt als Vater dieses Landschaftsparks, der ab 1789 unter Kurfürst Karl Theodor angelegt wurde und mit dem Rundtempel Monopteros, dem Seehaus am Kleinhesseloher See sowie den Biergärten am Chinesischen Turm und dem alten Jägerwirtshaus Aumeister im Norden markante Treffpunkte bietet.

// www.muenchen.de

13 PARKLANDSCHAFT DER INSEL MAINAU

Eine Insel, ein Garten – das ist die Insel Mainau bei Konstanz im Bodensee. Naturfreunde erfreuen sich hier fast das ganze Jahr über an verschiedenen Blumenschauen sowie unzähligen blühenden Orchideen, Tulpen, Rhododendren, Rosen und Dahlien. Doch das eigentliche Herz der Insel ist das 1864 angelegte Arboretum, eine Pflanzung von 500 verschiedenen zum Teil sehr seltenen Laub- und Nadelbaumarten. Sie behalten ihre Attraktivität auch, wenn die Blumenblüte verschwunden ist, und zusammen mit Wintersträuchern wie Zaubernuss, Schneeball und Winterkirsche bestimmen sie noch spät im Jahr den beschaulichen Charme der Mainau. Ein guter Grund, in der Wintersaison zu kommen, wenn auf der Insel Ruhe einkehrt und man die schönsten Wege fast ganz für sich hat. Während man den ausgedehnten Blick über den Bodensee genießt, tritt der Alltag in den Hintergrund. Richtig romantisch wird es jedoch, wenn die Strahlen der flachen Wintersonne auf dem Wasser glitzern. Spätestens dann entfaltet die Insel ihren besonderen stillen Zauber.

Parklandschaft der Insel Mainau // Insel Mainau 1, 78465 Insel Mainau

// www.mainau.de

#17

Kraftorten und alten Kultstätten werden viele positive Eigenschaften zugeschrieben. Ein Besuch dieser sagenumwobenen Plätze bringt nicht nur neue Energien, sondern lässt einen den Alltag vergessen und in eine längst vergessene Zeit voller Wunder und Magie eintauchen.

Oben: Bei Lancken-Granitz ruht ein Großsteingrab versteckt zwischen Bäumen. Form und Größe der Hünengräber der Insel Rügen sind vielfältig. Noch heute weiß man nicht, wie die massiven Steine an Ort und Stelle gelangt sind, vermutlich kamen Zugpferde zum Einsatz.

Linke Seite: Am sagenumwobenen Untersbergs in Berchtesgaden verschwimmen die Grenzen zwischen Traum und Wirklichkeit.

01 DIE GRÄBER DER HÜNEN AUF RÜGEN

Hünengrab, Hünenbett, Großsteingrab – viele Begriffe für ein Phänomen, das auf Rügen in großer Zahl zu bewundern ist. Mancher hält die Findlinge, mächtige Felsbrocken, die die Eiszeit in der Landschaft liegenlassen hat, auch nur für groß geratene Steine. Dabei handelt es sich um Grabanlagen aus der Mittleren Jungsteinzeit, die also im Zeitraum von 3500 bis 2800 v. Chr. errichtet wurden. Vielerorts sind diese Zeugnisse unserer Ahnen verschwunden, weil das Material und der Platz zum Bauen benötigt wurden. Doch auf der Insel haben viele die Jahre überdauert und können besichtigt werden. Zum Beispiel der Dobberworth, südöstlich von Sagard. Mit zehn Metern Höhe und einem Umfang von knapp 150 Metern ist es das größte Hügelgrab. Gleich sieben Hünengräber befinden sich südwestlich von Lancken-Granitz. Eine Informationstafel auf einem Parkplatz kurz hinter dem Ort stellt die einzelnen Anlagen vor und weist den Weg zu ihnen. Wie einige andere ihrer Art wurden sie erst 1969 entdeckt.

// www.putbus.m-vp.de/
huenengraeber-huegelgraeber-
auf-der-insel-ruegen

02 DOLMEN IM EVERSTORFER FORST BEI GREVESMÜHLEN

Der »Teufelsbackofen« ist ein Dolmen und erzählt eindrucksvoll von der Kultur und dem Weltbild längst vergangener Zeiten. Wer hier innehält, spürt auch heute noch die Kraft der Vergangenheit und die besondere Atmosphäre dieser Kultstätte. Das Großsteingrab wurde von der Trichterbecherkultur vor rund 5000 Jahren errichtet. Die Megalithanlage ist jedoch nicht der einzige Dolmen im Everstorfer Forst: Gleich zwei Gruppen gut erhaltener Großsteingräber können hier besichtigt werden. Darunter auch das Ganggrab von Naschendorf, das aus einem gigantischen Hünenbett mit Maßen von 40 × 10 Metern besteht. Auf einem archäologischen Lehrpfad erhalten Besucher Informationen über die historischen Hintergründe, während sie

HAMBURG

BERLIN

KÖLN

MÜNCHEN

01 RÜGENS HÜNENGRÄBER
02 DOLMEN IM EVERSTORFER FORST
03 BROCKEN IM HARZ
04 WALD »BLUMENTHAL« VOR STRAUSBERG
05 ZITTAUER GEBIRGE
06 MATRONENHEILIGTÜMER
07 HIMMELSWEG VON NEBRA
08 OPFERMOOR IN NIEDERDORLA
09 DONNERSBERG IN DER PFALZ
10 GOLLENSTEIN BEI BLIESKASTEL
11 LORELEY
12 MÄUSETURM BEI BINGEN
13 GRUBE MESSEL
14 MUMMELSEE
15 ALTMÜHLTAL
16 MEDITATIONSWEG AMMERGAUER ALPEN
17 UNTERSBERG BEI BERCHTESGADEN

den Spaziergang durch den behaglichen Everstorfer Forst genießen können.

Dolmen im Everstorfer Forst // Weitere Informationen in der Stadtinformation Grevesmühlen, Rathausplatz 2, 23936 Grevesmühlen
// www.grevesmuehlen.m-vp.de/ bodendenkmaeler-im-everstorfer- forst-mit-suehnestein

03 DER BROCKEN IM HARZ

Zahlreiche Sagen und Mythen ranken sich um den Brocken im Harz. So soll er unter anderem als Tanzplatz und Versammlungsort für Hexen gedient haben. Dies hat ihm auch den Namen »Blocksberg« eingebracht. Doch nicht nur auf Besen reitende Hexen, sondern auch andere Geisterwesen wie z. B. das Brockengespenst sind hier angeblich zu Hause – für alle Freunde des Unerklärlichen ist ein Ausflug auf den Brocken Pflicht. Auch abseits der vielen Legenden rund um den höchsten Berg des Harzes lohnt es sich, mit der historischen Brockenbahn oder bei einer Wanderung den Gipfel zu erklimmen. Aus mehr als 1140 Meter Höhe entfaltet sich vor den Augen der Besucher auf dem eindrucksvollen Gipfelplateau ein Ausblick, der Alltagsstress und -sorgen auf einen Schlag in den Hintergrund treten lässt. Die zahlreichen Wanderwege auf dem und rund um den Brocken ermöglichen Tageswanderungen oder mehrtägige Touren inmitten magischer Landschaftskulisse.

NICHT VERPASSEN!

Auf den Spuren der Hexen // In Ost-West-Richtung durchwandert man die schönsten Regionen des Harzes auf dem 97 Kilometer langen Hexenstieg, der von Thale über den Brocken nach Osterode führt. Es ist möglich, Pauschalangebote »ohne Gepäck« zu buchen.
// www.hexenstieg.de

Links: Ein Hauch Mystik umweht das Großsteingrab »Teufelsbackofen« im Everstofer Forst.

Oben: Mystisch wirkt der Blumenthal-Wald. Kein Wunder, dass sich um ihn zahlreiche Legenden ranken.

Rechts: Der von der Erosion ausgewaschene Kelchstein im Zittauer Gebirge erinnert an die Greisinnen, die hier umherstreifen sollen.

Brocken im Harz // Weitere Informationen beim Harzer Tourismusverband, Marktstraße 45, 38640 Goslar

// www.harzinfo.de

04 DER WALD »BLUMENTHAL« VOR STRAUSBERG

Vor den Toren Strausbergs in der Märkischen Schweiz erstreckt sich ein wunderschöner Wald, der Blumenthal genannt wird. An dieser Stelle soll es früher einmal eine Stadt gegeben haben. Niemand weiß, wann und warum die Ortschaft verschwunden ist. Doch erzählt man sich wundersame Dinge, die sich dort zugetragen haben sollen. So hat ein Schafhirte eines Tages auf einem Eichenstumpf einen Groschen gefunden. Als am nächsten Tag wieder eine Münze an der Stelle lag und am übernächsten wieder, beschloss er, Stillschweigen darüber zu halten. Nach neun Jahren entdeckte seine Frau den Schatz und stellte ihn zur Rede. Um nicht als Spitzbube dazustehen, erzählte er ihr die Geschichte, und schon war der Reichtum dahin. Auch erzählt man von einem Hund, der nie fraß, aber immer, wenn er aus einem Erdloch kroch, wohlgenährt und kugelrund war. Oder von dem wilden Jäger, der dort regelmäßig eine gespenstische Hatz veranstalten soll. Die Musiker der versunkenen Stadt sollen gelegentlich noch aufspielen. Ihre Weisen erklingen aus einem geheimnisvollen Koffer, der auf dem See treibt, aber noch von niemandem geborgen werden konnte.

Stadtverwaltung Strausberg // Hegermühlenstraße 58, 15344 Strausberg

// www.stadt-strausberg.de

05 ZITTAUER GEBIRGE

Es geht die Sage, dass im Landstrich um Zittau kleine, runzlige Greisinnen umherstreifen, die schwere Holzbündel auf dem Rücken oder Reisig in ihren Schürzen tragen; manchmal sieht man sie aber auch strickend oder spinnend am Wegesrand hocken. Das Minigebirge im äußersten Osten Deutschlands an der tschechischen und polnischen Grenze ist zwar keine 800 Meter hoch, mutet aber viel »alpiner« an als weit höhere Mittelgebirge. Mit seiner vielfältigen Struktur ist es ein wertvoller Lebensraum für viele Pflanzen und Tiere. Wanderer finden ein rund 300 Kilometer langes, abwechslungsreiches Wegenetz. Besonders spannend ist der Weg durch die Jonsdorfer Felsenstadt. Ein weiteres »Muss« ist der Aufstieg zu einem der Aussichtsgipfel Lausche, Hochwald oder Töpfer. Kletterer kommen mit über 100 Kletterfelsen aller Schwierigkeitsgrade auf ihre Kosten.

Naturpark Zittauer Gebirge // Tourismuszentrum, Markt 1, 02763 Zittau

// www.zittauer-gebirge.com

06 MATRONENHEILIGTÜMER NETTERSHEIM, NIDEGGEN-ABENDEN, PESCH, ZINGSHEIM

Von alters her schätzten die Menschen diese Kultstätten für ihre mystische Atmosphäre, die den Geist zur Ruhe kommen lässt und neue Zuversicht gibt. Bei Nettersheim im Kreis Euskirchen finden sich gleich mehrere Matronenheiligtümer, die schon in der Römerzeit als Opferstätten genutzt wurden. In den Tempelanlagen verehrten nicht nur Einheimische, sondern auch Reisende die drei Muttergottheiten, die bei Römern wie Germanen und Kelten bekannt waren. Opfergaben an den Weihesteinen sollten für Schutz und Fruchtbarkeit sorgen. Noch heute werden am Tempelheiligtum Zingsheim, am Tempelbezirk Pesch sowie auf der Görresburg immer wieder Obst- und Fruchtgaben niedergelegt, um die Matronen gnädig zu stimmen.

Matronenheiligtum Nettersheim // Weitere Informationen in der Tourist-Info im Naturzentrum Eifel, Urftstraße 2–4, 53947 Nettersheim
// www.naturzentrum-eifel.de

07 HIMMELSWEG VON NEBRA

Tief in die Bronzezeit führt die Erlebnisroute »Himmelswege« zu astrologisch bedeutsamen Plätzen und Fundorten von einzigartigen Relikten altertümlicher Astronomie. Schon unsere Urahnen beschäftigten sich mit den unendlichen Weiten des Universums und versuchten, seine kaum fassbaren Geheimnisse zu ergründen. Wer den Himmelswegen folgt, wird nicht nur mit der Vergangenheit konfrontiert, sondern steht auch vor den uralten, aber immer noch aktuellen Fragen der Menschheit nach dem Sinn des Lebens. Ob beim 7000 Jahre alten Sonnenobservatorium in Goseck, beim Ringheiligtum Pömmelte oder in der Arche Nebra, dem Fundort der berühmten Himmelsscheibe – an allen Stationen kann man in die Geschichte der Sternenkunde eintauchen. Ob man dabei den Geheimnissen des Universums auf die Spur kommen will oder mehr über das längst vergangene Wissen des Altertums erfahren möchte, bleibt dabei jedem selbst überlassen. Wer zugleich noch die malerische Landschaft der Saale-Unstrut-Region erleben will, kann sich aufs Rad schwingen und dem Himmelsscheibenradweg folgen. Dieser verbindet die 73 Kilometer entfernten Fund- und Ausstellungsorte des bedeutsamen Artefakts miteinander und führt durch naturbelassene Auen und wunderschöne Fluss- und Seenlandschaften.

Ganz oben: Der gallorömische Tempelbezirk Görresburg gehört zu den Matronenheiligtümern in der Eifel.

Oben: Die Ausstellungswelt Arche Nebra erklärt die kulturgeschichtliche Bedeutung der Himmelsscheibe

Rechts: Im Abendlicht wirkt der Gollenstein bei Blieskastel besonders magisch.

Himmelswege c/o Arche Nebra – Die Himmelsscheibe erleben // An der Steinklöbe 16, 06642 Nebra   **// www.himmelswege.de**

08 OPFERMOOR IN NIEDERDORLA

Vom geografischen Mittelpunkt Deutschlands aus gesehen, ist es nur ein Katzensprung bis zum Opfermoor in Niederdorla. In dem heiligen Moor wurden alten germanischen Gottheiten Tier- und Menschenopfer dargebracht. Es ist eine Kultstätte mit besonders mystischer und unheimlicher Ausstrahlung. Sie wurde vermutlich bereits im 6. Jahrhundert v. Chr. von den damals hier siedelnden Germanen genutzt und über die Jahrhunderte trotz der Christianisierung der Bevölkerung immer wieder für Kulthandlungen aufgesucht. Rund um das Opfermoor kann man sich in einem Freilichtmuseum in die vergangene Kultur der alten Germanen zurückversetzen und das Museumsdorf besuchen. Hierbei handelt es sich um ein mit viel Liebe zum Detail nachempfundenes germanisches Dorf, in dem sich vieles um die einstige Kult- und Opferstätte dreht.

Opfermoor Niederdorla // Gemeinde Vogtei, Ausstellung »Opfermoor Vogtei«, Schleifweg 11, 99986 Vogtei, OT Niederdorla
// www.opfermoor.de

09 DONNERSBERG IN DER PFALZ

Mit 686,50 Metern ist der Donnersberg das höchste Bergmassiv in der Pfalz und gleichzeitig ein Ort, der voller kraftspendender Energien steckt. Schon die Kelten scheinen dies gewusst zu haben, denn sie errichteten hier eine Großsiedlung, die sie mit einer Ringwallanlage umgaben. Diese lässt sich heute noch besichtigen – am besten entlang des fünf Kilometer langen Keltenwegs, der vorbei an Ausgrabungsstätten führt und sich perfekt für einen Spaziergang eignet. Im Geopark Donnersberg kann man in der Ruhe der Natur auf Wanderwegen Stress und Hektik hinter sich lassen. Denn der bewaldete Donnersberg zeigt nicht nur die spätkeltische Besiedelungshistorie, sondern bietet auch abseits der archäologisch interessanten Relikte Möglichkeiten, um dem Alltag zu entfliehen.

Donnersberg // DTV Donnersberg-Touristik-Verband, Uhlandstraße 2, 67292 Kirchheimbolanden
// www.donnersberg-touristik.de

GUT ZU WISSEN

Eifelblicke // In Nettersheim und Umgebung kann man von drei gut erreichbaren Aussichtspunkten das beeindruckende Eifelpanorama auf sich wirken lassen: Der Enzenberg bei Nettersheim, das Hagelkreuz bei Buir und der Aussichtsturm auf dem Mühlenberg bieten tolle Ausblicke auf die ursprüngliche Eifel-Landschaft.

Observatorium // Von der Saalefähre Leißling führt ein kurzer Spaziergang nach Goseck, wo ein interessantes, steinzeitliches Sonnenobservatorium rekonstruiert wurde. Die Anlage ist frei zugänglich. Es empfiehlt sich jedoch, zuerst das Info-Zentrum im Schloss zu besuchen.
// www.naturpark-saale-unstrut.de

Mystisches im Westerwald // Bei Kirchen-Herkersdorf ragt der Druidenstein steil empor – eine Basaltpyramide, die an längst verschwundene Vulkane aus der Zeit des Tertiär erinnert.

// www.kirchen-sieg.de

---

⑩ GOLLENSTEIN BEI BLIESKASTEL

Manche Orte geben uns Menschen noch heute unerklärbare Rätsel auf. Dazu gehört auch der Gollenstein bei Blieskastel. Bei diesem mehr als sechs Meter hohen Sandstein handelt es sich um ein von Menschenhand errichtetes Kulturdenkmal, dessen Sinn und Zweck bis heute nicht komplett entschlüsselt wurde. Fest steht nur, dass der Gollenstein vermutlich bereits vor rund 4000 Jahren errichtet wurde und aller Wahrscheinlichkeit nach für religiöse bzw. rituelle Zwecke genutzt wurde. Heute ist der gesamte Ort um die Kultstätte von einer ergreifenden Atmosphäre erfüllt. Besonders stimmungsvoll ist eine Besichtigung bei Nacht, wenn der Gollenstein mystisch beleuchtet in den Sternenhimmel ragt. Ihm wird nachgesagt, die Kräfte und Energien zu bündeln und zu zentrieren. Sei es seine schiere Größe oder seine beeindruckende Umgebung, dieser Stein hat eine magische Anziehungskraft.

Gollenstein bei Blieskastel // Tourist-Info Blieskastel, Rathaus III, Luitpoldplatz 5, 66440 Blieskastel

**// www.blieskastel.de/kultur-tourismus/
sehenswertes/der-gollenstein**

⑪ LORELEY

»Ich weiß nicht, was soll es bedeuten«, dichtete Heinrich Heine über die Loreley. Die Frage wurde in der sehnsuchtsvollen Tiefe des deutschen Herzens geboren, dort, wo es so romantisch rumort. Die steile Schlucht an der Rheinenge bei St. Goarshausen, wo die schwarzen Schieferfelsen steil aufragen und das Echo scheinbar niemals verhallt, ist ein unheimlicher Ort. Hier, so heißt es, sei die Loreley in den Felsen gebannt. Die schöne Nixe erscheint manchmal den Schiffern, wie sie hoch über dem Rhein sitzt und ihr goldenes Haar kämmt. Dazu singt sie ein liebliches Lied, das die Männer auf dem Fluss verzaubert, sodass sie nicht mehr auf Stromschnellen und Wasserwirbel achten und in den Fluten des Rheins ihren Tod finden. Die Sage von den Rheinschiffern, die hier ins Verderben gelockt wurden, hat einen realen Hintergrund: die gefährlichen Stromschnellen. Die Ausstellung im Besucherzentrum informiert über die Geschichte der Rheinlandschaft und des Weinbaus und gibt Einblicke in Flora und Fauna. Wissenswertes über die Rheinschifffahrt und die Sagengestalt der Loreley runden das Bild ab.

Besucherzentrum Loreley // Loreley 7, 56348 Bornich

// www.loreley-besucherzentrum.de

NICHT VERPASSEN!

Wallfahrtskloster Blieskastel // Direkt am Jakobsweg gelegen, ermöglicht das Wallfahrtskloster in Blieskastel für Besucher stille Momente der Einkehr. In der Pilgerherberge kann man sich nicht nur kulinarisch stärken, sie bietet auch Übernachtungsmöglichkeiten in ehemaligen Mönchszellen als ausgesprochen eindrucksvolle Rückzugsorte.

⑫ MÄUSETURM BEI BINGEN

Auf einer winzigen Felsinsel im Rheinstrom steht der ehemalige Wachturm aus dem 13. Jahrhundert. Der Name Mäuseturm leitet sich nicht von der Legende um den Bischof Hatto ab, sondern von der Maut, die hier erhoben wurde. Schon in römischer Zeit gab es am heutigen Standort des Turms eine kleine Befestigungsanlage zum Schutz vor den Germanen. Berühmt wurde der Turm jedoch durch die Legende um den

Unten: Die Grube Messel gilt als eine der bedeutendsten Fossilienfundstätten der Erde. In dem Explosionstrichter eines Maars wurden aufgrund von Sauerstoffabschluss und Sedimentation rund 50 Millionen Jahre alte Fossilien konserviert, darunter auch die eines Urpferdchens.

Zahlreiche Märchen und Legenden ranken sich um den Rhein und seine Felsen und Burgen. Am bekanntesten dürfte die Geschichte der Loreley sein (unten: Loreleystatue gegenüber dem Loreley-felsen). Aber auch der Binger Mäuseturm hat seine eigene Sage zu berichten (ganz unten).

Tod des Bischofs Hatto II. Dieser hatte sich während einer Hungersnot vor einem Heer von Mäusen auf die im Jahr 968 errichtete kleine Wasserburg retten wollen. Die Nager schwammen hinter ihm her und überfielen ihn trotzdem. Der Turm wurde von den Mainzer Erzbischöfen errichtet und im 14. Jahrhundert ausgebaut. Ab 1298 diente er in Verbindung mit Burg Ehrenfels als Zollturm für die Rheinschiffe. Schon seit dem Altertum fand über das Mittelrheintal ein reger Austausch zwischen der Mittelmeerregion und Nordeuropa statt.

Touristinformation Bingen // Rheinkai 21, 55411 Bingen am Rhein

// www.bingen.de

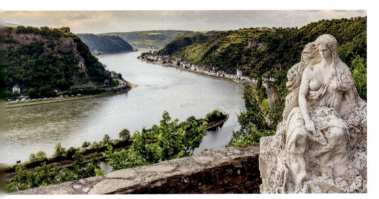

⑬ GRUBE MESSEL

Die Grube Messel bei Darmstadt entstand vor 47 Millionen Jahren durch eine gewaltige Explosion. Es bildete sich ein 300 bis 400 Meter tiefer Magmakrater, der sich anschließend mit Wasser füllte. Seine tiefen sauerstoffarmen Wasserschichten waren die Voraussetzung dafür, dass tote Tiere und abgestorbene Pflanzen gut erhalten blieben und sich in einer 130 Meter dicken Schicht als Sediment ablagerten. Die Grube Messel ist eine der bemerkenswertesten Fossilien-Fundstätten weltweit. Insekten, Urpferde, Vögel, Amphibien – die gesamte Tierwelt des Eozäns, der Zeit zwischen 57 und 36 Millionen Jahre vor Christus, ist im Ölschiefer der Grube konserviert. Daneben fanden sich Pflanzen in nie vermuteter Vielfalt, aus denen sich Rückschlüsse auf die damals vorherrschenden klimatischen Bedingungen ziehen lassen. Seit 1995 ist die Grube Teil des UNESCO-Welterbes.

Grube Messel // Roßdörfer Straße 108, 64409 Messel

// www.grube-messel.de

⑭ MUMMELSEE

Im Schwarzwald liegt der Mummelsee, der seit Urzeiten von Wassernixen bewohnt wird. Diese sind von ausgesprochener Schönheit und werden vom Volksmund »Mümmlein« genannt. Eingegraben in den

Südhang der Hornisgrinde und umsäumt von einem Heer stolzer Nadelbäume, die das Ufer des Sees nur an einer Stelle aussparen und als flachen Einstieg zugänglich machen, präsentiert sich eine der urigsten Naturlandschaften des Schwarzwalds. Der Mummelsee ist der größte (37 000 Quadratmeter) und tiefste (18 Meter) der sieben Karseen der Region. Eine Mummelsee-Runde mit dem Tretboot ist ein riesiger Spaß für die ganze Familie. Dabei lässt sich vom Wasser aus die wunderbare Landschaft bewundern. Der Bootsverleih hat in den Sommermonaten täglich zwischen 10 und 18 Uhr geöffnet. Und wer weiß, vielleicht begegnet einem ja das »Mümmlein«.

// **www.mummelsee.de**

Links: Eine Nixenskulptur am Mummelsee erinnert an dessen seebewohnende Einwohner.

⑮ ENTSCHLEUNIGEN IM ALTMÜHLTAL

Die Altmühl kann einen ganz besonderen Superlativ beanspruchen: Sie ist der langsamste Fluss Bayerns. Und das ist ein großes Glück. Denn das allzu oft inflationär gebrauchte Wort von der Entschleunigung trifft hier voll und ganz zu. An diesem Fluss, der in aller Gemütsruhe durch sein Tal mäandert, sich hier ein wenig aufhält und dort ein bisschen trödelt, streift man alle Hektik und Nervosität des modernen Lebens ab. Schon die Kelten und dann die Römer haben hier ihre Spuren hinterlassen. Wer Lust hat, kann noch weiter in der Historie zurückreisen. Zahlreiche Fossilienfunde berichten von der geologischen Veränderung, die das Altmühltal hinter sich hat. In so manchem Steinbruch darf man selbst nach Fossilien graben. Vor 150 Millionen Jahren lag das heutige Altmühltal am Rand des Jurameers. Im Kalkschlamm wurden tote Tiere und abgestorbene Pflanzen luftdicht eingeschlossen – und versteinerten. So haben sich in den Solnhofer Kalkschieferbrüchen bis heute Lebensformen der Jurazeit als Fossilien erhalten.   Zwischen Eßlingen und Solnhofen liegt das Geotop der Zwölf Apostel in einem Naturschutzgebiet. Es gehört zu den markantesten Steinformationen des Naturparks. Der knapp sechs Kilometer lange Rundweg »Teufel trifft Apostel« führt dorthin und auf der gegenüberliegenden Seite des Tals über die Teufelskanzel zurück. Los geht es am Bahnhofsplatz.

Naturpark Altmühltal // Informationszentrum, Notre Dame 1, 85072 Eichstätt

// **www.naturpark-altmuehltal.de**

NICHT VERPASSEN!

Archäologiepark // Lust auf eine spannende Zeitreise zu den Neandertalern, Mammuts und Kelten? Die 18 Stationen mit vielen interessanten Informationen rund um das Leben unserer Vorfahren liegen gut erreichbar am Altmühltal-Radweg und sind das ganze Jahr über kostenfrei zugänglich. Abwechslungsreiche Veranstaltungen für Jung und Alt runden das Programm ab.

// **www.dietfurt.de/ archaeologiepark-altmuehltal**

Museum Solnhofen // Zahlreiche versteinerte Tiere und Pflanzen aus der Jurazeit zeigt das Museum im Rathaus. Höhepunkte sind ein Original des Urvogels Archaeopteryx und anderer Flugsaurier. In der Fossilschau mit Fischsauriern wird eine zu Stein gewordene Meereslandschaft sichtbar.

// **www.museum-solnhofen.de**

16 MEDITATIONSWEG AMMERGAUER ALPEN IM BLAUEN LAND

Der Meditationsweg hat eine Länge von 105,6 Kilometer, die in sechs Etappen für durchschnittlich sportliche Menschen gut zu schaffen sind. Auf dem Weg von Bad Kohlgrub bis ins Ettal informieren und inspirieren zwölf hölzerne Stelen über Landschaft und Kultur und geben dem Wanderer Fragen mit auf den Weg. Von Bad Kohlgrub führt der Weg zum Ähndl, einer kleinen Kirche in Ramsach, und weiter zur Lourdesgrotte. Von dort ist das Tagesziel, das Kultur- und Tagungszentrum in Murnau, nicht mehr weit. Die zweite Etappe beginnt und endet hier und schließt zwei Schifffahrten ein. Von Murnau verläuft der Weg auf der dritten Etappe in weiten Teilen am Riegsee entlang. Ab Aidling geht es am Ufer des Riegsees entlang nach Hagen. Über Mühlhagen und Achrain wandert man nach Weichs und weiter bis zu vier alten Linden, in deren Mitte die »Teufelssäule« steht. Der Weg von Ohlstadt bis nach Eschenlohe schließt einen Blick auf die Mariengrotte und die Boschetkapelle ein. Das beeindruckendste Wegstück dieser Wanderung verläuft durch die Asamklamm bis nach Eschenlohe. Hinter Eschenlohe taucht der Weg in den Wald ein und verläuft durch das Katzental bis nach Oberau. Folgt man dann den Hinweisen zur »Alten Ettaler Straße«, gelangt man zur Stele 12, auf der die bis ins 13. Jahrhundert zurückreichende Geschichte des Weges nachzulesen ist. Kurz darauf ist Ettal, das Ziel des Meditationsweges, erreicht.

Unten: An dieser malerischen Baumallee in der Nähe von Uffing führt der Meditationsweg entlang – ideal, um Kraft zu tanken.

Informationen zu Strecke und Stelen gibt es auf
// **www.brennendes-herz.de**

17 UNTERSBERG IN BERCHTESGADEN

Der Untersberg gilt als einer der sagenreichsten Berge Deutschlands und bietet unzählige Möglichkeiten, um in der Natur zu sich selbst zu finden und in mystische Welten einzutauchen. Neben Mythen, die sich um Karl den Großen, Friedrich Barbarossa oder die berühmten »Untersberg Mandln« ranken, sollen am Untersberg auch Zeit-Anomalien und Begegnungen mit Zeitreisenden geschehen sein. Wer den sagenumwobenen Berg auf eigene Faust erkunden möchte, hat viele Möglichkeiten. Gemütliche Wanderwege führen durch die Almbachklamm, ein eindrucksvolles Naturerlebnis der besonderen Art.

Untersberg Berchtesgaden // Tourist-Info Berchtesgaden-Königssee, Königsseer Straße 2, 83471 Berchtesgaden

// **www.berchtesgaden.de/ berge-gipfel/untersberg**

NICHT VERPASSEN!

Schellenberger Eishöhle // Im Untersberg liegt eine verborgene Feenwelt: die einzige erschlossene Eishöhle Deutschlands. Im Schein altmodischer Karbidlampen bekommen Besucher auf einer 45-minütigen Tour glitzernde Tropfsteine, gefrorene Wasserfälle, geheimnisvolle Eisgrotten und zu verschiedenfarbigen Schichten gepresste »Jahresbänder« zu bestaunen. Allerdings ist es nicht leicht, zur Höhle zu gelangen. Entweder nimmt man einen etwa dreistündigen Fußmarsch vom Besucherparkplatz nördlich von Marktschellenberg auf sich oder fährt von St. Leonhard in Österreich mit der Untersbergbahn auf das Geiereck, von dem man die Eishöhle in etwa 1,5 Stunden erreicht.

// **www.eishoehle.net**

ZEITZEUGEN AUS STEIN
BURGEN UND SCHLÖSSER

#18

Der Hektik des Alltags entkommen und in eine andere Welt eintauchen – auf Burgen und Schlössern erlebt man ganz unmittelbar eine längst vergangene Zeit. Sie erwacht zum Leben, wenn man die Räume im Rahmen einer Führung durchstreift und dabei den Geschichten über die früheren Bewohner lauscht.

01 WARTBURG

Jeder Stein atmet auf der Wartburg Geschichte. Die fast 1000-jährige Burg, die sich majestätisch aus den bewaldeten Hügeln über Eisenach erhebt, zählt seit 1999 zum UNESCO-Weltkulturerbe und ist wie kein anderes Gebäude eng mit der deutschen Geschichte verbunden. Sie war Zuflucht für den geächteten Martin Luther, der dort die Bibel ins Deutsche übersetzte. Ob in der schlichten Lutherstube, dem prächtigen Festsaal oder beim ausschweifenden Blick über den umliegenden Thüringer Wald, hier lässt es sich gut innehalten und der besonderen Aura der Burg sowie dem Geist der Geschichte nachspüren. Wer es einrichten kann, sollte ein Konzert im Konzertsaal besuchen, der mit einer traumhaften Akustik ein stimmungsvolles Erlebnis garantiert.

Wartburg // Wartburg-Stiftung,
Auf der Wartburg 1, 99817 Eisenach
// www.wartburg.de

Oben: Die Wartburg über dem thüringischen Eisenach ist nicht nur hinsichtlich Lage und Architektur der Inbegriff einer Burg, sondern wie kaum ein anderer Wehrbau auch ein herausragendes Symbol deutscher Geschichte.

Linke Seite: Zauberhaft liegt Schloss Lichtenstein 817 Meter über dem Meeresspiegel. Es wurde im Stil des Historismus erbaut und wird als »Märchenschloss Württembergs« bezeichnet.

NICHT VERPASSEN!

In der Drachenschlucht // Unterhalb der Wartburg hat das Wasser im Laufe von Millionen von Jahren eine rund zehn Meter tiefe Schlucht gegraben, deren ganz eigene Welt auf Stegen sicher durchwandert werden kann. Die Klamm ist die bedeutendste geologische Sehenswürdigkeit der Region und ein fast unwirklich wirkender Ort.

**// www.thueringen.info/
drachenschlucht.html**

01 **WARTBURG**
02 **ELBHANGSCHLÖSSER**
03 **ALBRECHTSBURG IN MEISSEN**
04 **MÜNSTERLÄNDER SCHLÖSSERPRACHT**
05 **SCHLOSS BURG AN DER WUPPER IN SOLINGEN**
06 **REICHSBURG COCHEM**
07 **BURGENWELT AM MITTELRHEIN**
08 **BURG ELTZ**
09 **BURG RUNKEL**
10 **BURG HOHENZOLLERN**
11 **SCHLOSS LICHTENSTEIN**
12 **SCHLOSS MESPELBRUNN**
13 **COBURG**
14 **SCHLOSS HOHENSCHWANGAU**
15 **BURGHAUSEN**

Ganz oben: Vom linken Elbufer oder vom Schiff aus lässt sich das stattliche, einer römischen Villa der Renaissancezeit nachempfundene Schloss Albrechtsberg in seiner ganzen Pracht erfassen. Oben und links: Ein absolutes Muss in Meißen ist der Besuch der Albrechtsburg, in der sich ursprünglich die 1710 gegründete Porzellanmanufaktur befunden hat.

Rechts: Die in Drenstein-furt gelegene Wasserburg Haus Borg fügr sich idyllisch in eine weitäufige Parklandschaft ein. Die verschiedenen Bauteile und Trakte stammen aus Renaissance, Barock und Klassizismus. Im Inneren sind Stuckdekorationen von Antonio Rizzo aus dem frühen 18. Jahrhundert sowie eine Sammlung barocker Möbel zu besichtigen.

02 ELBHANGSCHLÖSSER

Der Anblick ist märchenhaft: Am Loschwitzer Elbhang stehen hoch über dem Fluss und eingerahmt von Parks und Weinbergen drei Schlösser. Mitte des 19. Jahrhunderts entwarf Adolph Lohse, ein Schüler Karl Friedrich Schinkels, das Schloss Albrechtsberg für Prinz Albrecht von Preußen und die benachbarte Villa Stockhausen für den Kammerherren des Prinzen. Letztere ging später in den Besitz des Odol-Fabrikanten Karl August Lingner über und wurde so zum Lingnerschloss. Das bis 1861 für den Großkaufmann Johann Daniel Souchay errichtete Schloss Eckberg beherbergt ein Luxushotel.

// **www.schloss-albrechtsberg.de**
// **www.schloss-eckberg.de**
// **www.lingnerschloss.de**

03 ALBRECHTSBURG IN MEISSEN

Die spätgotische Albrechtsburg gilt als der erste Schlossbau der deutschen Baugeschichte. Die Wettiner Brüder Ernst und Albrecht, welche die Markgrafschaft Meißen gemeinsam regierten, beauftragten 1470 den Baumeister Arnold von Westfalen mit der Planung eines Herrschaftssitzes für eine doppelte Hofhaltung. Nach der späteren Teilung des Landes durch die beiden Fürsten verlor die Residenz ihre Bedeutung. Von 1710 bis 1863 war hier die Porzellan-Manufaktur untergebracht, nach deren Auszug wurde die Burg restauriert und ab 1875 mit Historienbildern

ausgemalt. Seit 1881 ist die Albrechtsburg als Museum der Öffentlichkeit zugänglich. Es bietet neben einer Kunst- und Porzellansammlung erlesene Beispiele höfischer Architektur der Spätgotik.

Albrechtsburg Meißen // Domplatz 1,
01662 Meißen
// **www.albrechtsburg-meissen.de**

04 MÜNSTERLÄNDER SCHLÖSSERPRACHT

Das Münsterland ist reich an Burgen und Schlössern, die Bandbreite reicht von der mittelalterlichen Burganlage bis zum französisch inspirierten Schloss. Eines ist ihnen allen gemeinsam: Sie sind von Wasser umgeben. Da das Münsterland mit Bergen spart, mussten die adligen Herren als Schutz für ihre Burgen eben Wassergräben anlegen. Schloss Nordkirchen, dem »westfälischen Versailles«, kommt keine hiesige Anlage an Größe und Weitläufigkeit gleich. Im Jahr 1694 erwarb der Fürstbischof von Münster die damals noch bescheidene Wasserburg und beschloss, sie zum repräsentativen Schloss auszubauen. Natürlich nahm er sich den Sonnenkönig Ludwig XIV. zum Vorbild. Hofarchitekt Pictorius lieferte die Pläne, wobei er sich an französischen Schlössern orientierte. Herausgekommen ist eine prächtige barocke Schlossanlage. Und auch der Schlossgarten kann sich sehen lassen.

Münsterland e. V. // Airportallee 1, 48268 Greven
// **www.muensterland.com**

Bilder von oben: Schloss Burg präsentiert mit seinem Museumsbetrieb die größte rekonstruierte Burganlage Nordrhein- Westfalens. Am Rhein thront Burg Stahleck hoch über Bacharach und an der Mosel die imposante Reichsburg Cochem.

05 SCHLOSS BURG AN DER WUPPER IN SOLINGEN

Wie lebte es sich wohl auf einer mittelalterlichen Ritterburg? Auf Schloss Burg, Deutschlands größter rekonstruierter Burganlage und Wahrzeichen des Bergischen Lands, erhält man einen lebendigen Einblick in das höfische Leben von damals. Vor allem während der Mittelalter-, Oster- oder Adventsmärkte finden sich die »Georgs-Ritter« und die »Wahre Bergische Ritterschaft« auf der Burg ein und bringen mit ihren Ritterspielen Mittelalter-Feeling pur in die alten Gemäuer. Die Höhenburg, die ab dem 12. Jahrhundert Stammburg der Grafen von Berg war, wurde während des Dreißigjährigen Krieges stark zerstört. Burgtore und Mauern, der Bergfried und die Kirche, aber auch Ställe und Wirtschaftsgebäude wurden dem Erdboden gleichgemacht. Dass die Burg heute wieder steht, ist der Gründung eines Vereins zu verdanken, der ab 1887 den Wiederaufbau vorantrieb. Heute ist sie kultureller Anziehungspunkt der Region und beherbergt zudem das Bergische Museum, in dem man sich über das Leben im Mittelalter informieren kann.

Schloss Burg an der Wupper // Schlossplatz 2, 42659 Solingen

// www.schlossburg.de

06 REICHSBURG COCHEM

Mit ihren verspielten Türmchen und Erkern thront die Reichsburg hoch über der Mosel und der Stadt Cochem. Die Ruine wurde im 19. Jahrhundert im neugotischen Stil wiederaufgebaut, Teile der alten romanischen und gotischen Bausubstanz wurden dabei in den »Neubau« miteinbezogen. Bei einer Burgführung durch die eindrucksvollen Innenräume wie Kemenate, Jagdzimmer oder Rittersaal verliert die Gegenwart schnell an Bedeutung und man begibt sich auf eine spannende Zeitreise. Jeden Freitag und Samstag ist auf der Burg Speisen nach Art der Ritter möglich. Bei einem rustikalen Mahl erfährt man ganz unmittelbar, wie es wohl damals zugegangen sein muss. Ein Erlebnis sind auch Veranstaltungen wie das Burgfest und die Burgweihnacht, bei denen sich Besucher in die Welt des Mittelalters mit seinen Handwerkskünsten und Bräuchen zurückversetzt fühlen.

Reichsburg Cochem // Schlossstraße 36, 56812 Cochem

// www.reichsburg-cochem.de

Rechts: Die Marksburg, die einzige unzerstörte Höhenburg am Rhein, thront in prächtiger Aussichtslage auf einem steil abfallenden Felskegel. Heute ist die Burg aus dem 13. Jahrhundert als Museum zugänglich.

Unten: Burg Pfalzgrafenstein, die auf einem Felsen im Rhein vor Kaub von König Ludwig dem Bayern 1326 zur Sicherung des Rheinzolls errichtete Burg, ist eines der schönsten Fotomotive des Mittelrheins.

einzige Höhenburg der Region, die im Lauf ihrer Geschichte niemals zerstört wurde. Die größte Anlage ist die Festung Rheinfels bei St. Goar, die im Stil der Renaissance und des Barocks zu militärischen Zwecken ausgebaut wurde. Weitere namhafte Burgen sind Ehrenfels bei Kaub, die Burgen Rheinstein bei Bingen und Stahleck bei Bacharach und die Burgen Katz und Maus. Die letzteren Burgen mit ihren originellen Namen wurden beide im 14. Jahrhundert erbaut.

Romantischer Rhein Tourismus // An der Königsbach 8, 56075 Koblenz
// www.romantischer-rhein.de

07 BURGENWELT AM MITTELRHEIN

Die Burgen im Mittelrheintal sind das i-Tüpfelchen dieser Flusslandschaft. Nicht weniger als 40 mittelalterliche Bauten und Ruinen säumen den 70 Kilometer langen Abschnitt des Durchbruchstals zwischen Bingen und Koblenz als Höhen-, Hang- und Niederungsburgen. Oft repräsentieren sie nicht mehr den Originalzustand: Im 19. Jahrhundert wurden sie im Zuge der aufkommenden »Rheinromantik« vielfach um- und ausgebaut. Im Mittelalter, als die Handelsschifffahrt auf dem Rhein eine Blüte erlebte, dienten sie vor allem der Sicherung von Zöllen, so etwa die Pfalz bei Kaub, eine 1326 errichtete Zollburg auf dem Pfalzgrafenstein im Rhein. Die am besten erhaltene Höhenburg ist die Marksburg über Braubach mit idyllischer Gartenanlage und Blick über das Tal. Sie ist die

NICHT VERPASSEN!

Burg Greifenstein // Die Burg liegt 441 Meter hoch und ist schon von Weitem sichtbar. Unverwechselbar sind ihre unterschiedlich gestalteten Doppeltürme. Von der großen Wehranlage, die erstmals 1160 erwähnt wurde, hat man einen weiten Blick über das Dilltal und die Gemeinde, der sie ihren Namen gab. Die ehemalige Residenz der Grafen zu Solms-Greifenstein beherbergt heute ein Museum und ein Restaurant.
// www.burg-greifenstein.de

08 BURG ELTZ

Mächtig erheben sich ihre Türme und Mauern über der Mosel. Stolz steht die Burg Eltz inmitten eines verschneiten Waldes. Sie hat allen Grund dazu: Seit dem 12. Jahrhundert thront sie auf ihrem steilen Felsen und gehört zu den bekanntesten Burgen Deutschlands. Im 19. Jahrhundert wurde sie aufwendig restauriert. Heute steht sie Besuchern offen, die durch 800 Jahre Geschichte spazieren können. Ambitionierte Wanderer nähern sich der Burg über den Wanderweg »Eltzer Burgpanorama«, der zu jeder Jahreszeit märchenhafte Aussichten verspricht.

Burg Eltz // Burg Eltz 1, 56294 Wierschem

// www.burg-eltz.de

09 BURG RUNKEL

Zwischen Westerwald und Taunus liegt das beschauliche Städtchen Runkel an der Lahn. Markant ragen die beiden rechteckigen Türme der Burg aus der ansonsten fast verwunschen erscheinenden Silhouette, die das Zentrum der Stadt beiderseits der Lahn umreißt. Die Ufer sind verbunden durch eine Brücke von 1448, die zu den wenigen historischen Brücken über die Lahn gehören, die noch in ihrem ursprünglichen Zustand erhalten sind. Die Oberburg der 1159 erstmals erwähnten Burg Runkel ist seit dem Dreißigjährigen Krieg eine Ruine. Die wiedererrichtete Unterburg kann vom Ahnensaal bis zur Folterkammer besichtigt werden. Vom Turm aus fällt der Blick auf das gegenüberliegende Ufer mit Burg Schadeck, die nach einem Familienstreit der Herren von Runkel gebaut wurde.

Burgverwaltung Runkel // Schloßplatz 2, 65594 Runkel

// www.burg-runkel.de

10 BURG HOHENZOLLERN

Die Stammburg der Hohenzollern wirkt wie dem Mittelalter entsprungen. Weit gefehlt – die Anlage am Nordhang der Schwäbischen Alb bei Hechingen ist ein Werk der deutschen Romantik. Der Preußenkönig Friedrich Wilhelm IV., damals Chef des Hauses Hohenzollern, ab 1849 auch für den verarmten katholischen Zweig Sigmaringen, ließ die Anlage 1850–1867 in neugotischem Stil errichten, wie er auch den Kölner Dom, ein Meisterwerk gotischen Kirchenbaus, vollenden ließ. Die Burg Hohenzollern, wie sie sich heute dem Besucher mit ihren Türmen und Befestigungsbauten darbietet, ist bereits die dritte auf dem Bergkegel. Ältester Teil der aus Ruinen der zweiten Burg wiedererstandenen Anlage ist die Michaelskapelle aus dem 15. Jahrhundert. Die Schatzkammer zeigt Preziosen und Gedenkstücke der Preußenhoheiten. Säle und Salons strahlen prunkvollen Historismus aus.

// www.burg-hohenzollern.com

⓫ SCHLOSS LICHTENSTEIN

Man spricht oft auch vom württembergischen Märchenschloss, und seine Existenz ist tatsächlich einer literarischen Fantasie zu verdanken. Zwar gab es auf dem 817 Meter hohen Berg schon seit 1390 eine Burg, die aber nach dem Dreißigjährigen Krieg verfallen war. Herzog Wilhelm von Urach las den 1842 erschienenen Roman »Lichtenstein« von Wilhelm Hauff und war von dem Buch so beeindruckt, dass er die Ruine als eine romantische Ritterburg wiederauferstehen ließ. Auch die prachtvolle neugotische Innenausstattung entspricht den Vorstellungen, die man allgemein im 19. Jahrhundert von ritterlicher Hofhaltung hatte. Heute ist das Schloss in Privatbesitz von Wilhelm Albert von Urach, die einstigen Wohnräume von Herzog Wilhelm können im Rahmen von Führungen besichtigt werden.

Schloss Lichtenstein // Schloß Lichtenstein 1, 72805 Lichtenstein

// www.schloss-lichtenstein.de

NICHT VERPASSEN!

Burg Hauneck // Die Burg im Tal der Haune entstand wahrscheinlich im 14. Jahrhundert. Sie befindet sich auf der Kuppe des Stoppelsbergs. Von der Burganlage sind heute noch Teile der Ringmauer mit Torbögen und des Bergfrieds erhalten. Auch Überreste des Palas, von einem Saalbau sowie des Küchentraktes sind zu sehen. Die Burgruine ist ganzjährig frei zugänglich.

Meersburg // Angeblich ist sie die älteste bewohnte Burg Deutschlands. Ob dem so ist, lässt sich nicht mit Sicherheit feststellen, beeindruckend ist das altehrwürdige Gemäuer, das 1137 erstmalig urkundlich erwähnt wurde, aber allemal. Zu besichtigen sind auch die Biedermeier-Wohnräume von Annette von Droste-Hülshoff.

// www.burg-meersburg.de

12 SCHLOSS MESPELBRUNN

Die »Perle des Spessart«, wie Schloss Mespelbrunn auch genannt wird, geht auf den kurfürstlich-mainzischen Forstmeister Hamann Echter zurück, der den »Platz am Espelborn« als Geschenk von seiner Herrschaft erhalten hatte und hier 1412 ein Wohnhaus errichten ließ. Von 1551 bis 1569 ließen Peter Echter und seine Frau Gertraud von Adelsheim den Bau zum repräsentativen Stammschloss der Familie Echter umbauen, 1665 gelangte es schließlich in den Besitz der Grafen von Ingelheim. Bis heute bewohnen die Angehörigen dieser Familie das Schloss, welches durch seine abgelegene Lage von den Kriegen verschont geblieben ist und deshalb auch heute noch sein malerisches Erscheinungsbild hat.

// www.schloss-mespelbrunn.de

13 COBURG

Zwei sprichwörtlich herausragende Monumentalbauten bietet Coburg. Die Veste Coburg, auch als »Frankens Krone« bekannt, geht auf das Jahr 1225 zurück und wurde dank einer immer weiter ausgebauten Verteidigungsanlage in ihrer gesamten Geschichte niemals erobert. Die Herzöge von Sachsen-Coburg begannen im 19. Jahrhundert damit, auf der Burg eine bedeutende Kunstsammlung einzurichten, wozu Gemälde altdeutscher Meister wie Cranach und Dürer ebenso gehören wie Kupferstiche oder kostbare venezianische Gläser. Die Stadtresidenz der Herzöge, Schloss Ehrenburg, wurde nach einem Brand 1690 errichtet, bei dem der Vorgängerbau fast völlig zerstört wurde. Das Schmuckstück der Residenz ist der

über der Kirche gelegene Riesensaal. Namensgebend sind die 28 riesig wirkenden Atlas-Figuren, die je mit einem Arm die Decke des Hauptsaals tragen.

Touristinformation Coburg // Herrngasse 4, 96450 Coburg

// www.coburg-tourist.de

14 SCHLOSS HOHENSCHWANGAU

Aus Burg Schwanstein wurde im 19. Jahrhundert Schloss Hohenschwangau. Die reizvolle Lage zwischen Schwan- und Alpsee und ihre Architektur gefielen dem späteren bayerischen König, Maximilian II., so gut, dass er das Schloss nach einem umfassenden Umbau zu seiner Sommerresidenz erkor. Eine Füh-

NICHT VERPASSEN!

Burg Waischenfeld // Ein Besuch der um 1100 erbauten Burg in der Fränkischen Schweiz ist ein toller Ausflug, gerade für Familien. Man kann sich dort im Schwertkampf oder Axtwerfen probieren oder in der Schenke ein Rittermahl genießen. Im Burghof und um die Burg herum wartet ein Märchenpfad mit Fragen, die von den kleinen Besuchern beantwortet werden sollen. Dafür gibt es anschließend eine Belohnung.

// www.burg-waischenfeld.de

Raubritterwesen in Stein an der Traun // Um auf den Spuren des sagenumwobenen Raubritters Heinz von Stein aus dem frühen 13. Jahrhundert zu wandeln, lohnt sich ein Besuch in der Höhlenburg, die ihre besondere Bedeutung durch ihren einzigartigen Erhaltungszustand rechtfertigt. Besonders eindrücklich sind Nachtführungen bei Kerzen- und Taschenlampenschein.

// www.steiner-burg.de

Links: Kein Wirtshaus, sondern ein Wasserschloss darf als beliebtestes Fotomotiv des Spessarts gelten: das idyllisch gelegene »Märchenschloss« Mespelbrunn, dessen heutige Gestalt auf das 16. Jahrhundert zurückgeht. Innen sehenswert sind der architektonisch interessante Rittersaal und der Gobelinsaal mit dem Wappen des Würzburger Fürstbischofs Julius Echter.

Unten: Coburg wird überragt von der Veste Coburg (12., 15. und 16. Jahrhundert).

Ganz unten: Größte Burg der Welt: Rund einen Kilometer lang ist die Anlage von Burghausen (13.–15. Jahrhundert).

rung durch das weiträumige Schloss nimmt einen mit in den Alltag seiner früheren Bewohner. Der Heldensaal mit seinen prächtigen Wandgemälden, auf denen nordische Sagen zu sehen sind, das Orientzimmer im maurischen Stil und das Tassozimmer mit dem leuchtenden Sternenhimmel wirken so, als hätten die Hausherren nur kurz den Raum verlassen. Auf historischen Spuren wandelt man auch im Schwanseepark unterhalb des Schlosses, denn viele der Wege wurden bereits vor 160 Jahren angelegt.

Schloss Hohenschwangau // Ticket-Center Hohenschwangau, Alpseestraße 12, 87645 Hohenschwangau

// **www.hohenschwangau.de**

⑮ BURGHAUSEN

Der Superlativ, mit dem die Stadt an der Salzach aufwarten kann, ist weithin sichtbar: Auf einem nach drei Seiten steil abfallenden Bergrücken über der Altstadt erstreckt sich die mit über einem Kilometer Ausdehnung längste Burg der Welt. Die Stadt, die die meiste Zeit ihrer Geschichte im Besitz der Herzöge von Bayern war, diente diesen dazu, den Zoll auf die Salzlieferungen aus Hallein einzukassieren. Seine Glanzzeit, die das Stadtbild bis heute prägt, erlebte Burghausen im 15. Jahrhundert. Die nie eroberte Burg kann frei oder im Rahmen von Führungen besichtigt werden und bietet mit ihren sechs Höfen ein schönes Anschauungsbeispiel für die Aufteilung zwischen Repräsentativ-, Wirtschafts- und Verteidigungsbauten auf einer spätmittelalterlichen Festung. Daneben lohnen auch die vielen integrierten Gärten.

Burghauser Touristik GmbH // Stadtplatz 99, 84489 Burghausen

// **www.visit-burghausen.com**

HISTORISCHE SIEDLUNGEN

#19

Wie war das Leben der Menschen in der Stein- und Bronzezeit, wie war es im Mittelalter? Archäologische Ausgrabungen und die Rekonstruktion von Siedlungen gestatten einen Blick in die Vergangenheit und machen Geschichte unmittelbar erlebbar. Eine Erfahrung, die uns eine neue Sicht auf die Gegenwart ermöglicht.

Linke Seite: Ein Kunstwerk weist den Weg zur Keltenwelt Glauberg. Nicht nur das Museum ist interessant, das über die Frühzeit und die keltische Tradition in dieser Gegend informiert, auch das umgebende Gelände als archäologischer Park bietet ganz andere Einblicke in frühe Gräber und geomagnetische Forschungen.

Oben und rechts: Auf dem Freigelände des Wikinger Museums Haithabu wurden die Häuser in alter Reetdach-bauweise errichtet. Sie zeigen wie damals die Menschen dort lebten.

01 WIKINGERSTADT HAITHABU

Weit zurück in die Zeit der alten Wikinger geht es für die Besucher der alten Wikingerstadt Haithabu. Am Haddebyer Noor errichteten die Nordmänner ab dem 8. Jahrhundert n. Chr. eine Siedlung, die sich schnell zu einer pulsierenden historischen Handelsmetropole

entwickelte. In dem kleinen Schaudorf und dem Museum bekommt man eine erste Ahnung davon, was für eine Bedeutung die einst größte Stadt des Nordens gehabt haben muss. Hier fanden sich Händler, Handwerker, Abenteurer und Söldner ein, um mit den Schätzen Skandinaviens und den Kostbarkeiten des Orients Handel zu treiben. Heute werden im Freilicht-museum, insbesondere bei den jahreszeitlichen Märkten, die alten Handelstage wieder zum Leben erweckt. Händler bieten ihre Waren an und Handwerker ver-arbeiten kostbare Rohstoffe zu Luxusgütern und Kunstgegenständen. Im rekonstruierten Dorf mit sei-nen sieben reetgedeckten Häusern und der eindrucks-vollen Landebrücke können Besucher dann auf his-torischen Pfaden wandeln und einen spannenden Ein-blick in das Leben der Handwerker, Händler, Fischer und Bewohner des Ortes gewinnen.

Wikinger Museum Haithabu // Am Haddebyer Noor 3, 24866 Busdorf

// www.haithabu.de

HAMBURG

BERLIN

KÖLN

MÜNCHEN

01 WIKINGERSTADT HAITHABU
02 ARCHÄOLOGISCHES FREILICHTMUSEUM GROSS RADEN
03 KÖNGSPFALZ TILLEDA
04 KELTENWELT AM GLAUBERG
05 KELTENSTADT PYRENE IN HEUNEBURG
06 FEDERSEEMUSEUM
07 PFAHLBAUTEN UNTERUHLDINGEN

Bilder oben und links: Die Anlage einer slawischen Siedlung aus dem 9. Jahrhundert in Groß Raden ist ein eindrucks- volles Zeugnis einer längst vergangenen Zeit. Auf dem Gelände wird gezeigt wie ein Wohnraum in einem mittelalterlichen Flechtwandhaus er- richtet wird (oben). Links: Eingang zum Freigelände durch einen Verteidigungswall.

Rechts oben: Die Königspfalz Tilleda diente um das Jahr 1000 den Herrschern auf ihren Reisen als Station für Verpflegung und Unterkunft. Mitte des 20. Jahrhunderts wurden die Ruinen ausgegraben. Heute sind einige Gebäude der Vorburg rekonstruiert.

Rechts unten: Am Glauberg entstand ein modernes archäologisches Forschungszentrum, das gleichzeitig auch als Museum dient.

02 ARCHÄOLOGISCHES FREILICHTMUSEUM GROSS RADEN

Die Slawen, verschiedene Volksstämme und Völker aus Osteuropa, gründeten ab dem 7. Jahrhundert n. Chr. auch in Norddeutschland zahlreiche florierende Siedlungen. Typisch waren hier Ringwallanlagen, hinter denen die Bewohner Schutz vor feindlichen Angriffen fanden. Eine dieser Ansiedlungen wurde in den 1970er-Jahren auf einer Halbinsel im Groß Radener See ausgegraben und bietet heute als Freilichtmuseum Besuchern einen Eindruck davon, zu welchen Leistungen unsere Vorfahren in der Lage waren. Neben Ringwallburg und Tempelanlage gibt es mehrere Flecht- und Blockhütten, die mit alten Techniken und Werkzeugen rekonstruiert wurden. Die Welt des 9. und 10. Jahrhunderts kann man am eigenen Leib bei einem der Workshops erleben, die angeboten werden. Beim Bearbeiten von Speckstein, Flechten von Silberdraht oder Töpfern und Kammweben kommt man den Menschen von damals ganz nah.

Archäologisches Freilichtmuseum Groß Raden
// Kastanienallee 49, 19406 Groß Raden
// **www.freilichtmuseum-gross-raden.de**

03 KÖNIGSPFALZ TILLEDA

Als einzige Herrscherpfalz wurde Tilleda am Fuß des Kyffhäusers vollständig ausgegraben und teilweise rekonstruiert. Hier bekommt man nicht nur einen Eindruck davon, wie Könige und Kaiser in der Zeit des Mittelalters auf ihren Reisen durch das Land residierten, sondern man erlebt die Komplexität eines großen mittelalterlichen Gutes mit Landwirtschaft und diversen Handwerksbetrieben. Neben der allgemeinen Besichtigung werden auch Spezialführungen und Workshops zu Themen wie Archäologie, mittelalterliche Bautechnik, Textilhandwerk, Schmieden oder Musik angeboten.

Freilichtmuseum Königspfalz Tilleda //
Pfingstberg, 06537 Tilleda
// **www.pfalz-tilleda.de**

04 KELTENWELT AM GLAUBERG

In dieser Museumswelt erfährt man, wie die Menschen vor rund 2400 Jahren lebten. Am Glauberg sind Spuren menschlicher Besiedlung bis in die Jungsteinzeit vor rund 7000 Jahren nachgewiesen. Eine Blütezeit erlebte die Region jedoch zwischen dem 6. und dem 1. Jahrhundert v. Chr. Dieser Zeit widmet sich auch der heutige Museumskomplex. Die Dauerausstellung des Museums beherbergt einzigartige Fundstücke aus der Zeit der Kelten am Glauberg. Ein besonderes Highlight ist die lebensgroße Statue des sogenannten Keltenfürsten – eine 1,86 Meter große Figur, die bei Ausgrabungen um den großen Grabhügel entdeckt wurde. Der Außenbereich umfasst einen 350 000 Quadratmeter großen archäologischen Park. Auf einem zwei Kilometer langen Rundweg, dem Keltenwelt-Pfad, wird Besuchern Wissenswertes über die Fundstätte am Glauberg näher gebracht. Besonders spannend anzusehen ist der rekonstruierte Grabhügel.

Archäologisches Landesmuseum Hessen //
Am Glauberg 1, 63695 Glauburg
                    // www.keltenwelt-glauberg.de

05 KELTENSTADT PYRENE IN HEUNEBURG

Wie lebten und arbeiteten die Kelten, wie bauten sie und wie sahen ihre Siedlungen aus? Diese Fragen beantwortet Pyrene, eine der ältesten keltischen Städte, die heute unter dem Namen »Heuneburg« zu den bedeutendsten archäologischen Denkmalen des Landes zählt. Die Stadt war so einflussreich, dass sie schon den alten Griechen bekannt war. Im Freilichtmuseum wird ihre spannende Geschichte gezeigt. Keramikfunde und die Rekonstruktion der Gebäude und Wehranlagen geben einen lebendigen Einblick in das hochentwickelte Handwerk jener Zeit. In zahlreichen Workshops, Vorträgen und archäologischen Lehr- und Schau-Ausgrabungen bekommen Besucher die Gelegenheit, die Zeit der Kelten selbst zu erleben.

Freilichtmuseum Heuneburg // Heuneburg 1–2, 88518 Herbertingen-Hundersingen
                    // www.heuneburg-keltenstadt.de

06 FEDERSEEMUSEUM

Der guten Konservierung im Moorboden am oberschwäbischen Federsee ist es zu verdanken, dass hier erstaunlich viele prähistorische Alltagsgegenstände geborgen werden konnten. Bereits seit 15 000 Jahren leben Menschen am Federsee. Über die Jahrtausende hinweg passten sich die Siedler den Veränderungen der Zeit an. Die eiszeitlichen Rentierjäger an

der Schussenquelle waren nach der Gletscherschmelze verschwunden. In der Jungsteinzeit gab es dann erste Dörfer, die sich bis in die Bronzezeit immer mehr weiterentwickelten und vergrößerten. Dieser faszinierenden Geschichte wird in dem Museum nachgegangen. Das archäologische Freigelände zeigt ein rekonstruiertes Moordorf mit Pfahlbauten, in dem Besucher faszinierende Einblicke in eine vergangene Welt bekommen. Im Jahr 2011 wurden die Bauten in die UNESCO-Welterbestätte »Prähistorische Pfahlbauten um die Alpen« aufgenommen. Über einen archäologischen Lehrpfad gelangen Besucher zu den Moorsiedlungen im südlichen Ried; dort lernen sie das Naturschutzgebiet Federsee mit seiner Flora und Fauna kennen.

Federseemuseum Bad Buchau //
August-Gröber-Platz, 88422 Bad Buchau
                    // www.federseemuseum.de

Ganz oben: Holzpfosten weisen den Weg auf einen Grabhügel am Glauberg.

Oben: Auch im Freilichtmuseum Heuneburg in Herbertingen kann man hautnah in die Welt der Kelten eintauchen.

Rechts oben: In Unteruhldingen steht die bekannteste Rekonstruktion einer prähistorischen Pfahlbausiedlung. Das erste Dorf wurde in den 1920er-Jahren aufgebaut, als die Erforschung der Vor- und Frühgeschichte noch in den Kinderschuhen steckte. Die Form der Häuser konnten die Forscher nur erahnen, da sie lediglich die Bodenfunde als Grundlage hatten. Inzwischen ist die Forschung weiter, was man in dem 2001 bis 2003 aufgebauten zweiten Dorf sehen kann.

Rechts unten: Das Federseemuseum Bad Buchau führt ebenfalls in die Geschichte der Pfahlbausiedlungen ein.

GUT ZU WISSEN

Campus Galli // Bei Meßkirch in Baden-Württemberg wird Mittelalter auch heute noch gelebt. Mit alten Werkzeugen, Materialien und Methoden entsteht hier ein frühmittelalterliches Kloster nach dem »St. Galler Klosterplan«, der bereits vor 1200 Jahren gezeichnet wurde.
// www.campus-galli.de

Gabreta // Im Keltendorf Gabreta mit seinen originalgetreu nachgebauten Häusern kann man erahnen, wie der Alltag und das Leben unserer keltischen Vorfahren waren. Auf dem Rundweg sieht man Töpferei, Weberei, Grabhügel und Kräutergarten.
// www.keltendorf.com

07 PFAHLBAUTEN UNTERUHLDINGEN

Wer hätte gedacht, dass der Bodensee schon zur Stein- und Bronzezeit ein reges Handelszentrum war? Damals lebten die Menschen in charakteristischen Pfahlbauten – auf Pfählen stehende Häuser im See, die mit Stegen miteinander verbunden waren. Ein derartiges Steinzeitdorf wurde schon in den 1920er-Jahren in Unteruhldingen rekonstruiert und seitdem beständig erweitert und lässt sich heute bei einer spannenden Führung besuchen. Die hölzernen Wege über dem Bodensee, die glucksenden Wellen darunter und die zugigen Bauten vermitteln einen guten Eindruck, wie es sich hier wohl vor rund 6000 Jahren lebte. Lebendig wird die Vergangenheit vor allem durch die liebevolle Einrichtung der Pfahlhäuser und die lebhaften Schilderungen der Museumsführer, die vom Handwerk, vom Leben und von der Kultur der damaligen Bewohner berichten.

Pfahlbaumuseum Unteruhldingen // Strandpromenade 6, 88690 Uhldingen-Mühlhofen, OT Unteruhldingen

// www.pfahlbauten.de

FREILICHTMUSEEN
UND TRADITIONELLES HANDWERK

#20

In der guten alten Zeit lebten die Menschen im Einklang mit der Natur, ernährten sich von ihrer Hände Arbeit und dem, was das Land hergab. Doch das einfache Leben war auch hart und entbehrungsreich. In Freilichtmuseen kann man eine Pause von der Hektik der Moderne machen.

Oben: Idyllisch zwischen Wald und Aue liegt das Ammerländer Freilichtmuseum in einem weitläufigen Park. 17 Häuser und Nebengebäude laden zur Besichtigung ein, allen voran das Ammerländer Bauernhaus und die Galeriekappenwindmühle.

Linke Seite: Reet, Ried, Reith, Rohr, Schilfrohr: Es gibt viele Namen für die Basis der Strohdächer, die aus dem gemeinen Schilf- oder Teichrohr gewonnen wird. Im Museumsdorf Volksdorf bei Hamburg sind diese traditionellen Dächer noch in Vielzahl zu bewundern.

01 MUSEUMSDORF VOLKSDORF

Wie findet man wieder zu einem Leben, das mehr dem Wesen des Menschen entspricht? Im Museumsdorf Volksdorf lassen sich einige Aspekte dieser Fragestellung am eigenen Leib erforschen. Sieben Fachwerkhäuser sowie mehrere Wirtschaftsgebäude bilden das Museumsdorf, in dem Besucher das bäuerliche Leben früherer Zeiten kennenlernen können. Tierische Bewohner wie Pferde, Schafe, Ziegen und Hühner sind ebenso zu finden wie ein Bauerngarten und ein Schauacker, auf denen Gemüse und Getreide angebaut wird. Darunter auch alte Getreidesorten wie Emmer und Einkorn. Wer möchte, kann sein Können in einem Kurs im Korbflechten, Schmieden, Lehmbau oder Spinnen testen. Die Arbeit und die Feste im Museumsdorf folgen den Jahreszeiten. Im Frühjahr wird mit dem Pferdefuhrwerk gepflügt und gesät, und wenn das Wetter mitspielt, kann mit Beginn des Sommers die Ernte eingefahren werden. Besucher können sich dann im Krämerladen mit Gemüse, Kräutern und Blumensträußen direkt aus dem Bauerngarten eindecken.

Museumsdorf Volksdorf // Im Alten Dorfe 46, 22359 Hamburg
// www.museumsdorf-volksdorf.de

02 AMMERLÄNDER BAUERNHAUS-FREILICHTMUSEUM

Eine ganz besondere Form der Erholung für die Seele ist dieser Ausflug in die Vergangenheit. Bei der Besichtigung der Gebäude fühlt man sich schnell ins damalige Leben zurückversetzt. Idyllisch am Zwischenahner Meer gelegen und inmitten eines Kurparks, lädt das Freilichtmuseum in Bad Zwischenahn zu einem Abstecher in das Leben vor rund 300 Jahren ein. 17 verschiedene Gebäude, zu denen ein Bauernhaus, eine Schmiede, Scheunen, Lagerhäuser und sogar eine Mühle gehören, lassen die Vergangenheit wiederaufleben und geben einen guten Einblick in die Lebens- und Arbeitsbedingungen von anno dazumal. Herzstück des Freilichtmuseums ist das reetgedeckte Bauernhaus mit der offenen Herdstelle, in

01 MUSEUMSDORF VOLKSDORF
02 AMMERLÄNDER BAUERNHAUS-
   FREILICHTMUSEUM
03 FREILANDMUSEUM KLOCKENHAGEN
04 HEIDEMUSEUM WALSRODE
05 MÜHLENMUSEUM IN GIFHORN
06 WESTFÄLISCHES FREILICHTMUSEUM
   IN DETMOLD
07 FREILICHTMUSEUM KOMMERN
08 FREILICHTMUSEUM ROSCHEIDER HOF KONZ
09 HESSENPARK
10 HOHENLOHER FREILANDMUSEUM
11 FREILANDMUSEUM BAD WINDSHEIM
12 SCHWARZWÄLDER FREILICHTMUSEUM GUTACH
13 FREILICHTMUSEUM BEUREN
14 ALLGÄUER BERGBAUERNMUSEUM
15 FREILICHTMUSEUM GLENTLEITEN
16 MARKUS WASMEIER FREILICHTMUSEUM

dem früher Mensch und Vieh gemeinsam im Rhythmus der Jahreszeiten lebten.

Heimatmuseum Ammerland //
Auf dem Winkel 26, 26160 Bad Zwischenahn
// **www.ammerlaender-bauernhaus.de**

03 **FREILANDMUSEUM KLOCKENHAGEN**
Auf 60000 Quadratmetern gibt es in Ribnitz-Damgarten viel zu entdecken. Aus 18 Dörfern Mecklenburg-Vorpommerns stammen die Häuser und Scheunen, die aus 300 Jahren landwirtschaftlichen Lebens erzählen. Darunter eine Mühle von 1795, die bis 1950 im Dienst war, eine Dorfkirche, eine Bäckerei und ein Dorfladen, selbst ein Friseurgeschäft aus den 1920er-Jahren. Man kann sich hier als Schmied versuchen, Wäsche auf dem Waschbrett scheuern, spinnen, filzen oder flechten lernen.

Freilichtmuseum Klockenhagen // Mecklenburger Straße 57, 18311 Ribnitz-Damgarten
// **www.freilichtmuseum-klockenhagen.de**

NICHT VERPASSEN!

Park der Gärten in Bad Zwischenahn //
Mehr als 40 Mustergärten mit Tausenden von Pflanzen laden zum Flanieren, Schnuppern und Entspannen ein. Auf dem riesigen Gelände blühen zu (fast) jeder Jahreszeit Blumen, Stauden und Gehölze
// **www.park-der-gaerten.de.**

Spreewaldmuseum Lehde // Das kleine Inseldorf bei Lübbenau ist heute komplett unter Denkmalschutz gestellt. Ein Teil der alten Häuser ist noch bewohnt, der andere ist Teil eines Freilichtmuseums. Nebenan im Hotel Starick gibt es ein kleines Gurkenmuseum.
// **www.museum-osl.de**

Links: Kleine Katen und hochherrschaftliche Bauernhäuser, Scheunen, Dorfkirchen, Spritzenhäuser und Co. bilden das Museumsdorf von Klockenhagen. Die Besucher können aber nicht nur gucken. Es gibt auch zahlreiche Mitmachangebote: backen im Holzofen, waschen wie zu Großmutters Zeiten, schmieden, räuchern, flechten, spinnen, filzen und drechseln.

04 HEIDEMUSEUM WALSRODE

Das Heidemuseum »Rischmannshof« wurde 1912 als eines der ersten Freilichtmuseen in Deutschland eröffnet und besteht aus einer heidebäuerlichen Hofstelle mit Nebengebäuden. Das Zweiständerhaus aus dem 18. Jahrhundert wurde als typisches Heidebauernhaus eingerichtet, das Obergeschoss ist u. a. dem Dichter Hermann Löns gewidmet. Sehenswert sind auch das Bienenmuseum im Treppenspeicher (17. Jahrhundert) und die Schmiede im Häuslingshaus (18. Jahrhundert). Beliebt sind die auf dem Museumsgelände stattfindenden Walsroder Backtage.

Heidemuseum Rischmannshof // Hermann-Löns-Straße 8, 29664 Walsrode
// www.heidemuseum-walsrode.de

05 MÜHLENMUSEUM IN GIFHORN

Im Mühlen-Freilichtmuseum in Gifhorn ist eine beachtliche Anzahl der alten Wunderwerke der Technik zu bestaunen. Sie machen begreiflich, wie schwer die Arbeit eines Müllers früher war. Hier sollte man viel Zeit mitbringen, um die 16 Mühlen auf dem Freigelände sowie die liebevoll natur- und maßstabgetreuen gestalteten Miniaturen der Mühlen mit all ihren Einzelheiten, Gerätschaften, Zeichnungen und Fotos in der Ausstellungshalle ausgiebig betrachten zu können.

Internationales Mühlenmuseum Gifhorn // Bromer Straße 2, 38518 Gifhorn
// www.muehlenmuseum.de

06 WESTFÄLISCHES FREILICHTMUSEUM IN DETMOLD

Im Norden von Ostwestfalen-Lippe lädt das Freilichtmuseum Detmold Besucher auf eine volkskundliche Erkundungstour durch die Jahrhunderte ein, die ihresgleichen sucht. Mit einer Gesamtfläche von mehr als 90 Hektar und einem Ensemble, in dem rund 120 historische Gebäude Platz finden, gehört das Museum zu den größten seiner Art. Wichtiger Bestandteil des Museums sind alte Tierrassen und Kulturpflanzenarten, die auf dem Gelände zu Hause sind. Hierzu gehören Senner Pferde, Bentheimer Schweine sowie die Lippegans und das Bentheimer Landschaf. Eine Kappenwindmühle, der Mindener Hof mit verschiedenen Nebengebäuden und der Münsterländer Gräftenhof – all diese Gebäude lassen sich im Freilichtmuseum begehen und entdecken. Allein mehr als 100 verschiedene Fachwerkgebäude – von Bauernhöfen über Schulen bis hin zum Armenhaus – ermöglichen Besuchern, in das Familien- und Alltagsleben der letzten 500 Jahre einzutauchen. Gäste sollten sich Zeit nehmen, das Freilichtmuseum auf thematischen Routen zu erkunden: So rückt die Grüne Route vor allem die Tier- und Pflanzenwelt in den Vordergrund, während die Rote und die Blaue Route zu den Dörfern des Ausstellungsgeländes führen. Wer dem Schmied, Bäcker oder Töpfer über die Schulter schauen will, kann das in einer der vielen aktiven Werkstätten tun. In der Sennerausstellung erfährt man mehr über die älteste Pferderasse Deutschlands, die man hautnah auf einer der vielen Weiden des Museums beobachten kann. Darüber hinaus beherbergt das Museum eine gewaltige Sammlung von Alltagsgegenständen aus verschiedenen Epochen. In zahlreichen Sonderaus- stellungen werden diese zugänglich gemacht. Im Sauerländer Dorf sowie im Paderborner Dorf warten zudem gastronomische Betriebe, in denen man sich nach einem ausgiebigen Spaziergang stärken kann.

LWL-Freilichtmuseum Detmold //
Krummes Haus, 32760 Detmold

// www.lwl.org

Bilder oben: Bauernhöfe, Wind- und Wassermühlen, Schul- und Backhaus, Tanzsaal und Kapelle – 65 Gebäude stehen auf dem Gelände in Kommern, auf dem das Leben der Landbevölkerung seit dem 15. Jahrhundert erläutert wird.

07 ALTES HANDWERK IM FREILICHTMUSEUM KOMMERN

Ab 1958 wurden in das Gelände des Freilichtmuseums mehr als 70 Gebäude versetzt, die eingebettet in die Landschaft und umgeben von Gärten, Äckern

Rechts: Mit mehr als 100 historischen Gebäuden auf knapp einem Quadratkilometer Fläche ist das Westfälische Freilichtmuseum in Detmold das größte Freilichtmuseum Deutschlands. Hier sind nicht nur einzelne Höfe, sondern ganze Dörfer wiederaufgebaut worden.

und Wiesen einen Eindruck vom noch ursprünglichen Leben und Arbeiten sowie vom Alltag der Landbevölkerung ab dem 15. Jahrhundert geben. Wie einen Spaziergang durch die Zeit erlebt man den Gang durch das lebendige Museum mit seinen alten Haus- und Nutztierrassen. Beeindruckend sind die Demonstrationen der alten Handwerkskünste, die heute kaum noch jemand beherrscht: Schmied und Stellmacher stellen Reifen her, Schafe werden geschoren und die Wolle anschließend verarbeitet, Langbogen gebaut und Häuser und Backöfen mit Lehm errichtet. Sehr eindrucksvoll ist es, die ruhige Waldarbeit mit Rückepferden zu sehen und welche Anstrengungen der Waschtag den Frauen abverlangte. Spätestens dann weiß man die technischen Errungenschaften des heutigen Alltags wieder zu schätzen.

LVR-Freilichtmuseum Kommern // Rheinisches Landesmuseum für Volkskunde, Eickser Straße, 53894 Mechernich-Kommern

// www.kommern.lvr.de

08 FREILICHTMUSEUM ROSCHEIDER HOF KONZ

In diesem Freilichtmuseum wird ländliche Kulturgeschichte erlebbar. Auf 4000 Quadratmetern Ausstellungsfläche und auf über 220 000 Quadratmetern Freigelände mit Moseldorf und Rosengarten bis hin

zu einem Zinnfiguren- und Spielzeugmuseum, ergänzt durch Aktionstage und Sonderausstellungen, gewährt das Museum beeindruckende Einblicke in das frühere Alltagsleben in der Region. Erlebnisreiche Stunden für die ganze Familie.

Volkskunde- und Freilichtmuseum Roscheider Hof // Roscheiderhof 1, 54329 Konz

// www.roscheiderhof.de

09 FREILICHTMUSEUM HESSENPARK

Im Hessenpark bekommt man sofort ein Gefühl für die verlorenen Qualitäten der Vergangenheit. Abstrakte Alltags- und Kulturgeschichte wird in den Ställen mit alten Haustierrassen, bei Vorführungen in traditionellen Werkstätten oder beim Selbermachen in zahlreichen Workshops lebendig. Über 100 Gebäude erzählen Geschichten aus rund 400 Jahren ländlichen Lebens. Der Weg durch den Park wird so zu einer Reise durch die Regionen des Landes. Die Unterschiede in der Bau- und Wohnkultur werden dabei ebenso sichtbar wie der Arbeitsalltag früherer Zeiten. Er ist in den vielen Werkstätten zu finden, in denen Blau- und Buchdruck, Töpfern, Weben, Drechseln und die Kunst der Bürstenherstellung demonstriert werden. Neben zahlreichen saisonalen Veranstaltungen ist der Marktplatz mit seinen hübschen Geschäften und Ständen ein Ruhepol wie aus einer längst vergessen geglaubten Welt. Dort kann man vieles erwerben, was im Freilichtmuseum auf traditionelle Art hergestellt wird, oder sich in einem der urigen Wirtshäuser stärken.

Freilichtmuseum Hessenpark // Laubweg 5, 61267 Neu-Anspach

// www.hessenpark.de

⑩ HOHENLOHER FREILANDMUSEUM SCHWÄBISCH HALL-WACKERSHOFEN

Gut 70 historische Gebäude – aus dem 16.–20. Jahrhundert – wurden hier zusammengetragen. Zwischen Gärten und Streuobstwiesen, bewohnt von alten Haustierrassen, kann man nachvollziehen, wie es sich früher als Weinbauer oder Müller, als Tagelöhner oder Handwerker gelebt hat. Öffentliche Gebäude wie Schule, Kapelle, Bahnhof und sogar Gefängnis komplettieren das Bild einer historischen Kommune. Akteure in traditioneller Kleidung, die Häuser und Gerätschaften zum Leben erwecken, sind ebenfalls anzutreffen. Veranstaltungen und Führungen rund um altes Brauchtum sowie ein Museumsgasthof und eine Besenwirtschaft im Weinbauerndorf runden das Programm ab.

Freilandmuseum Wackershofen // Dorfstraße 53, 74523 Schwäbisch Hall

// www.wackershofen.de

⑪ FREILANDMUSEUM BAD WINDSHEIM

Wie kleine Dörfer stehen die Häuser in Gruppen zusammen und spiegeln unterschiedliche fränkische Regionen und Themen wider. Wer über das weitläufige Museumsgelände spaziert, vorbei an Brauerei und Schulhaus, Bauerngärten und Weiden, Ziegelei und Kräuterapotheke, erlebt ganz unmittelbar, wie das Leben damals gewesen sein muss. Über 100 Gebäude, eingebettet zwischen Wiesen, Äckern und Gärten, die der fränkischen Kulturlandschaft nachempfunden sind, machen es im Freilichtmuseum Bad Windsheim möglich, in seinen Gedanken einer besseren Zeit nachzuhängen und daraus Lehren für heute zu ziehen.

Fränkisches Freilandmuseum Bad Windsheim // Eisweiherweg 1, 91438 Bad Windsheim

// www.freilandmuseum.de

⑫ SCHWARZWÄLDER FREILICHTMUSEUM IN GUTACH

Das Thema des Freilichtmuseums Vogtsbauernhof ist das einfache Leben. Seit 1612 steht der Vogtsbauernhof, der dem Freilichtmuseum seinen Namen gab und der dessen Ursprung ist, an dieser Stelle. Nach der Museumsgründung 1963 kamen weitere Gebäude hinzu, darunter Bauernhäuser, Speicher, Mühlen und Backhäuser. Sie alle entführen in eine Welt, in der vieles noch unkomplizierter und ursprünglich war und die Hektik unseres modernen Lebens in weiter

Bilder links und Bild rechts: Das 1974 gegründete Freilichtmuseum Hessenpark in Neu-Anspach im Hochtaunuskreis ermöglicht eine spannende Zeitreise durch die ländliche Kulturgeschichte der Region. Rechts: nachgebildete Fachwerkhäuser mit Marktplatz im Freilichtmuseum; links: die Herstellung von Pflaumenmus und Drechsler an einer fußbetriebenen Drechselbank.

Unten: Wer wissen möchte, wie sich die Milchwirtschaft im Allgäu entwickelt hat und wie entbehrungsreich früher das Leben in den Bergen war, sollte unbedingt das Schwäbische Bergbauernmuseum Illerbeuren besuchen.

Ferne lag. Das Tagelöhnerhaus beispielsweise veranschaulicht die schlichten, aber beengten Lebensverhältnisse der armen Landbevölkerung, die sich ihr mageres Einkommen als Weber oder Waldarbeiter verdienten. Auf dem geräumigen Dachboden des Hotzenwaldhauses werden dagegen Kinderträume wahr, denn hier gibt es jede Menge historisches Spielzeug zu entdecken. Wer altes Handwerk erlernen möchte, kann außerdem an einem Workshop teilnehmen und auf traditionelle Art und Weise Käse herstellen, klöppeln, schmieden oder spinnen.

Schwarzwälder Freilichtmuseum Vogtsbauernhof // 77793 Gutach (Schwarzwaldbahn)
// www.vogtsbauernhof.de

NICHT VERPASSEN!

Freilandmuseum Grassemann // In Warmensteinach ist in einem typischen Einfirsthof aus dem 17. Jahrhundert ein Museum untergebracht, das die Lebensweise der Menschen zur damaligen Zeit zeigt. Holzwirtschaft und Bergbau sind weitere Themen. Im Freien gibt es einen Rundweg mit 17 informativen Stationen.
// www.warmensteinach.de

Freilichtmuseum Neuhausen // Hier hat man vielleicht keine Berge versetzt, aber dafür ganze Häuser: Im Freilichtmuseum Neuhausen wurden 24 historische Gebäude aus Baden-Württemberg zusammengetragen und zu einem Museumsdorf vereint. Neben einem Tagelöhnerhaus, einem Bauernhaus, einer Dorfschmiede und einer Schule sind hier auch ein altes Rathaus und sogar eine Kirche zu finden, zwischen denen man herrlich spazieren gehen kann. Und auch das Leben im Museumsdorf spielt sich so ab, wie es früher gewesen ist. Wer mag, kann alten Handwerkern bei ihrer Arbeit zusehen oder sich an zahlreichen Informationstafeln über den altertümlichen Alltag informieren.
// www.freilichtmuseum-neuhausen.de

Schwäbisches Bauernhofmuseum Illerbeuren // Zwölf Kilometer südlich von Memmingen liegt das älteste bayerische Freilichtmuseum. In mehr als 30 Gebäuden aus vier Jahrhunderten wird die ländliche Kulturgeschichte anschaulich dokumentiert.
// www.bauernhofmuseum.de

⑬ FREILICHTMUSEUM BEUREN

In der Zeit zurückreisen kann man im Freilichtmuseum Beuren, wo historische Wohn- und Wirtschaftsgebäude in Kombination mit Veranstaltungen rund um bäuerliche Kultur, Tiere und Landwirtschaft Einblicke in das Leben der schwäbischen Landbevölkerung von anno dazumal bieten. Es gibt hier sogar ein waschechtes »Tante-Helene-Lädle« (die schwäbische Version des Tante-Emma-Ladens), wo man Produkte aus Großmutters Zeiten in stilechtem Ambiente erwerben kann.

Freilichtmuseum Beuren // In den Herbstwiesen, 72660 Beuren

// www.freilichtmuseum-beuren.de

⑭ ALLGÄUER BERGBAUERNMUSEUM

Wie lebt es sich zwischen 2000 Meter hohen Bergen? Wie sieht der Alltag der Menschen aus, die dafür sorgen, dass frische Alpenmilch auf den Markt kommt, dass fruchtbares Land in einer schwierigen Gegend bewirtschaftet wird? Das Bergbauernmuseum gibt Antworten. Man kann gemütlich vom Bauern- und Kräutergarten zur Imkerei schlendern, Heuschinde und Rindenkoben besichtigen. Hier kommen Kinder besonders auf ihre Kosten.

Allgäuer Bergbauernmuseum e. V. // Diepolz 44, 87509 Immenstadt im Allgäu

// www.bergbauernmuseum.de

⑮ FREILICHTMUSEUM GLENTLEITEN

Zeit wird in dieser Umgebung und vor dieser grandiosen Kulisse relativ. Eingerahmt von der bayerischen Bergwelt, entführen die 60 Häuser des Freilichtmuseums Glentleiten in die Arbeitswelt, Bräuche und Traditionen der ländlichen Bevölkerung Oberbayerns. Die Häuser sind original erhalten und eingerichtet. Kopfsteingepflasterte Fußböden, offene Herdstellen, Waschzuber, aber auch kunstvolle Wandbemalungen und Schnitzereien geben Einblicke in die Geschichte Oberbayerns und die Lebenswelt seiner Bewohner. Auf einem entspannten Spaziergang durch das weitläufige Gelände kommt man zudem an Gärten und Wiesen vorbei, auf denen Nutztierrassen gehalten und alte Gemüsesorten gepflanzt werden. Ob Schäffler, Sattler oder Wetzsteinmacher – täglich gibt es Vor-

Bilder oben: Über 60 historische Bauwerke aus Oberbayern sind in Glentleiten wiederaufgebaut worden. Sie vermitteln einen Eindruck vom bäuerlichen Leben der letzten 200 Jahre. Manche alte Handwerkertradition wird hier gepflegt.

Bilder rechts: Am Ortsrand von Schliersee hat der bekannte Skifahrer Markus Wasmeier das Bauernhof- und Wintersportmuseum aufgebaut. Oberländer Bauernhöfe wurden samt Nebengebäuden aufgebaut und geben Eindrücke vom Leben im 18. Jahrhundert.

führungen, in denen altes Handwerk zu neuem Leben erweckt wird.

Freilichtmuseum Glentleiten // An der Glentleiten 4, 82439 Großweil

// www.glentleiten.de

⑯ MARKUS WASMEIER FREILICHTMUSEUM

In dem liebevoll gestalteten Museum des in Schliersee geborenen Olympiasiegers Markus Wasmeier kann man neben historischen Bauernhäusern und Handwerksbetrieben Bauerngärten besichtigen. Hier werden vergessene Nutzpflanzen wie Flachs und Hanf angebaut und deren Verwendung erklärt. Auch werden regelmäßige Kräuterführungen angeboten. Ein Schmied zeigt sein Kunsthandwerk, ein Restaurant sorgt für leibliches Wohl. In einer sehr sehenswerten

Sonderausstellung wird die Geschichte der Haushaltsgeräte anschaulich gemacht. Man spaziert hier durch Küchen und Wohnstuben der vergangenen Jahrzehnte. Im Winter findet ein romantischer Weihnachtsmarkt mit traditionellen Ständen statt.

Markus Wasmeier Freilichtmuseum // Brunnbichl 5, 83727 Schliersee

// www.wasmeier.de

GUT ZU WISSEN

Freilichtmuseum Bayerischer Wald // In Finsterau am Nationalpark und nahe der böhmischen Grenze wartet die Vergangenheit. Hier können Besucher nachempfinden, wie hart das Leben der Bauern und einfachen Arbeiter im Bayerischen Wald vor über 100 Jahren war. Höfe, ein Wirtshaus und eine Schmiede wurden aus der Umgebung geholt und hier wiederaufgebaut. Handwerker zeigen ihr Können in den Gebäuden des Museums.

// www.freilichtmuseum.de

Museumsdorf Bayerischer Wald // Mit rund 150 Gebäuden aus der Zeit von 1580 bis 1850 ist das Freilichtmuseum bei Tittling eines der größten seiner Art in Europa. In den historischen Gehöften, Mühlen, Sägereien und Kapellen können Besucher Tausende Alltags- und Einrichtungsgegenstände bewundern.

// www.museumsdorf.com

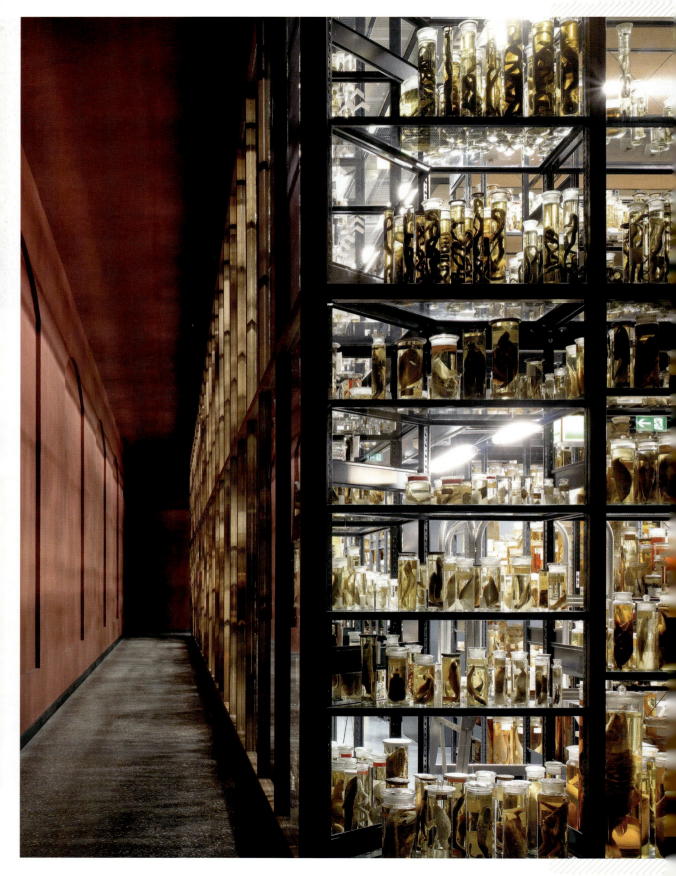

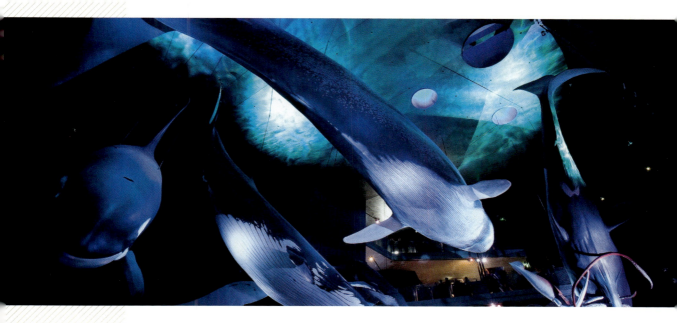

#21 BESONDERE MUSEEN
DURCH DIE WELT(GESCHICHTE) AN EINEM TAG

Um auf andere Gedanken zu kommen, hilft ein Museumsbesuch. Neben Kunstgegenständen und Gemälden haben die Menschen in der Vergangenheit wirklich Faszinierendes hervorgebracht: Die Errungenschaften in Medizin, Technik, Raumfahrt oder Industrie versetzen uns ins Staunen und lassen uns sinnieren über die vielen kleinen Wunder dieser Welt.

Oben: Das Ozeaneum in Stralsund wurde 2008 als Erweiterung des Deutschen Meeresmuseums eröffnet. In einer Halle sind die »Giganten der Meere« nachgebildet. Walattrappen hängen hier und zeigen Besuchern ihre stattlichen Maße.

Linke Seite: Einzigartig ist die Sammlung von 276 000 Tierpräparaten im Berliner Naturkundemuseum, die seit 2010 in einem eigens dafür gestalteten Ausstellungsraum zu sehen ist.

01 OZEANEUM IN STRALSUND

Sechs Millionen Liter Wasser fließen in knapp 40 Aquarien: Das Ozeaneum auf der Stralsunder Hafeninsel hat eine 8700 Quadratmeter große Ausstellungsfläche, die über 7000 Arten beheimatet. Es gibt Korallen, Seeanemonen, Seesterne und -spinnen, in Seegraswiesen verstecken sich Stichlinge und Garnelen. Gänge führen durch die Unterwasserwelt, Scheiben vermitteln das Gefühl, hautnah dabei zu sein. Das größte Becken ist mehr als neun Meter tief und fasst 2,6 Millionen Liter Wasser. Die gebogene Panoramascheibe wiegt rund 22 Tonnen und ist 30 Zentimeter dick, um dem enormen Druck standzuhalten. Kleine Fische schwimmen in Schwärmen, größere schweben vorüber. Ihr Lebensraum ist dem in Ostsee, Nordsee und Nordatlantik nachempfunden. Neben den Aquarien gibt es Dauerausstellungen, etwa zu den Themen Weltmeer, Wasserkreislauf und dem ewigen Turnus der Gezeiten.

OZEANEUM // Hafenstraße 11, 18439 Stralsund
// www.ozeaneum.de

GUT ZU WISSEN

Deutsches Meeresmuseum // Überraschend ist schon das Domizil: Heimat des Meeresmuseums ist ein früheres Kloster. Der Ostsee ist ein eigener Bereich der Ausstellung gewidmet, ebenso den Walen oder der Fischerei. Stars des Museums sind aber die Bewohner von Deutschlands größtem Schildkrötenbecken. Zum Museum gehören zudem das Nautineum auf einer Insel im Strelasund sowie das Natureum auf dem Darß.
// www.meeresmuseum.de

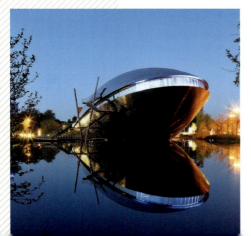

02 KLIMAHAUS IN BREMERHAVEN

Das Klimahaus Bremerhaven 8° Ost bietet seinen Besuchern als wissenschaftliches Ausstellungshaus die Möglichkeit, virtuell die Welt entlang des achten östlichen Längengrades zu bereisen. Das bootähnliche Gebäude ist Teil der Havenwelten und liegt am Alten Hafen. Auf 18 800 Quadratmetern werden in vier Ausstellungsbereichen (Reise, Elemente, Perspektiven und Chancen) die Themen Klima und Klimawandel behandelt. Der Bereich Reise nimmt dabei den größten Teil ein. Hier erkunden die Besucher von Bremerhaven aus auf dem Längengrad neun Reisestationen in acht Ländern und deren unterschiedliche Klimazonen. Die Station Antarktis beispielsweise hat eine Temperatur von −6 °C, die des Niger etwa 35 °C. Im Jahr 2009 eröffnet, ist das Klimahaus neben dem Nordsee Science Center Phänomenta das zweite Erlebniszentrum in Bremerhaven.

Klimahaus Bremerhaven 8° Ost // Am Längengrad 8, 27568 Bremerhaven
                    // www.klimahaus-bremerhaven.de

03 AUSWANDERERHAUS IN BREMERHAVEN

Ein weiteres interessantes Kulturhighlight der Stadt ist das Deutsche Auswandererhaus am Neuen Hafen. Als einziges Museum in Deutschland beschäftigt es sich mit dem Thema Migration: der Auswanderung deutscher Bürger in die USA in unterschiedlichen Epochen. Im Jahr 2005 wurde es eröffnet und 2007 mit dem Preis »Europäisches Museum des Jahres« ausgezeichnet. Das Hamburger Architekturbüro Andreas Heller zeichnet für den Entwurf des Gebäudes verantwortlich. Die Besucher können während eines Rundgangs die einzelnen Stationen einer Auswanderung nachverfolgen und verschiedene Datenbanken gratis abfragen. Das Thema Einwanderung nach Deutschland seit dem 18. Jahrhundert wird in einem weiteren Gebäude behandelt, das 2012 hinzukam.

Deutsches Auswandererhaus //
Columbusstraße 65, 27568 Bremerhaven
                    // dah-bremerhaven.de

04 UNIVERSUM IN BREMEN

250 Stationen auf 4000 Quadratmetern Ausstellungsfläche: Das Universum Science Center Bremen ist ein

Links: Futuristisch ragt die Fassade des Universum in Bremen in den Himmel. Die Architektur soll eine Mischung aus Wal und Muschel darstellen.

wahrer Superlativ. Schon die äußere Form des Gebäudes, die an eine große Muschel erinnert, ist vielversprechend. Bei einem Rundgang durch das Wissenschaftserlebniszentrum werden die Besucher durch drei große Themenbereiche geleitet: Mensch, Erde und Kosmos. Das Thema Mensch erstreckt sich von der Sekunde der Zeugung über unsere Sinne bis zu den Welten in unseren Köpfen. Das Thema Erde ist eine Expedition zum Mittelpunkt unseres Planeten. Man erlebt, wie Planeten entstehen, wie die Erde im Innersten und an der Oberfläche aussieht. Das Thema Kosmos bringt uns die unendlichen Weiten des Alls näher, mit den kleinsten Bausteinen der Materie, dem Sonnenlicht und den Kräften der Erde wie etwa einem Erdbeben. Bremens Universum ist ein Ort, in dem man in die Wunder unseres Lebens abtauchen und sie spielerisch erleben kann.

Universum Bremen // Wiener Straße 1a, 28359 Bremen

// universum-bremen.de

NICHT VERPASSEN!

Internationales Maritimes Museum in Hamburg // Wenn auch 100 Kilometer vom Meer entfernt, ist Hamburg dennoch eine durch und durch maritime Stadt. Es gibt keinen besseren Ort, um 3000 Jahre Seefahrtsgeschichte Revue passieren zu lassen. Vor allem, weil das Museum in der Speicherstadt unmittelbar am Wasser untergebracht ist. Der erste Meeresatlas ist neben 40 000 Schiffsmodellen zu sehen, eine Etage ist der Forschung gewidmet, neu ist der Schiffssimulator.

// www.imm-hamburg.de

MiniaturWunderland in Hamburg // Die größte Modellbahnanlage der Welt ist das meistbesuchte Museum Hamburgs. Man sollte sich einen ganzen Tag Zeit dafür nehmen, um die Alpen, Amerika, Skandinavien, Italien und natürlich alle deutschen Landschaften zu bestaunen. Dass hier ständig knapp 1000 Züge auf 13 Kilometer Gleisen unterwegs sind, ist gar nicht so wichtig. Das wirklich Tolle ist, Tausende liebevoll geschaffener Details zu entdecken.

// www.miniatur-wunderland.de

05 TEE GENIESSEN IM OSTFRIESISCHEN TEEMUSEUM

Zu Beginn des 17. Jahrhunderts erreichte der Tee Ostfriesland, und dessen Einwohner fanden sofort Geschmack am exotischen Kräutergebräu. Heute schlürfen sie das ursprünglich aus Asien importierte Getränk in rauen Mengen, 300 Liter soll ein gestandener Ostfriese im Jahr zu sich nehmen. Selbst in Notzeiten, in dem Hunger in den ostfriesischen Landstrichen vorherrschte, galt das erste Augenmerk immer dem Tee. Als Napoleon Bonaparte den Handel mit Übersee unterband, wurden die Ostfriesen sogar zu Schmugglern. Kein Wunder, dass man in Ostfriesland in Norden dem Tee ein eigenes Museum widmet. Der Tee hat die Kultur in Ostfriesland stark geprägt, die auf plattdeutsch »Teetied« genannte Teezeit ist fast schon heilig und wird auch als »ostfriesische Teezeremonie« bezeichnet. So stehen nicht nur der Tee und seine Zubereitung im Mittelpunkt des Museums, es wird ebenso über den Beginn des Teehandels unterrichtet, das spezielle ostfriesische Teegeschirr ausgestellt und die gemütlichen Wohnstuben der Ostfriesen werden hergezeigt.

Ostfriesisches Teemuseum // Am Markt 36, 26506 Norden

// **www.teemuseum.de**

06 MUSEUMSINSEL BERLIN

Auf der Museumsinsel erwartet den Besucher auf einem Areal von weniger als einem Quadratkilometer ein weltweit einzigartiges Ensemble von fünf Museen, die zusammen mehr als 5000 Jahre Menschheitsgeschichte repräsentieren. Als einer der ersten Museumsbauten Deutschlands entstand das Alte Museum (1824–1828) nach Plänen von Schinkel, das antike Gemälde und Skulpturen präsentierte. Da der Platz bald nicht mehr ausreichte, ließ Friedrich Wilhelm IV. die gesamte Insel reservieren und zwei weitere Bauten in Auftrag geben. Nach Plänen des Schinkel-Schülers Friedrich August Stüler entstand das Neue Museum (1843–1855) zur Entwicklung der Künste vom alten Ägypten bis zur Renaissance, das 2009 neu eröffnete. Die Alte Nationalgalerie (1866–1876), 2001 wiedereröffnet, war Malerei und Bildhauerei der Gegenwart gewidmet. 1904 wurde das Bode-Museum (vormals Kaiser-Friedrich-Museum) eingeweiht. Hier residieren

Ganz oben: Blick ins Bode-Museum. Oben: 13 Meter hoch ist das Prachtstück im Sauriersaal, dem beliebtesten Saal des Berliner Museums für Naturkunde. 1912 wurde es aus dem heutigen Tansania nach Berlin gebracht.

nach Renovierung wieder die Skulpturensammlung, das Museum für Byzantinische Kunst und das Münzkabinett. 1930 kam das Pergamonmuseum hinzu, das erste Architekturmuseum der Welt, das riesige Fundstücke aus Vorderasien präsentiert und die Antikensammlung und das Museum für Islamische Kunst beherbergt.

Museumsinsel Berlin // Bodestraße 1–3, 10178 Berlin

// **www.museumsinsel-berlin.de**
// **www.smb.museum**

07 MUSEUM FÜR NATURKUNDE BERLIN

Mit mehr als 30 Millionen Sammlungsobjekten und rund 6600 Quadratmetern Ausstellungsfläche ist es das größte deutsche Naturkundemuseum und eines der fünf größten der Welt. Hauptattraktion ist die Ausstellung »Saurierwelt« im überdachten Lichthof des Museums. Hier findet man auch das größte aufgebaute Dinosaurierskelett weltweit (Brachiosaurus brancai). Mediale Fernrohre, »Juraskop« genannt, lassen die Dinosaurier zumindest virtuell wieder lebendig werden: Blickt man durch ein solches Fernrohr auf eines der ausgestellten Saurierskelette, wandelt sich das Tier in einer Animation in ein Wesen aus Fleisch und Blut, als bewege es sich in seiner natürlichen Lebensumgebung vor 150 Millionen Jahren. Ebenso im Lichthof zu sehen ist ein weiteres Highlight des Museums, das berühmte »Berliner Exemplar« des Urvogels (Archaeopteryx lithographica) im Original.

Museum für Naturkunde // Invalidenstraße 43, 10115 Berlin

// **www.museumfuernaturkunde.berlin**

08 MAGDEBURGER JAHRTAUSENDTURM

Magdeburg war einst die Morgengabe, die Kaiser Otto I. seiner Frau Editha zur Hochzeit schenkte. Als Vorposten der kaiserlichen Macht wurde sie repräsentativ ausgebaut. Diese trutzige Pracht des Mittelalters ist heute noch deutlich in der Innenstadt zu spüren. Ganz anders wirkt da das Gelände der Bundesgartenschau 1999 im Elbauenpark: Hier entstand ein Freizeitpark mit Themengärten, Spielmöglichkeiten, Sportareal, Kletterturm und Sommerrodelbahn. Ein Hingucker ist der spitzhutförmige Jahrtausendturm, in dessen Innerem Wissenschaftsgeschichte interaktiv erfahrbar wird. Auf fünf Ebenen, die sich durch den schief konstruierten Holzturm ziehen, reist man durch 6000 Jahre Erfindungen und Errungenschaften der Menschheit, gerade im Winter ein spannender – und warmer – Zeitvertreib. Auf der sechsten Ebene in dem 60 Meter hohen Bau befindet sich eine Aussichtsplattform.

Jahrtausendturm Magdeburg //
Tessenowstraße 7, 9114 Magdeburg

// **www.jahrtausendturm-magdeburg.de**

Links: Die einzigartige
Ausstellung im Deutschen
Hygiene-Museum über die
Geschichte der Gesund-
heitsvorsorge wurde von
dem Odol-Fabrikanten
Linger ins Leben gerufen
und seitdem immer
wieder modernisiert.
Neben Darstellungen des
menschlichen Körpers
machen auch Modelle
anderer Lebewesen
Furore.

⑨ HISTORISCHES GRÜNES GEWÖLBE

Eine der reichsten und berühmtesten Preziosensamm-lungen Europas ist an ihren Ursprungsort im Dresd-ner Residenzschloss zurückgekehrt. Seinen Namen erhielt das Museum nach den grünen Wänden der »Geheimen Verwahrung«, in der sächsische Herrscher ihre Schätze gelagert hatten. Bis 1730 ließ August der Starke im Erdgeschoss des Schlosswestflügels eine glanzvolle Schausammlung einrichten und machte sie ausgewähltenBesuchern zugänglich. Nach umfang-reicher Rekonstruktion wurde das Historische Grüne Gewölbe 2006 wiedereröffnet. Die unterschiedlich gestalteten Räume mit ihren Spiegelwänden und der Fülle an frei aufgestellten Ausstellungsstücken bilden ein barockes Gesamtkunstwerk.

Historisches Grünes Gewölbe // Residenzschloss, Taschenberg 2, 01067 Dresden
// gruenes-gewoelbe.skd.museum

⑩ DEUTSCHES HYGIENE-MUSEUM IN DRESDEN

Im Jahr 1911 fand in Dresden die mit mehr als fünf Millionen Besuchern höchst erfolgreiche »I. Interna-tionale Hygiene-Ausstellung« statt. Ein Jahr später in-itiierte der Odol-Fabrikant Karl August Lingner die Gründung des Deutschen Hygiene-Museums. 1930 bezog das Museum einen von Wilhelm Kreis entwor-fenen monumentalen Bau zwischen Stadtzentrum und Großem Garten; die größte Attraktion war der

Gläserne Mensch. Der Name blieb über die Jahrzehn-te derselbe, das Programm änderte sich mit den ge-sellschaftlichen Verhältnissen. Ab 1991 erhielt die Ein-richtung als »Museum vom Menschen« eine aktuel-le, an den innovativen Ansatz der Gründerjahre an-knüpfende Konzeption. 2004 und 2005 öffnete die neue Dauerausstellung »Abenteuer Mensch« in zwei Etappen ihre Pforten. Das Kindermuseum ist den fünf Sinnen des Menschen gewidmet.

Deutsches Hygiene-Museum Dresden //
Lingnerplatz 1, 01069 Dresden
// www.dhmd.de

⑪ SCHOKOLADENMUSEUM IN KÖLN

Verführerisch langsam rinnt die Süßigkeit am Scho-koladenbrunnen herunter, mit Waffeln schnappt man sich ein wenig von der leckeren Sauce. Doch das Scho-koladenmuseum in Köln hat mehr zu bieten als nur die Verkostung von Schokolade. In einem Tropenhaus kommt man dem Ursprung der leckeren Versuchung näher, dort kann man nämlich Kakaobäume bewun-dern. Die Schokolade stammt ursprünglich aus Süd-amerika. 1500 Jahre vor unserer Zeitrechnung ent-deckten die Olmeken im heutigen Mexiko die Kakao-bohne, die Azteken machten daraus ein Getränk: »xocóatl«, Schokolade eben. Mit den Spaniern kam sie nach Europa und verbreitete sich – es wundert kaum – schnell über den ganzen Kontinent. Allerdings erst, nachdem man dem doch recht bitteren Trank Honig oder Zucker beigab. Eine Zeit lang wurde er in Apotheken angeboten, da er als Medizin galt. Mittlerweile wird in Deutschland die größte Menge Schokolade weltweit produziert, eine Million Tonnen pro Jahr. Folgerichtig ist das Schokoladenmuseum auch das meistbesuchte Museum der Stadt Köln, das sehenswert in die Kulturgeschichte des »braunen Goldes« einführt.

Schokoladenmuseum Köln // Am Schokoladenmuseum 1a, 50678 Köln
// www.schokoladenmuseum.de

⑫ BONNER MUSEENLANDSCHAFT

Museen gibt es in Bonn reichlich, so auf der »Museumsmeile« die Kunst- und Ausstellungshalle der Bundesrepublik Deutschland, das Kunstmuseum Bonn mit Werken des Rheinischen Expressionismus und das Haus der Geschichte der Bundesrepublik Deutschland. Auf mehr als 4000 Quadratmetern zeigt das Haus deutsche Zeitgeschichte vom Ende des Zweiten Weltkriegs bis in die Gegenwart. Der Eintritt ist frei. Wissenswertes über die Fauna erfährt man im Zoologischen Forschungsmuseum Alexander Koenig in der Adenauerallee, einer bedeutenden naturkundlichen Einrichtung. Das Geburtshaus Beethovens zeigt etwa 150 Exponate, darunter Porträts, Handschriften, Notendrucke, Musikinstrumente und Gebrauchsgegenstände, die einen Einblick in Beethovens Leben und Arbeiten ermöglichen. Sehenswert sind selbstverständlich auch die Bauten, die an Bonns Zeit als Sitz der Bundesregierung erinnern.

// www.museumsmeilebonn.de

⑬ SENCKENBERG-MUSEUM FRANKFURT

Schon in der Grünanlage vor dem Museumsportal in Frankfurt beeindrucken ein Tyrannosaurus rex und ein Tyrannosaurus diplodocus in Lebensgröße – obgleich sie nur aus modernen Materialien nachgebildet sind. Eine ganze Reihe von Originalskeletten dieser Urzeitechsen zählt zu den Hauptattraktionen der Senckenbergschen Kollektion. Großer Beliebtheit, und das nicht nur bei den kleinen Museumsbesuchern, erfreut sich auch eine präparierte Riesenschlange, die ein ausgestopftes Wasserschein ver-

schlingt. Man geht aber auch mit der Zeit und kann die Dinosaurier mit der Virtual-Reality-Brille erfassen. Insgesamt umfasst das schon im 19. Jahrhundert begründete Museum heute eine halbe Million Ausstellungsstücke aus fast allen Epochen der Erdgeschichte und gilt als führende naturhistorische Sammlung Deutschlands.

Senckenberg Naturmuseum // Senckenberganlage 25, 60325 Frankfurt am Main
// www.senckenberg.de

Rechts oben: Eines der meistbesuchten Museen Kölns befasst sich mit einer der schönsten Nebensachen – Schokolade.

Rechts unten: Tief in die Geschichte des Lebens taucht man im größten Naturgeschichtemuseum Deutschlands ein, dem Frankfurter Senckenberg-Museum.

🄔 TECHNIK MUSEUM SPEYER

Wissenschaft zum Anfassen, Verstehen und Mitmachen wird im Technik Museum Speyer bereits seit 1991 geboten. Hier sind die Dächer alter Industriehallen gekrönt von riesigen Flugzeugen, frisch poliert und mit Tragflächen, die von den Besuchern begangen werden können. Und hier erfährt man auch, wie Landekapseln von Raumschiffen von innen aussehen oder wie viel Platz U-Boote tatsächlich bieten. Genial auch für Kinder: An realen Objekten wie Löschfahrzeugen oder Lokomotiven und Schiffen werden Funktionsweisen nachvollziehbar dargestellt. Wo sonst kann man schon mal im Cockpit einer Boeing 747 Platz nehmen? In der denkmalgeschützten »Liller Halle« aus dem Jahr 1913 (25 000 Quadratmeter) und auf dem riesigen Freigelände (150 000 Quadratmeter) beeindrucken Vielzahl und Größe der Exponate aus dem gesamten Technikbereich der Mobilität und des Transportwesens, ob zu Wasser, Land oder Luft, von der Vergangenheit bis zur heutigen Zeit. Viele der Fahr- und Flugzeuge sind dabei begehbar und können somit aus nächster Nähe betrachtet werden. 1993 machte das Unterseeboot der Bundesmarine mit 46 Meter Länge und 466 Tonnen den Anfang der Superlative. Der »Jumbo Jet« kam 2003 zerlegt an und dann auf das Dach des Museums. Auch jede Menge Oldtimer-Autos und -Motorräder begeistern nicht nur ältere Generationen, für Kinder gibt es zahlreiche Mitmachaktionen. Das IMAX- 3D-Kino bietet Filmabenteuer, die von maritimen und alpinen Welten erzählen.

Technik Museum Speyer //
Am Technikmuseum 1, 67346 Speyer
// speyer.technik-museum.de

🄕 SPIELZEUGDORFF SEIFFEN

Spielzeugwinkel nennt man den staatlich anerkannten Erholungsort Seiffen im Erzgebirge auch. Über 140 Werkstätten drechseln und schnitzen hier das traditionelle Spielzeug der Bergmänner, ob nun Nussknacker, Pyramiden, ganze Weihnachtskrippen oder Engel. Der Besucher wird die Stadt mit Sicherheit mit einem der Holzspielzeuge verlassen. Wer erfahren will, dass hinter den Nussknackern und Räuchermännern nicht nur Spielerei steckt, sondern sie aus purer Not geboren sind, der besucht das Spielzeugmuseum in Seiffen. Nicht nur werden hier besonders alte und schöne Exemplare der erzgebirgischen Volkskunst gezeigt, sondern es wird auch die Geschichte der sie ursprünglich drechselnden Bergmänner erzählt.

Erzgebirgisches Spielzeugmuseum // Hauptstraße 73, 09548 Kurort Seiffen/Erzgebirge
// www.spielzeugmuseum-seiffen.de

🄖 MUSEUM INDUSTRIEKULTUR IN NÜRNBERG

Wo in den 1920er-Jahren noch Schrauben gefertigt wurden, befindet sich heute eines der größten Museen des Landes zum Thema Industriegeschichte. Das Museum Industriekultur zeigt die Wirtschaftsgeschichte der Stadt Nürnberg und der gesamten Region vom ausgehenden 19. Jahrhundert bis heute. Dabei geht es interaktiv zu: Man kann in einer Druckerei selbst Hand anlegen, Bleistifte herstellen oder die ersten Computerspiele testen. Das Herzstück der Sammlung ist die Museumsstraße, entlang der man durch die Jahrzehnte wandelt und in die Alltagskultur der jeweiligen Zeit eintauchen kann. Dabei wird die Tech-

nikgeschichte ebenso vorgestellt, wie auch Einblicke
in Wohnräume oder ein Kino gegeben werden. Für
Kinder ist das Matheland eine besonders reizvolle Er-
gänzung: Selbst Mathemuffel werden hier spielerisch
in die Welt der Zahlen entführt und erfahren durch
Experimente deren Anwendung in unserem Alltag.

Museum Industriekultur // Äußere Sulzbacher
Straße 60–62, 90491 Nürnberg
**// museen.nuernberg.de/
museum-industriekultur**

⑰ DEUTSCHES MUSEUM IN MÜNCHEN

Das berühmteste Museum des Landes ist ein Pub-
likumsmagnet: 1,4 Millionen Touristen aus der ganzen Welt besuchen jährlich den weitläufigen Bau auf
der Museumsinsel an der Ludwigsbrücke. Die 1903
von Oskar von Miller gegründete Sammlung ist mit
über 28 000 Exponaten eines der größten naturwis-
senschaftlich-technischen Museen der Welt. Zweig-
stellen sind das Verkehrszentrum auf der Theresien-
höhe, die Flugwerft in Oberschleißheim und das Deutsche Museum in Bonn. Auch für Leute, die sich nicht
so sehr für technische Themen interessieren, lohnt
sich ein Besuch. Das nachgebaute Bergwerk im Un-
tergeschoss, die riesigen Luft- und Schifffahrtshallen

oder das Planetarium ziehen fast jeden Besucher in
ihren Bann.

Deutsches Museum // Museumsinsel 1,
80538 München
// www.deutsches-museum.de

NICHT VERPASSEN!

Bergwelt Karwendel // Das architektonisch
spektakuläre Gebäude der »Bergwelt Karwendel« hat eine Länge von 34 Metern und einen
Durchmesser von acht Metern. Das naturkund-
liche Informationszentrum wird wegen seiner
Form auch Fernrohr genannt. Das elliptische
Fenster, 1300 Meter hoch über Mittenwald,
hat eine Fläche von 24 Quadratmetern. Die
Ausstellung erklärt das Zusammenspiel von
Flora, Fauna und Klima im Gebirge.
// www.karwendelbahn.de

NOSTALGISCH REISEN
MIT PFERDESTÄRKE UND DAMPFKRAFT

#22

Vor 150 Jahren war die Dampflokomotive der Inbegriff des technischen Fortschritts: rasant, kraftvoll, spektakulär. Heute haftet ihr viel Nostalgie an, wenn sie durch die Lande tuckert. Auch Fahrten mit der Kutsche oder auf dem Raddampfer sind außergewöhnliche Erlebnisse, bei denen es langsamer, aber dafür bedachter vorangeht und man der Hektik des modernen Alltags ein wenig entgegenwirkt.

01 UNTERWEGS MIT DER HARZER SCHMALSPURBAHN

Wenn sich die alten Dampflokomotiven der Harzer Schmalspurbahn rauchend und fauchend auf dem Brocken winden, dann schlägt das Herz vieler Eisenbahnfans höher. Auch die Orte Wernigerode, Nordhausen, Hasselfelde, Harzgerode und Quedlinburg können mit nostalgischen Zügen erreicht werden. Mit 140 Kilometern verfügen die Harzer Schmalspurbahnen (HSB) über das größte dampfbetriebene Bahn-

netz Europas. Genutzt werden sie von mehr als einer Million Fahrgästen jährlich. Die spektakuläre Landschaft sowie über 400 Brücken und Tunnel lassen die Fahrt zu einem ganz besonderen Erlebnis werden. Neben ihrer historischen Bedeutung sind die Züge der HSB mit ihrem ganzjährigen Fahrplan auch ein wichtiges öffentliches Verkehrsmittel im Harz. Zum Einsatz kommen 25 verschiedene Dampfloks von der zierlichen Mallet-Gelenklok aus dem Jahr 1897 bis hin zum mächtigen »Harzbullen«. Während auf der viel befahrenen Brockenstrecke nur mit Dampf gefahren wird, verkehren auf den anderen Routen teilweise auch Dieselloks und Dieseltriebwägen. Neben dem Normalverkehr werden zahlreiche Sonderfahrten, Werkstattbesichtigungen und sogar Schnupperkurse als »Dampflok-Führer« angeboten.

Harzer Schmalspurbahnen GmbH // Friedrichstraße 151, 38855 Wernigerode

// www.hsb-wr.de

Mit Dampf auf den Brocken: Trotz der schönen Wanderwege ist die Fahrt mit den Dampfzügen der Harzer Schmalspurbahn auf den Brocken ein besonderes Erlebnis. Die Züge haben Anschluss an die anderen Strecken der Schmalspurbahn, etwa nach Wernigerode, Nordhausen, Harzgerode und Quedlinburg.

01 HARZER SCHMALSPURBAHN

02 BÄDERBAHN »MOLLI«

03 DRAISINENTOUR IN DER
   MECKLENBURGISCHEN SEENPLATTE

04 BLECKEDE

05 DRAISINENTOUR IM GLANTAL

06 KUCKUCKSBÄHNEL

07 MIT DER POSTKUTSCHE IM ERZGEBIRGE

08 RADDAMPFER »HOHENTWIEL«
   AUF DEM BODENSEE

09 CHIEMSEE-DAMPFBAHN

10 HÖRNERDÖRFER

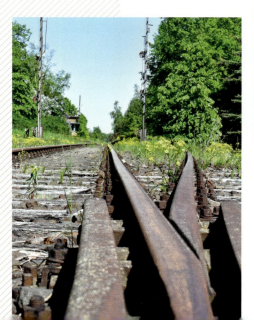

Links und oben: Mit der Draisine geht es auf stillgelegten Bahngleisen gemächlich durch die Landschaft der Mecklen-burgischen Seenplatte. Ganz oben: Eine gemütliche Fahrt mit der 100-jährigen historischen Bäderbahn »Molli« von Kühlungsborn über Heiligendamm nach Bad Doberan ist ein einmaliges Nostalgie-Erlebnis für die ganze Familie.

Rechts: Der historische Raddampfer »Kaiser Wilhelm« geht auf der Elbe auf Touren durchs Wendland.

② AUSFLUG MIT DER »MOLLI«

Zwischen Kühlungsborn und Bad Doberan fährt man mit dem Dampfzug. Denn hier ist die historische Bäderbahn »Molli« unterwegs. Außer einer regelmäßigen Verbindung zwischen beiden Orten – auch mit Fahrradtransport – werden mit der Molli immer wieder Erlebnisfahrten angeboten: etwa Touren inklusive Raubüberfall, Schatzsuche für Kinder, Werkstattbesichtigung, Fotostopp oder Nachtwächterführung in Bad Doberan. Auch gibt es die Möglichkeit, gegen Aufpreis und Voranmeldung im Führerstand mitzufahren.

Mecklenburgische Bäderbahn Molli GmbH //
Fritz-Reuter-Straße 1, 18225 Kühlungsborn
// www.molli-bahn.de

③ DRAISINENTOUR IN DER MECKLENBURGISCHEN SEENPLATTE

Die Bahngleise von Karow nach Borok und Waren (Müritz) nach Malchin werden heute nicht mehr für den Zugverkehr genutzt, sondern für Draisinen. Dies sind vierrädige Gefährte, die von zwei Fahrern wie ein Fahrrad betrieben werden und zwei weiteren Personen eine Mitfahrgelegenheit bieten. Die 7-Gangschaltung garantiert eine entspannte Fahrt, die mit einer Spitzengeschwindigkeit von elf Stundenkilometern an stillgelegten Bahnhöfen und historischen Gutshöfen sowie an Seen, Wäldern und weiten Wiesen vorbeiführt. Während die befahrbare Strecke von Karow aus 23 Kilometer beträgt, sind es von Waren

(Müritz) aus nur 13 Kilometer, weshalb von dort aus auch Halbtagestouren angeboten werden.

// www.draisine-mecklenburg.de

④ GEMÄCHLICH UNTERWEGS RUND UM BLECKEDE IM WENDLAND

Historisches Ambiente, eine reizvolle Flusslandschaft sowie reichlich Kunst, Kultur und Natur – all das bietet diese über 800 Jahre alte Stadt. Und in puncto vielfältige Fortbewegungsmittel ist sie wohl nur schwer zu übertreffen: Bleckede und Umgebung kann man

NICHT VERPASSEN!

Biosphaerium Elbtalaue // Unterhaltsam ist das »Biosphaerium Elbtalaue« im Schloss Bleckede, das viel Wissenswertes rund um Elbe und Elbtalaue bietet und in dem sogar echte Biber zu sehen sind. Wer die rund 90 Stufen des Aussichtsturms erklimmt, wird mit einem grandiosen Blick über die Elbe belohnt.
// www.biosphaerium.de

Links: Mit Muskelkraft oder per E-Antrieb kann man auf der Draisine im Glantal die Natur erkunden.

zu Fuß, per Fahrrad, mit dem Oldtimerzug »Heide-El-be-Express«, per Kutsche oder mit Draisinen erkunden. Und auf der Elbe fährt auch noch der alte Raddampfer »Kaiser Wilhelm« von 1900. Ein guter Zeitpunkt für einen Besuch ist das Historische Wochenende alljährlich im August mit mittelalterlichem Burgfest und Oldtimertreffen.

// **raddampfer-kaiser-wilhelm.de**

05 DRAISINENTOUR IM GLANTAL

Inmitten idyllischer Täler und reizvoller Hügellandschaften liegt im Nordwesten der Pfalz das Pfälzer Bergland, auch Kuseler Musikantenland genannt. Das Glantal mittendrin bietet Erlebnisse ganz besonderer Art: Entlang einer in den 1980er-Jahren stillgelegten Bahnstrecke von über 40 Kilometern lässt sich die liebliche Landschaft romantisch auf einer Draisinentour entdecken. Reizvoll ist hier nicht nur die gemächliche Art der Fortbewegung: Genussvoll sind zwischendurch auch die Pausen – entweder beim Einkehren in ein Gasthaus oder bei einem Picknick auf einem der eigens dafür angelegten Plätze an dieser schönen Strecke zwischen Staudernheim und Altenglan. Von März bis Oktober kann man mit verschiedenen Arten von Draisinen durch das wunderschöne Glantal fahren: einfach wie mit dem Fahrrad, allerdings entfällt das selbsttätige Lenken. Das Fahren mit der viersitzigen Fahrraddraisine erfordert etwas mehr Kraftaufwand.

Einfacher sind da die Fahrten mit elektrisch betriebenen Draisinen. Auch barrierefreie Schienenfahrzeuge stehen zur Verfügung. Für größere Gruppen bieten sich die Konferenzdraisinen an, für kleinere die Handhebeldraisine. Bis zu 20 Personen lassen sich gemütlich mit einem Traktor auf der Planwagendraisine durch die Landschaft ziehen. Befahren wird die Strecke pro Tag nur in eine Richtung. An geraden Kalendertagen geht es von Staudernheim nach Altenglan, an den ungeraden Tagen wird in die entgegengesetzte Richtung gefahren.

Draisinentour // Ausleihstation Altenglan, Bahnhof, 66885 Altenglan
Ausleihstation Staudernheim // Bahnhofstraße, 55568 Staudernheim

// **www.draisinentour.de**

06 WEINPROBE AUF ACHSE

Einmal richtig unter Dampf stehen, sich dabei aber gar nicht bewegen müssen? Solch ein Idealzustand lässt sich ganz nostalgisch und gemütlich erreichen, wenn man sich auf Wanderschaft durch das romantische Elmsteiner Tal im schönen Pfälzerwald begibt: Stilvoll auf Fahrt gebracht hat das Neustadter Eisenbahnmuseum das »Kuckucksbähnel«. Seit 1984 geht es auf historischer Route durchs Tal des Speyerbachs mit den aufwendig und liebevoll restaurierten Dampfloks. Besonders beliebt sind dabei die Weinprobefahrten. Viele Wanderer steigen unterwegs ins Kuckucksbähnel, um kurz zu Kräften zu kommen und dann von anderen Stationen aus weiterzuwandern, während die urigen Dampfloks in der Saison von Mai bis Oktober auf Nostalgie-Tour durch das Tal des Speyerbachs rattern und schnaufen. Die Fahrtage der Museumsbahn sind auf die Nahverkehrsverbindungen abgestimmt und auf der Homepage des Eisenbahnmuseums Neustadt einzusehen. Da lässt sich die Wandertour an den einzelnen Stationen bestens zum Zusteigen und Pausieren nutzen oder prächtig ergänzen durch die zünftigen Weinproben auf stählernen Achsen. Diese kulinarischen Sonderfahrten sollten aber früh reserviert werden.

Eisenbahnmuseum Neustadt und Kuckucksbähnel // Schillerstraße 3, 67434 Neustadt an der Weinstraße

// www.eisenbahnmuseum-neustadt.de

07 MIT DER POSTKUTSCHE RUND UM DRESDEN UND IM ERZGEBIRGE

Wenn heute die Pferdehufe über das Pflaster klappern, das Leder des Geschirrs knarrt, das Horn erklingt und die nostalgische Kutsche im typischen Gelb-Schwarz vorbeirollt, wirkt dieses romantische Bild fast ein wenig wie aus der Zeit gefallen, ein echter Kontrapunkt zum vielfach hektischen Straßenverkehr und Zeugnis dafür, wie sehr sich die Fortbewegung binnen 200 Jahren verändert hat. Die Postkutschen stammen aus einer ganz anderen Epoche der Mobilität: Der Bahnverkehr steckte auch im 19. Jahrhundert vielerorts noch in den Kinderschuhen, die Wege waren weit, und doch wollten auch die Menschen dieser Zeit kommunizieren und mussten Distanzen überwinden. Auch in Sachsen erfüllten die Postkutschen dieses Bedürfnis; Postwege erschlossen das Land und verbanden Städte. Die Motorisierung machte die Kutschen im 20. Jahrhundert überflüssig, doch im 21. Jahrhundert wurden die alten Poststraßen und -kutschen wiederentdeckt und machen erlebbar, wie man früher reiste. Eine vollkommen authentische Reise wird eine heutige Fahrt mit der Postkutsche in Sachsen nicht sein, wohl aber eine einzigartige Erfahrung, wenn es, vielleicht nach einer Besichtigung der Altstadt Dresdens mit dem Vierspänner von der Landeshauptstadt aus auf alten sächsischen Poststraßen in den nahen Tharandter Wald geht. Vielleicht ist von

Bilder rechts: Reisen wie anno dazumal: Mit der Postkutsche geht es durchs Vogtland und ins Erzgebirge. An vielen Orten erinnern Häusernamen und Postmeilensäulen an die glorreiche Zeit der Postkutscher.

Dresden aus auch die Sächsische Schweiz das Ziel, oder die Kutsche startet in Pirna, wo der Besuch der Marienkirche mit ihrem prächtigen Deckengewölbe gleichfalls in historische Stimmung versetzt. Es kann auch im Erzgebirge losgehen; in Frauenstein bietet sich eine Zeitreise anderer Art an, nämlich in die Epoche des berühmten sächsischen Orgelbauers, dem das Gottfried-Silbermann-Museum ein Denkmal setzt.

// www.poststrassen-erleben.de

Historische Postkutsche Oberwiesenthal // Pferdefuhrgeschäft Christoph Kaufmann

// www.kutschfahrt-oberwiesenthal.de

Postkutschen- und Postschlittenfahrt im Tharandter Wald // Postkutschenverein Tharandt, Andre Kaiser, Hauptstraße 5c, 01737 Tharandt/OT Grillenburg

// www.tharandt.de

GUT ZU WISSEN

Auf schmalen Spuren durch Sachsen: Wie einst schnauben und dampfen kleine Bahnen wieder durch Täler und Wiesen, hinauf auf Berge und von Ort zu Ort.

Zittauer Schmalspurbahn // Geradezu schwindelerregend schnell: Die Züge bringen es auf sagenhafte maximal 30 km/h. Also genau das richtige Tempo, um die Strecke zwischen Zittau und Oybin bzw. Jonsdorf entspannt zu genießen.

// www.zittauer-schmalspurbahn.de

Fichtelbergbahn // Was hat denn der Räuchermann mit dem Zug zu tun? Im 1. Räuchermannmuseum in Cranzahl warten die liebenswerten dampfenden Gesellen auf einen Besuch, und dann geht es ebenso dampfend mit der Bahn hinauf nach Oberwiesenthal, Deutschlands höchstgelegener Stadt.

// www.fichtelbergbahn.de

Weißeritztalbahn // Da geht Bahnnostalgikern nicht nur bei der Dampfzugfahrt von Freital aus durch den urtümlichen Rabenauer Grund und vorbei an der Talsperre Malter das Herz auf. Am Ziel, im Kurort Kipsdorf, wartet auch ein historisches Bahnhofsgebäude.

// www.weisseritztalbahn.com

Waldeisenbahn Muskau // Wer Parklandschaften mag, wird begeistert sein – wer Parks und historische Technik mag, noch mehr. Denn beides kann man haben zwischen Bad Muskau und Kromlau; für die Technikfans ist der Abstecher in den Museumsbahnhof Pflicht.

// www.waldeisenbahn.de

08 MIT DEM RADDAMPFER »HOHENTWIEL« ÜBER DEN BODENSEE

Sie ist ein Original vom Bodensee und heute sogar in zahlreichen Hollywood-Filmen (unter anderem auch im James-Bond-Streifen »Ein Quantum Trost« aus dem Jahr 2008) zu sehen: Die »Hohentwiel« ist das letzte Schiff der Königlich Württembergischen Bodenseeflotte. Im Jahr 1913 wurde der Schaufelraddampfer erstmals in den Dienst gestellt und schippert noch heute über seinen Heimatsee. Er wurde als Salondampfer erbaut und musste in jahrelanger Arbeit restauriert werden, bis er 1990 wieder als schwimmendes Denkmal den Betrieb aufnehmen konnte. Von ihrem Heimathafen Hard bei Bregenz fährt die Hohentwiel durch die Bregenzer Bucht und weiter über den Obersee. Heute wird sie für Rundfahrten benutzt, aber auch spezielle Erlebnisfahrten mit Musik und Tanz werden immer wieder angeboten.

Historische Schifffahrt Bodensee //
Hafenstraße 15, A-6971 Hard
// www.hohentwiel.com

09 MIT DER HISTORISCHEN CHIEMSEE-DAMPFBAHN FAHREN

Die älteste Dampfstraßenbahn der Welt verbindet seit 1887 den Bahnhof Prien mit der Schiffsanlegestelle Prien–Stock am Chiemsee. Gebaut wurde sie, um den Besucheransturm auf die Insel Herrenchiemsee zu

Unten: Dampfend führt die Fichtelbergbahn rund um Oberwiesenthal und zum 1. Räuchermannmuseum.

Auch an den Seen im Süden Deutschlands kann man in die beschaulichen Vorzüge einer langsamen Fanrt mit historischen Transportmitteln kommen: etwa mit dem Raddampfer »Hohentwiel« auf dem Bodensee (unten) oder mit der Dampfeisenbahn am Chiemsee (rechts).

bewältigen. Heute ist die Schmalspurbahn mit ihren charakteristischen grünen Waggons eine beliebte Touristenattraktion. Die Bänke der Chiemsee-Bahn werden übrigens bis heute mit einer Farbe nach einem altem Rezept aus dunklem Bier braun gefärbt!

Chiemsee-Schifffahrt Ludwig Feßler KG //
Seestraße 108, 83209 Prien am Chiemsee
**// www.chiemsee-schifffahrt.de/de/
chiemsee-bahn/chiemsee-bahn**

❿ WINTERGENUSS IN DEN HÖRNERDÖRFERN

Zu hören sind eigentlich nur das Schnauben der Rösser und das Quietschen der Kutsche und vielleicht das dumpfe Klappern der Hufe auf dem Schnee. So zieht man fast ganz still durch die herrliche Berglandschaft unterhalb der Gipfel der Hörnergruppe im Allgäu und durch die Hörnerdörfer Fischen, Ofterschwang, Obermaiselstein, Bolsterlang und Balderschwang. Der höchste Berg der Gipfelgruppe ist mit 1787 Metern das Riedberger Horn. Auf das dazugehörige Skigebiet bringt die Alpinsportler ein Sessellift, die Pisten gehen über in das benachbarte Skigebiet von Balderschwang, und so kann man auf über 30 Kilometern die Berge hinabrasen oder -kurven, ob nun auf Skiern oder mit dem Snowboard. »Bayerisch Sibirien« nennt sich Balderschwang auch, denn der hiesige Schneefall soll stark an die entlegene russische Region erinnern. Die Langläufer erkunden auf dem 110 Kilometer langen Loipennetz die Hörnerdörfer. Aber am bequemsten und vielleicht sogar am stimmungsvollsten erfährt man die Region ganz gemächlich in einer Pferdekutsche.

Tourismus Hörnerdörfer GmbH // Am Anger 15,
87538 Fischen i. Allgäu
**// www.hoernerdoerfer.de/
pferdekutschfahrten**

#23 TRADITIONSREICH
HISTORISCHE FESTE UND FESTSPIELE

Dem Alltag entfliehen und sich auf eine magische Zeitreise begeben? Die historischen Festspiele und Feste, die über das Jahr verteilt in ganz Deutschland stattfinden, laden ein, die Geschichte und Traditionen der Orte kennenzulernen: Ritterspiele, Musik- und Theateraufführungen, Märkte und kulinarische Besonderheiten ...

Oben: Noch vor 600 Jahren war Rügen eine Inselwildnis, die Piraten wie Klaus Störtebeker als Schlupfwinkel und Hinterhalt diente. Seinem Treiben gedenkt man bei den Störtebeker-Festspielen in Ralswiek.

Linke Seite: Im Nordosten Deutschlands ist das Tonnenabschlagen schon seit über 200 Jahren bekannt; besonders schön wird die Tradition jedes Jahr in Born auf dem Darß zelebriert.

01 TRADITIONELLES TONNENABSCHLAGEN IN BORN

Auf der Ostseehalbinsel Darß wird jedes Jahr das sogenannte Tonnenabschlagen gefeiert. Die jahrhundertealte Tradition geht vermutlich auf die Skandinavier zurück; Quellen belegen, dass der Brauch sich Anfang des 19. Jahrhunderts als Fest nach dem Abzug der Schweden aus Pommern etablierte. Bei dem heutigen Abschlagen müssen die Tonnenbundbrüder (und -schwestern) auf dem galoppierenden Pferd mit einem Knüppel ein Fass zerschlagen. Der, der den letzten Holzsplitter abschlägt, ist der König.

// www.darss.org

02 STÖRTEBEKER-FESTSPIELE AUF RÜGEN

Mit warmen Sommertemperaturen lockt Rügen nicht nur zum Baden, sondern auch zu einer Reise ins Mittelalter: Bei den Störtebeker-Festspielen stehen rund 150 Darsteller und 30 Pferde inmitten einer fantasti-schen Kulisse auf der großen Freilichtbühne in Ralswiek. Beim Festspiel-Event rund um den Hamburger Piraten Klaus Störtebeker blitzt, knallt und raucht es und halsbrecherische Stunts lassen das Publikum den Atem anhalten. Schiffe kreuzen auf der Ostsee und gehen dank Spezialeffekten in Flammen auf. Die sommerlichen Festspielabende krönt ein riesiges Feuerwerk über dem Großen Jasmunder Bodden.

Störtebeker Festspiele auf der Naturbühne Ralswiek // Am Bodden 100, 18528 Ralswiek
// www.stoertebeker.de

03 WIKINGERTAGE IN SCHLESWIG

Die Wikinger kommen! In Sichtweite von Haithabu, vor 1000 Jahren eine ihrer wichtigsten Wikingersiedlungen, fallen für ein Wochenende ihre heutigen Nachfahren zu einer mittelalterlichen Zusammenkunft ein. Originalgetreue Schiffe kreuzen auf der Schlei und es wird auch ordentlich gekämpft, wie es sich für

HAMBURG

BERLIN

KÖLN

MÜNCHEN

01 TONNENABSCHLAGEN IN BORN
02 STÖRTEBEKER-FESTSPIELE RÜGEN
03 WIKINGERTAGE SCHLESWIG
04 KIELER WOCHE
05 SEHUSAFEST
06 IM ZEICHEN WALLENSTEINS
07 WARENDORFER HENGSTPARADE
08 HOHNSTEINER PUPPENSPIELFEST
09 MÜHLHÄUSER KIRMES
10 NIBELUNGENFESTSPIELE WORMS
11 PETER-UND-PAUL-FEST BRETTEN
12 URACHER SCHÄFERLAUF
13 ROTHENBURGS »DER MEISTERTRUNK«
14 REICHSSTADTTAGE ROTHENBURG
15 NACHT DER OFFENEN WEINKELLER WÜRZBURG
16 »DIE KINDERZECHE« DINKELSBÜHL
17 TÄNZELFEST KAUFBEUREN
18 KALTENBERGER RITTERTURNIER
19 RITTERSCHAUSPIEL KIEFERSFELDEN
20 OBERAMMERGAUER PASSIONSSPIELE
21 PFERDEWALLFAHRT BAD TÖLZ
22 JOHANNIFEUER
23 PERCHTENLÄUFE
24 FURTHER DRACHENSTICH

Ganz oben: Alljährlich wird am Schleiufer eines der größten Open-Air-Spektakel in Schleswig-Holstein abgehalten: die Wikingertage. Am ersten Wochenende im August dreht sich dort alles um die Sitten und Gebräuche der Männer aus dem hohen Norden. Oben: Ähnlich actionreich geht es bei den Karl-May-Festspielen in Bad Segeberg zu.

*Rechts: Die Landeshaupt-
stadt Kiel trägt ein Boot in
ihrem Wappen. Kein
Wunder, denn der Hafen
hat seit jeher das Schicksal
der Einwohner bestimmt.
»Sailing City« nennt sich
Kiel selbst. Und das nicht
nur während des
jährlichen Segel-Festes,
der Kieler Woche.*

Wikinger gehört. Im zünftigen Dorf laden Handwerker und Händler zu einer Zeitreise ein. Für allerlei Kurzweil sorgen Gaukler, Feuerkünstler und ein Irish Folk Festival, während unterdessen die Kleinen in ihrem eigenen Dorf spielerisch lernen, was einen echten Wikinger ausmacht.

// www.wikingertage.de

SCHONER ERLEBEN BEI DER KIELER WOCHE

»Klar zur Wende!« Jedes Jahr Ende Juni wird die Kieler Förde zur maritimen Arena, wenn von der »Kiellinie« bis zum Olympiahafen Schilksee an der Ostsee mehr als 2000 Boote um die Meisterschaften der nationalen und internationalen Bootsklassen kämpfen. Mit 5000 Seglern ist die Kieler Woche das größte Segelsportereignis der Welt – »Starboote«, »Laser«, »Piraten«, »Drachen« und andere Klassen starten auf den Regattabahnen entlang der Förde, während parallel zum Wettkampf auf dem Wasser in der Landeshauptstadt Schleswig-Holsteins ein riesiges »Seglerfest« stattfindet: Über 1500 Veranstaltungen vom Kinderzirkus über Klassik-Konzerte begeistern die Zuschauer. Höhepunkt der Kieler Woche jedoch ist die Windjammerparade am Wochenende, traditionell angeführt vom Segelschulschiff der Bundesmarine, der »Gorch Fock«. Die Tradition der Kieler Woche reicht zurück bis 1882: Damals nahmen 20 Segeljachten, darunter eine dänische, an einer Privat-Regatta vor Düsternbrook teil. Zehn Jahre später waren es bereits 100 Teilnehmer – wegen ihrer unbeständigen Wind- und Wetterverhältnisse gilt die Ostsee vor Kiel noch heute als eines der anspruchsvollsten Segelreviere weltweit.

// www.kieler-woche.de

GUT ZU WISSEN

Vineta-Festspiele // Eine halbe Meile vor der Küste der Insel Usedom liegt eine versunkene Stadt auf dem Meeresgrund, das sagenhafte Vineta. In früheren Zeiten zählte sie wohl zu den bedeutendsten Städten Europas. Um die versunkene Stadt Vineta dreht sich das jährliche Sommerprogramm der Ostseebühne Zinnowitz von Ende Juni bis Ende August, ein actionreiches Fantasyspektakel mit Lasershow und Pyrotechnik.

// www.vineta-festspiele.de

Karl-May-Festspiele in Bad Segeberg // Ein Klassiker, aber immer ein Erlebnis für die ganze Familie, ist der Besuch einer Karl-May-Aufführung im großen Freilichttheater von Bad Segeberg mit seinem Kalkberg. Im Theater finden rund 7500 Zuschauer Platz. Der Wilde Westen wird hier seit 65 Jahren live in Szene gesetzt – mit ordentlich Spannung, atemberaubenden Stunts und viel Feuerzauber. Das macht sichtlich auch den Akteuren Spaß. In jedem Sommer wird ein neues Werk des Meisters inszeniert. Das restliche Jahr über werden auch Konzerte und Shows aufgeführt.

// www.karl-may-spiele.de

05 GESCHICHTE ERLEBEN BEIM SEHUSAFEST

Beim größten Historienfest Norddeutschlands spielen rund 1000 Einwohner von Seesen rund um die Burg Sehusa jedes Jahr am ersten Septemberwochenende die Geschichte ihrer Stadt vom Mittelalter bis zum Rokoko in stilechten Gewändern nach. Höhepunkt ist die spektakuläre Freilichtaufführung der Sage vom Silberhohl. Sie erzählt, wie eine Raubritterburg mit all ihren Schätzen in einer Gewitternacht im Erdboden versunken sein soll. Außerdem sind geboten: Historienmarkt, Tanz, Musik, Feuerwerk, Puppentheater, Ringstechen, Adlerschießen, Reiterquadrille, Ritterturnier und Festumzug.

Historienfestverein zu Seesen e.V. //
Wilhelmshöher Straße 40, 38723 Seesen
// **www.sehusafest.de**

06 IM ZEICHEN WALLENSTEINS

Im Jahr 1628 belagerte der kaiserliche Feldherr Wallenstein im Dreißigjährigen Krieg vergeblich die Hansestadt Stralsund. Das feiern die Stralsunder jedes Jahr Ende Juli mit einem Historienspektakel in der schönen Altstadt. Dazu gibt es nicht nur ein historisches Markttreiben und ein Bühnenprogramm sowie natürlich einen Festumzug, sondern alle Stralsunder und auch Besucher, die sich rechtzeitig anmelden, sind aufgerufen, in historischen Kostümen Teil des bunten Treibens zu werden.

Im Sommer 1630 wiederum schlug der böhmische Feldherr sein Quartier im bayerischen Memmingen auf. Seit 1980 wird diese Episode aus dem Dreißigjährigen Krieg alle vier Jahre zu Europas bedeutendstem Historienfest: Eine ganze Woche lang spielen 4500 Mitwirkende für rund 200 000 Zuschauer. Es werden Reiterspiele veranstaltet, historische Gottesdienste abgehalten und mittelalterliche Umzüge gemacht. Historische Stimmung kommt auch beim Lagerleben auf dem Handwerkermarkt auf.

Wallensteintage Stralsund // jährlich in der Altstadt von Stralsund
// **www.wallensteintage.de**

Wallenstein-Festspiele in Memmingen //
alle vier Jahre in der Altstadt von Memmingen
// **www.wallenstein-mm.de**

Ganz oben: Die Ritter sind los! Und zwar auf Burg Sehusa in Seesen, wenn hier jährlich Norddeutschlands größtes Historien- *spektakel stattfindet. Oben: Mittelalterlich geht es auch auf den Wallenstein-Festspielen in Memmingen zu.*

Oben: Jedes Jahr Ende September/Anfang Oktober finden sich zahlreiche Besucher zu der mehr als dreistündigen Vorführung der Warendorfer Hengstparade ein. Mehr als 100 Hengste präsentieren hier in 20 Schaubildern die ganze Vielfalt des Pferdesports.

Rechts oben: Spaß für Klein und Groß bietet das Hohnsteiner Puppenfest.

Rechts unten: Richtig heimelig wird es bei der Bergparade auf dem Schneeberger Lichtelfest.

07 WARENDORFER HENGSTPARADE

Dass das Münsterland als Pferderegion einen legendären Ruf genießt, zeigt sich nicht zuletzt an der großen Anzahl an Reiterhöfen, Pferdemuseen und den Veranstaltungen rund ums Pferd. Da ist es nicht verwunderlich, dass sich eines der herausragenden und überregional bekannten Ereignisse im Münsterland um die edlen Vierbeiner dreht: die traditionelle Warendorfer Hengstparade. Im Herbst finden sich viele begeisterte Besucher zu der mehr als dreistündigen Vorführung ein. Mehr als 100 Hengste präsentieren in 20 Schaubildern die ganze Vielfalt des Pferdesports.

Nordrhein-Westfälisches Landgestüt //
Sassenberger Straße 11, 48231 Warendorf
**// www.landgestuet.nrw.de/
veranstaltungen/hengstparaden**

08 HOHNSTEINER PUPPENSPIELFEST

Zwei Tage, 20 Figurentheatergruppen, 50 Vorstellungen und bis zu 3000 Zuschauer: Das ist eine stattliche Bilanz für das hübsche Hohnstein, auf dessen charmanter Burg in verspielter Landschaft alljährlich im Mai das Puppenspielfest stattfindet. Wer von dort den angrenzenden Nationalpark Sächsische Schweiz erkunden will, kann in der Herberge der Burg übernachten. Eine frühzeitige Anfrage wird empfohlen! Für Kinder ab vier Jahren angelegt ist ein 2,8 Kilometer langer Wanderweg bei Hohnstein, auf den Spuren des Puppenspielers Max Jacob (1888–1967) und seiner

NICHT VERPASSEN!

Ritterfestspiele in Bad Bentheim // Am ersten Maiwochenende versammelt sich eine stetig wachsende Fangemeinde im Schlosspark von Bad Bentheim, um prächtige Pferde und packende Shows zu bewundern. Neben einem Ritterturnier gibt es hier fünf Tage lang Feuerspektakel und buntes mittelalterliches Treiben mit Musikanten, Gauklern und Akrobaten.

Schneeberger Lichtelfest // In der Adventszeit sind die im Stil des Barock und Rokoko gehaltenen Häuser der Altstadt von Schneeberg stimmungsvoll beleuchtet, ein Stadtbummel lohnt sich also. Der Höhepunkt ist jedoch das alljährlich am zweiten Adventswochenende abgehaltene Lichtelfest mit Bergparade am Sonntagabend. Auf dem Marktplatz stehen festlich geschmückte Buden, die 16 Meter hohe Blaufichte im Zentrum ist mit über 600 Lichtern erleuchtet und die große Weihnachtspyramide mit 33 Figuren beeindruckt Groß und Klein.

Links: Untrennbar verbunden ist Worms, die 2000-jährige Kaiser- und Bischofsstadt am Rhein, mit dem Nibelungenlied, dessen Inhalt jedes Jahr bei den Nibelungenfest-spielen auf die Open-Air-Bühne gebracht wird.

berühmten Kasperfigur. Unterwegs gibt es acht Sta-tionen und zum Schluss die Kasperausstellung in Hohnstein.

Burg Hohnstein // Markt 1, 01848 Hohnstein
// www.hohnsteiner-puppenspielfest.de
// www.burg-hohnstein.info

⑨ AUF ZUR GRÖSSTEN STADTKIRMES DEUTSCHLANDS!

Mühlhausen in Thüringen feiert beginnend am letz-ten Augustwochenende jährlich eine Woche lang die größte Stadtkirmes in Deutschland. Ihre Entstehung ist auf die Vielzahl an Kirchweihfesten (Kirmes) in der mittelalterlichen Reichsstadt zurückzuführen. 28 Kirmesgemeinden gestalten seit 1877 das Fest mit einem bunten Programm. Die Musikschau der Spiel-mannszüge, der historische Handwerkermarkt, Tanz und Shows sowie Rummel auf dem Blobach sind nur einige Punkte des vielseitigen Angebotes. Der Umzug am Kirmessonntag ist der Höhepunkt.

Mühlhäuser Kirmes // Traditionsverein Mühlhäuser Heimatfeste e. V., Herrenstraße 12, 99974 Mühlhausen
// www.traditionsverein-mhl.de

⑩ NIBELUNGENFESTSPIELE IN WORMS

Das »Nibelungenlied«, in dem Worms Sitz der Bur-gunderkönige und Ort des Geschehens ist, wurde 2009 zum UNESCO-Weltdokumentenerbe erklärt. Der Sagenstoff ist es, auf dem die Nibelungenfest-spiele in Worms beruhen. Jedes Jahr im Sommer

finden anlässlich der Open-Air-Festspiele vor histori-scher Kulisse aufsehenerregende Theaterinszenie-rungen statt. Wer bei den Aufführungen und dem aufwendigen Festspielprogramm live dabei sein möch-te, sollte sich unbedingt rechtzeitig die begehrten Tickets sichern!

Nibelungenfestspiele // Von-Steuben-Straße 5, 67549 Worms
// www.nibelungenfestspiele.de

⑪ »EINE STADT LEBT IHRE GESCHICHTE«: DAS PETER-UND-PAUL-FEST IN BRETTEN

Das Fest ist seit 2014 immaterielles Kulturerbe der UNESCO und eines der größten Volksfeste Deutsch-lands. Das Peter-und-Paul-Fest in Bretten findet seit 1504 jedes Jahr Ende Juni, Anfang Juli statt. Gefeiert wird die Befreiung des Ortes von der Belagerung durch den Herzog von Württemberg im Jahr 1504. Die drei-tägigen Festivitäten gliedern sich folgendermaßen: »Brettheim rüstet sich« am Freitag, am Samstag heißt es »Brettheim verteidigt sich« und sonntags »huldigt Brettheim dem Kurprinzen und feiert seinen Sieg«.

// www.peter-und-paul.de

⑫ URACHER SCHÄFERLAUF

Die Zunft der Schäfer wurde zwar 1828 aufgelöst, aber ihre Traditionen sind noch immer lebendig. Seit dem frühen 18. Jahrhundert wird alle zwei Jahre – in Jahren mit ungeraden Zahlen – ein Schäferlauf veranstaltet. Dieses alte schwäbische Brauchtum ist heute Kern für eines der bedeutendsten Volksfeste

Gelten als »Immaterielles Kulturerbe« in Deutschland: das Peter-und-Paul-Fest in Bretten (unten) und »Der Meistertrunk« in Rothenburg ob der Tauber (ganz unten).

in der Region, zu dem auch Gäste von weit her anreisen. Neben dem Wettlauf junger Schäferinnen und Schäfer gibt es einen farbenfrohen historischen Festumzug, Tanzveranstaltungen, ein »Hockerte« auf dem Marktplatz und seit 1923 das Festspiel »D'Schäferlies«, das vom einst schwierigen Verhältnis zwischen den Wanderschäfern und den Ackerbauern erzählt.

// www.badurach-schaeferlauf.de

⑬ ROTHENBURGS »DER MEISTERTRUNK«

Das historische Festspiel, das über die Pfingstfeiertage (Freitag bis Montag) alljährlich in Rothenburg ob der Tauber aufgeführt wird, handelt von der Einnahme der protestantischen Reichsstadt im Dreißigjährigen Krieg (1631) durch kaiserliche Truppen und von ihrer glücklichen Rettung durch drei und ein Viertel Liter Wein. Mit seiner weitgehend erhaltenen mittelalterlichen Altstadt ist Rothenburg das ganze Jahr über ein viel fotografierter Touristenmagnet. An diesem freundlichen Pfingstsonntag aber dominieren die Einwohner das Bild: über 100 Laiendarsteller bereiten sich auf ihren Auftritt im Kaisersaal des Rathauses vor, am Großen Historischen Heereszug zum Feldlager sind sogar mehr als 1000 Leute und etwa 130 Pferde beteiligt. Mitspieler wie Besucher werden in das Jahr 1631 versetzt, und man könnte das gesamte Fest als eine gelungene Mischung aus Unterhaltung und lebendigem Geschichtsunterricht bezeichnen. Neben der täglichen Aufführung des »Meistertrunks« ist vor allem der historische Heereszug mit über 700 Teilnehmern der Höhepunkt am Pfingstsonntag.

Historisches Festspiel »Der Meistertrunk« e. V.
// Georgengasse 17, 91541 Rothenburg/Tauber
// www.meistertrunk.de

Bilder links: In Rothenburg ob der Tauber gibt es viele Gründe zu feiern. Ein besonderes Fest im Jahreslauf sind die Reichsstadttage mit dem berühmten Schäfertanz.

⑭ REICHSSTADTTAGE MIT SCHÄFERTANZ IM TAUBERTAL

Von nah und fern kommen die Menschen am ersten Wochenende im September in die mittelalterliche Stadt Rothenburg im Taubertal. Statt kitschiger Folklore präsentiert sich hier gelebte Tradition mit Tanz, Musik und Trachten. Das Mittelalterspektakel der Reichsstadttage lockt jeden Herbst auch Liebhaber von Kunsthandwerk und gemütlichem Marktflair an. An den Reichsstadt-Festtagen kommen mehrere historische Gruppen aus verschiedenen Epochen der Geschichte des Ortes zusammen. Unter anderem gibt es ein Zeltlager mit Rittern. Bauern und Bürger in mittelalterlichen Kostümen sind überall in der Altstadt anzutreffen. Eines der Highlights des Festes ist der Historische Schäfertanz, der vor der schönen Kulisse der Altstadt aufgeführt wird. Am Freitagabend ziehen die Teilnehmer mit Fackeln von der Doppelbrücke durch die Stadt, wo als krönender Abschluss ein Fassadenfeuerwerk am Rathaus gezündet wird. Samstags findet noch ein Feuerwerk statt; die beste Sicht auf das Lichterspektakel hat man vom Taubertal aus.

// www.rothenburg-tourismus.de

NICHT VERPASSEN!

Den Rothenburger Turmweg entlanggehen // Der Röderturm ist der Ausgangspunkt des sehr interessanten Turmwegs, der die alte Stadtmauer entlang einmal rund um die Altstadt führt und dabei auch das Burgtor passiert. An den Stadttoren allenthalben zu sehen ist neben dem Stadtwappen auch der Reichsadler. In der Zeit von 1274 bis 1802 war Rothenburg »unter den Flügeln des Adlers«. Letzterer symbolisiert: Unser alleiniger Stadtherr ist der Kaiser.

⑮ NACHT DER OFFENEN WEINKELLER IN WÜRZBURG

Unbestreitbar ist Würzburg eng mit dem Weinanbau verbunden. Im 14. Jahrhundert gründeten reiche Würzburger Bürger ein Spital zur Pflege armer und kranker Menschen und statteten es mit Weinbergen aus, um den Betrieb zu finanzieren. Gleiches tat im 16. Jahrhundert Fürstbischof Julius Echter. Heute gehören Bürger- und Juliusspital zu den renommiertesten und größten Weingütern Frankens. Wer gern mehr über den Weinanbau, die Lagerung oder Ähnliches erfahren möchte oder sowieso schon ein Ken-

Rechts oben: Im 14. Jahrhundert gründeten reiche Würzburger Bürger ein Spital zur Pflege armer und kranker Menschen und statteten es mit Weinbergen aus, um den Betrieb zu finanzieren. Gleiches tat im 16. Jahrhundert Fürstbischof Julius Echter. Heute gehören Bürger- und Juliusspital zu den renommiertesten und größten Weingütern Frankens.

Rechts unten: Kaiser Maximilian reitet beim Tänzelfest in Kaufbeuren durch die Innenstadt.

ner und Genießer des guten Tropfens ist, darf sich im Herbst die Nacht der offenen Weinkeller nicht entgehen lassen. In den vier VDP-Prädikatsweingütern Würzburgs finden dann Verkostungen statt und man bekommt Einblicke »hinter die Bühne« oder besser gesagt »in den Keller«. In den Kellergewölben der Staatlichen Hofkellerei unter der Residenz lagern unschätzbare Werte an kostbaren Weinen. Neben dem Bürgerspital zum Heiligen Geist zählt das 1576 von Fürstbischof Julius Echter gegründete Juliusspital heute zu den ersten Adressen für die Liebhaber des Frankenweins.

// www.wuerzburg.de

⑯ »DIE KINDERZECHE« ZU DINKELSBÜHL

Die Kinderzeche in der zweiten Julihälfte ist Dinkelsbühls großes Stadtfest. Sie entwickelte sich aus einem von der Allgemeinheit bezahlten Sommerausflug der Lateinschüler, der einen Dank für deren Chordienste darstellte. Im 19. Jahrhundert wurde dieses Fest mit der Sage verbunden, dass Kinder die Stadt im Dreißigjährigen Krieg vor den Schweden gerettet hätten. Dieses Ereignis wird nun alljährlich von über 1000 Kindern nachgespielt. Die historischen Kostüme und eine Ausstellung über die Kinderzeche kann man das ganze Jahr über im alten Kornhaus sehen.

// www.kinderzeche.de

⑰ TÄNZELFEST KAUFBEUREN

Alljährlich im Juli feiern in Kaufbeuren über 1600 Kinder das älteste historische Kinderfest Bayerns, das Tänzelfest. Dabei zu sein, wenn die Kinder die Geschichte ihrer Stadt nachspielen, ist für die ganze Familie unvergesslich. Im Mittelpunkt steht einer der vielen Besuche Kaiser Maximilians I. (1459–1509) in Kaufbeuren. Man kann miterleben, wie es gewesen sein muss, als er mit seinem prächtigen Gefolge durch die geschmückten Straßen zog. Beim Umzug der Kinder wirken auch zahlreiche Motivwagen mit. Das historische Lagerleben mit Fackelschein und Lagerfeuer lässt das Mittelalter wieder aufleben. Darüber hinaus gibt es Musik, Genüsse für Leib und Seele und den Rummel, der seit 1960 zum Tänzelfest dazugehört.

// www.taenzelfest.de

GUT ZU WISSEN

Frundsbergfest in Mindelheim // Alle drei Jahre wird in Mindelheim zum Andenken an den einstigen Stadtherrn Georg von Frundsberg (1473–1528) zehn Tage lang gefeiert. Ganz Mindelheim verwandelt sich in eine Stadt des Mittelalters und begeistert mit Umzügen, historischen Trachten und Veranstaltungen. Beim großen Festzug laufen rund 2500 Menschen, 200 Pferde und 30 Kutschen, Wagen und Geschütze mit.

18 MITTELALTER LIVE
BEIM KALTENBERGER RITTERTURNIER

Rund zehn Kilometer vom Ammersee entfernt liegt das im Jahr 1292 erbaute Schloss Kaltenberg in der Gemeinde Geltendorf. Die vierflügelige Schlossanlage mit ihrem markanten Bergfried und einem ausgedehnten Gutsbezirk geht größtenteils auf einen Umbau im 19. Jahrhundert zurück. Im Schlossrestaurant und in der Ritterschwemme kann man die köstlichen Biere der schlosseigenen Brauerei genießen. Bekannt ist das Schloss vor allem für das hier jährlich an drei Juliwo-

chenenden stattfindende Kaltenberger Ritterturnier. Das Spektakel wird begleitet von einem rauschenden Mittelalterfest mit einem Markt, auf dem allerlei Handwerkskunst und Kulinarisches feilgeboten werden, mittelalterlicher Musik und vielem mehr. Die Besucher zieht es zu den von einer professionellen Stunt-Truppe aufgeführten Ritterturnieren in die Arena. Die Ritter mit ihren Stunt-Pferden, die auch für internationale Filmproduktionen gebucht werden, treten mit Lanzen und Schwertern gegeneinander an. Jedes Jahr gibt es eine andere Rahmenhandlung, meist kämpft ein Bösewicht gegen einen Guten. Vor dem Turnier ziehen aber zunächst noch die verschiedenen Künstlergruppen ein, danach eröffnet Luitpold von Bayern traditionell das Turnier. Der Prinz von Bayern hat schließlich im Jahr 1979 die Ritterspiele ins Leben gerufen.

Kaltenberger Ritterturnier // Schloßstraße 10, 82269 Geltendorf

// www.ritterturnier.de

19 RITTERSCHAUSPIEL KIEFERSFELDEN

Das älteste Dorftheater Deutschlands besteht seit dem Jahr 1618. Zu dieser Zeit fanden die Aufführungen zu vor allem religiösen Themen noch im Freien oder in den Dorfstuben statt. Den Standort des heutigen Theaters gibt es seit 1833. Seither wurden jeden Sommer statt der religiösen Stücke Ritterschauspiele und Dramen aus dem 19. Jahrhundert aufgeführt. Neben

GUT ZU WISSEN

Kulinarische Schmankerl // Ein Besuch des Ritterturniers bedeutet nicht nur Spannung und Action in der Arena. So bunt das Programm, so reichlich ist auch die Auswahl an Speisen, die es hier gibt: knusprig und frisch gebackenes Holzofenbrot, Knödel in sämtlichen Variationen, Spanferkel, Kräuterkrustenbraten und Kaiserschmarrn mit Apfelmus.

Rechts oben: Im Kiefersfeldener Dorftheater werden jedes Jahr die Ritterschauspiele gegeben, hier eine Aufführung des Stücks »Valentinus und Ursinus« (1833) von Josef Georg Schmalz.

Rechts unten: Beeindru-ckende Bühenbilder, unter anderem dafür ist das Laienschauspiel der Oberammergauer Passionsspiele bekannt.

dem Theaterstück selbst ist auch die barocke Bühne mit ihrer einzigartigen Drehkulisse sehenswert.

Volkstheater Ritterschauspiele Kiefersfelden //
Theaterweg 7, 83088 Kiefersfelden
// **www.ritterschauspiele-kiefersfelden.de**

⑳ GÄNSEHAUT BEI DEN OBERAMMERGAUER PASSIONSSPIELEN

Seit 1634 halten sich die Oberammergauer an ihr Ge-lübde, das sie nach der überwundenen Pest von 1633 leisteten, und bringen ihr »Spiel vom Leiden, Sterben und Auferstehen unseres Herrn Jesus Christus« zur Aufführung. 1634 fand es zum ersten Mal statt – und zwar auf dem Friedhof neben der Kirche, wo die Op-fer des Schwarzen Tods begraben waren. 1680 er-folgte der Übergang zum Zehnjahresrhythmus. Bis 1820 blieb der Spielort erhalten, erst 1830 wechsel-te man an den heutigen Ort. Das jetzige Passions-spielhaus mit der Freilichtbühne stammt aus dem Jahr 1930 und wurde 1997 bis 1999 grundlegend saniert. Da auch die Bühnentechnik modernisiert worden ist, kann man den Ort nun in den Jahren zwischen den Passionsspielen für andere Veranstaltungen nutzen, etwa für Opernaufführungen. Nicht immer sind sich die Oberammergauer einig, was die Passionsspiele betrifft: Die Frage, ob auch verheiratete oder ältere Frauen mitspielen dürfen, musste gar vom Ober-landesgericht geklärt werden. Ergebnis: Sie dürfen. Die 41. Oberammergauer Passionsspiele fanden von Mai bis Oktober 2010 statt. 2022 wird es wieder so weit sein. Sie werden erneut von dem gebürtigen Oberammergauer und gelernten Holzbildhauer Chris-tian Stückl geleitet, der zu den erfolgreichsten deut-schen Theaterregisseuren gehört. Sechs Stunden dau-ert das Spektakel, das im Gegensatz zu historischen Passionsspielen heute Jesus als einen streitbaren Pro-pheten zeigt, der jedem Missbrauch der Religion als Machtmittel, der Instrumentalisierung von Menschen und aller Entfremdung den Kampf ansagt. Die Büh-nendekorationen und Kulissen werden jedes Mal aufs Neue produziert und schaffen so eine einmalige Atmosphäre.

Passionsspiele Oberammergau // Oberam-mergau Kultur, Ludwig-Thoma-Straße 10, 82487 Oberammergau
// **www.passionsspiele-oberammergau.de**

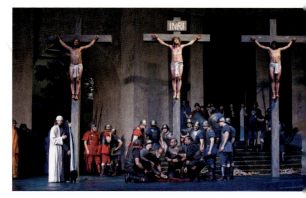

㉑ PFERDEWALLFAHRT IN BAD TÖLZ

Der heilige Leonhard von Limoges ist der Schutzpat-ron der Nutztiere und wird vor allem in Süddeutsch-land und Österreich verehrt. Jährlich am 6. November (außer dieser ist ein Sonntag), findet ihm zu Ehren die Leonhardifahrt statt. Die größte und bedeutendste davon ist die Pferdewallfahrt im oberbayerischen Bad Tölz. Frühmorgens werden die Pferde vor die festlich geschmückten Wagen gespannt. In ihnen fahren die Frauen und Kinder in prachtvollen Trachten, während die Männer auf Pferden reiten. Vom Bäderviertel aus zieht die Wallfahrt, begleitet von Blaskapellen und Spielmannszügen und unter den bewundernden Bli-cken von Tausenden von Zuschauern, zum Kalvarien-berg. An der pittoresken Leonhardikapelle – und ein weiteres Mal an der Mühlfeldkirche – werden Wallfahrer und Rösser vom Pfarrer gesegnet. Damit auch der Leib nicht zu kurz kommt, trifft man sich da-nach zur geselligen Einkehr im Wirtshaus, bevor am frühen Nachmittag ein weiterer Höhepunkt folgt: In der Marktstraße lassen die »Goaßlschnalzer« ihre

Oben: Buttnmandl-Lauf im Berchtesgadener Land. Wilde, in Stroh gekleidete Gestalten mit langen Hörnern und schweren Kuhglocken behängt, begleiten am 5. und 6. Dezember im Berchtesgadener Land den Nikolaus, wenn er die Kinder besucht.

Peitschen kunstfertig mit rhythmischem Knallen erschallen. In den späten Abendstunden lässt man den stimmungsvollen Tag dann mit Blasmusik ausklingen.

// **www.bad-toelz.de**

22 SOMMERSONNENWENDE MIT JOHANNIFEUERN WAHRNEHMEN

Am 24. Juni, dem Johannistag, wird im christlichen Glauben der Geburt von Johannes dem Täufer gedacht. Am Vorabend der Johannisnacht hat sich in vielen Gegenden der Brauch des Johannisfeuers entwickelt. Meist eng damit verknüpft sind die Feiern der Sommersonnenwende, die zwischen dem 20. und dem 22. Juni abgehalten werden. Dem Volksglauben nach soll das Johannisfeuer Dämonen vertreiben, die Missernten und Krankheiten hervorrufen. So werden in der Johannisnacht große Feuer entzündet, die als Sonnenfeuer bezeichnet werden und neben einer christlichen Symbolik auch an die heidnische Sonnwend-Tradition erinnern. In und um die Orte des Zugspitzlandes wird gerne die imposante Kulisse der Alpen genutzt, um spektakuläre Sonnwendfeuer auf den Gipfeln zu entzünden. Ein besonders eindrucksvolles Schauspiel bietet das Zugspitzdorf Grainau. Hier steigen die Männer des Dorfes zu den Feuerstellen auf dem Waxensteinkamm auf und entfachen diese zum Einbruch der Dunkelheit, bis eine Lichterkette den gesamten Kamm in romantischem Feuerschein erhellt. Auch die Gipfel rund um Garmisch-Partenkirchen, wo Johannes der Täufer seit vielen Generationen sehr verehrt wird, leuchten in der Nacht zum 24. Juni und sind für Einheimische wie für Besucher ein besonders reizvoller Anblick.

// **www.alpenwelt-karwendel.de**

23 PERCHTENLÄUFE

Sie kündigen sich an mit lautem Rasseln und Schellengeläut, und dann ziehen sie plötzlich über den Dorfplatz: zottelige Gestalten mit grausigen Fratzen. Bedrohlich mustern sie die Zuschauer und schlagen mit Gerten um sich. Wehe, böse Dämonen weilen nun im Dorf! Die Perchten werden sie finden. Jedes Jahr nach Weihnachten und vor dem Dreikönigsfest erscheinen die guten »Schönperchten« und die bösen »Schirchperchten« im baye-

Linke Seite oben: Ein eindrucksvolles Erlebnis ist das Entzünden der Johannifeuer im Voralpenland.

Rechts: Zünftig geht es auch bei der Pferdewallfahrt in Bad Tölz zu, die jedes Jahr am 6. November veranstaltet wird.

risch-österreichischen Alpenraum. Wo der Brauch genau herkommt, ist nicht gesichert. Nicht zu verwechseln ist sie mit der Gestalt des Krampus, des Begleiters von Nikolaus, auch wenn es bei den Larven, also den groben, furchterregenden Masken, durchaus Ähnlichkeiten gibt.

Waldkirchner Rauhnacht // In der Stadt im Bayerischen Wald wurde der Perchtenlauf 1725 erstmals erwähnt. Dann kommen die verlorenen Seelen der Perchten wieder aus dem finsteren Wald, und zwar stets am 5. Januar. Sie ziehen durch die Stadt und singen das »Rauhnudlliad«.

// **www.waldkirchen.de**

Perchtenlauf in Ruhpolding // Kommt die Zeit der Perchten, wird zwischen Weihnachten und Neujahr der Rauhnachtsmarkt im Kurpark von Ruhpolding eröffnet. Während die Gruselgestalten durch den Ort ziehen, gibt es hier Herzhaftes und wärmenden Glühwein.

// **www.ruhpolding.de**

Advent in Kirchseeon // In dem Markt in der Nähe von München fallen die Perchten seit 1954 wieder ein. Ein Verein belebte den alten Brauch wieder. An den Adventswochenenden laufen die zotteligen Figuren durch die Straßen, die Bewohner schenken ihnen Gebäck für ihr Bemühen, den Winter auszutreiben.

// **www.perchten-kirchseeon.de**

㉔ FURTHER DRACHENSTICH

Die kleine Stadt Furth im Wald nahe der tschechischen Grenze steht ganz im Zeichen der Drachen: Der Further Drachenstich gilt als das älteste Volksschauspiel Deutschlands, das seit 1590 erst als Teil der Fronleichnamsprozession und heute als eigenständiges Volksfest im August stattfindet. Über 1000 Bürger der Stadt beteiligen sich – in mittelalterliche Kostüme gewandet – an dem Spektakel, bei dem am Ende ein Drache getötet wird. Für die nötigen Effekte sorgt dabei heute ein elf Tonnen schwerer Laufroboter, der den Drachen mimt.

Drachenstich-Festspiele e. V. // Stadtplatz 4, 93437 Furth im Wald

// **www.drachenstich.de**

NICHT VERPASSEN!

Neuburger Schlossfest // Im Zweijahresrhythmus wird die Renaissance in Neuburg an der Donau lebendig. In der Altstadt findet dann ein riesengroßes Mittelalter-Spektakel statt. Überall tragen die Mitwirkenden wunderschöne Kostüme und Musiker sorgen für gute Stimmung. Zu den Höhepunkten zählen der Steckenreiter-Tanz im Schlosshof, der Festumzug und das Feuerwerk über der Donau mit musikalischer Untermalung.

Lucien-Häuschen-Schwimmen // Am 13. Dezember ist der Tag der heiligen Lucia von Syrakus; ihr Name bedeutet »die Leuchtende«. Lucia wird vor allem in den skandinavischen Ländern im Rahmen von vorweihnachtlichem Brauchtum verehrt. Im oberbayerischen Fürstenfeldbruck lassen Schulkinder am 13. Dezember selbst gebastelte Häuschen aus Papier, die sie innen mit Kerzen beleuchten, nach Einbruch der Dunkelheit auf der Amper schwimmen. Dieser Dankbarkeitsbrauch geht auf das Jahr 1785 zurück, als die hl. Lucia den Bürgern von Fürstenfeldbruck half, vor einem drohenden Hochwasser verschont zu bleiben.

WOHLFÜHLOASEN

Sauna, Fango oder Ayurveda: Deutschlands Wolfühloasen bringen mit Wellness,
Heilanwendungen oder fernöstlicher Weisheit die Seele in die innere Balance.

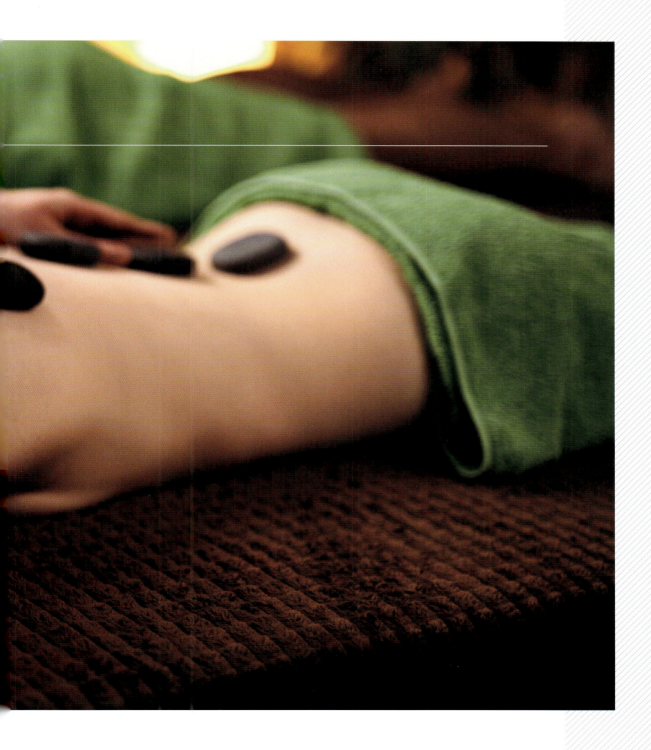

#24

ABTAUCHEN
VOM ALLTAG

Viele Wellnesseinrichtungen sind hierfür geradezu gemacht. Wie wäre es zum Beispiel mit der jahrtausendealten indischen Heilkunst Ayurveda? Oder Floating, dem schwerelosen Treiben auf konzentriertem Salzwasser? Aber auch Massagen – von westlich über fernöstlich bis orientalisch – sorgen für tiefe Entspannung.

Ob bei Ayurveda (rechts), einer Kräuterstempelmassage (oben) oder durch eine entspannte Atmosphäre – durch die Kraft der Natur und der heilsamen Berührung kann man wunderbar abschalten.

01 BADEHAUS BREMEN – ORIENT TRIFFT FERNOST

Wer die entspannende Wirkung einer wohltuenden Massage genießen möchte, kann sich im Badehaus Bremen auf Weltreise begeben: Von der klassischen europäischen Massage über harmonisierende Aroma-Massagen und indische Ayurveda-Massagen bis hin zu orientalischen Massagen findet hier jeder seine persönliche Insel der Entschleunigung. Hinzu kommen entspannende Thai-Massagen und stresslösende hawaiianische Lomi- und Hot-Stone-Massagen. Auch verschiedene Packages für die Auszeit allein oder die Wohlfühlzeit zu zweit können gebucht werden. Ein orientalischer Hamam, eine finnische Sauna mit Außenterrasse sowie ein einladender Ruhebereich zum Entspannen machen die Entschleunigung komplett.

Badehaus Bremen // Bahnhofstraße 12, 28195 Bremen

// www.badehaus-bremen.de

02 AUSZEIT AUF GUT KLOSTERMÜHLE ALT MADLITZ

Idyllisch versteckt am Madlitzer See gelegen, ist das Natur Resort und Medical Spa Gut Klostermühle ein Refugium zum Ruhefinden und Krafttanken. Einst

01 BADEHAUS BREMEN
02 GUT KLOSTERMÜHLE ALT MADLITZ
**03 AYURVEDA PARKSCHLÖSSCHEN
BAD WILDSTEIN**
04 SCHWEBEBAD OBERURSEL
05 KAISER-FRIEDRICH-THERME WIESBADEN
06 SANTULAN AUM-KURZENTRUM
07 THERME VIERORDTBAD KARLSRUHE
08 AYURVEDA IM KURORT BAD FÜSSING

fanden hier die Kartäusermönche, die auf dem Gelände im 14. Jahrhundert eine Wassermühle errichteten, zu innerer Einkehr und Ausgeglichenheit. Heute genießen die Hotelgäste die beschauliche Atmosphäre. Zu den Schwerpunkten des Wellness-Resorts gehören ärztlich begleitete Ayurvedakuren – vom zweitägigen Kennenlernpaket über die ayurvedische Fasten- und Anti-Stress-Kur bis hin zur zehntägigen Panchakarmakur. Auch Einzelanwendungen wie etwa Massagen und Ölgüsse stehen zur Wahl. Wer sich hier einquartiert, kann zudem den weitläufigen Spa- und Wellnessbereich nutzen. Mit Blick auf Wald und Garten lässt es sich hier nach Herzenslust ausspannen und den Alltag hinter sich lassen. Ein beheizter Außen- und Innenpool, verschiedene Saunen und Dampfbäder und ein Kneippbecken sorgen für Entspannung. Hinzu kommen ein Floating Tank, ein Fitnessstudio und mehrere Räume für Massagen und andere Anwendungen wie etwa Magnet- und Lichttherapie, Shiatsu, Reiki und Ayurveda. Tagesgäste sind im Day Spa willkommen. Naturliebhaber finden mit an Sicherheit grenzender Wahrscheinlichkeit in der umliegenden Märkischen Seenlandschaft ihre ganz persönliche Oase.

Gut Klostermühle Alt Madlitz // Mühlenstraße 11, 15518 Briesen (Mark), OT Alt Madlitz
// www.gut-klostermuehle.com

03 AYURVEDA PARKSCHLÖSSCHEN BAD WILDSTEIN

In Traben-Trarbach an der Mosel finden Erholungsuchende ein besonderes Kleinod: das charmante 5-Sterne-Ayurveda-Hotel Parkschlösschen. Inmitten eines 4,5 Hektar großen Parks und umgeben von Weinbergen, alten Bäumen und einem leise murmelnden Bach, bietet das denkmalgeschützte ehemalige Kurhaus mit Naturmaterialien ausgestattete Zimmer und einen ganzheitlichen Ayurveda-Ansatz, der Behandlung, Ernährung, Bewegung, Therapie, Yoga und Meditation umfasst. Im ausgedehnten Ayurveda-Bereich kann man Massagen, Dampfbäder und Ölbehandlungen genießen und in den elf Ruheräumen relaxen. Hinzu kommt die weitläufige Veda-Therme mit Thermalschwimmbad, Dampfbad, Sauna, Kosmetikbereich, Yoga- und Fitnessräumen. Angeboten werden die ayurvedische Panchakarma-Entgiftungskur und Programme mit verschiedenen Längen wie etwa

Links: Im Fachwerkschloss in Traben-Trarbach erlebt man Ayurveda wie in Indien.

Anti-Stress, Mental Detox oder Alltags-Break, nach denen man tief entspannt, voller Lebensenergie und im Einklang mit sich selbst nach Hause zurückkehrt.

Ayurveda Parkschlösschen // Wildbad-straße 201, 56841 Traben-Trarbach
// www.ayurveda-parkschloesschen.de

04 FLOATEN IM SCHWEBEBAD OBERURSEL

Das Schwebebad im schönen Taunus ist eine perfekte Wellnessoase für all jene, die die Hektik des Alltags einmal hinter sich lassen möchten. Das Zauberwort heißt Floating. Eine rundum erholsame Entspannungstechnik, bei der man sich in konzentriertem Salzwasser nahezu schwerelos treiben lassen kann. Während man im offenen Becken, von Licht umströmt und von angenehmer Musik umspielt, an der Wasseroberfläche »schwebt«, treten die Probleme und Sorgen in den Hintergrund, die Endorphine strömen und man fühlt sich absolut tiefenentspannt. Dabei hat man den Floatingraum während der Reservierungszeit ganz für sich allein, sodass man die private Atmosphäre rundum genießen kann. Ebenfalls angeboten werden verschiedene Massageanwendungen und andere therapeutische Behandlungen wie zum Beispiel eine Salzgrotte und eine Kältekammer.

Schwebebad Oberursel // Strackgasse 17, 61440 Oberursel
// www.schwebebad-oberursel.de

05 STILECHT BADEN IN DER WIESBADENER KAISER-FRIEDRICH-THERME

Irisch-Römisches Bad nennt sich die Therme in Wiesbaden, weil man sich hier erst in einem Tepidarium und dann in einem Sudatorium auf eine höhere Körpertemperatur bringen kann, bis man sich in einem Frigidarium wieder herunterkühlt. Doch der Star der Therme ist der herrliche Jugendstilpool aus dem Jahr 1913. Hier schwimmt man am liebsten auf dem Rücken, um nichts von der sehenswerten Architektur zu verpassen. Das Wasser der Therme kommt übrigens aus der zweitgrößten Thermalquelle Wiesbadens, der Adlerquelle. Wiesbaden war schon im frühen Mittelalter für seine warmen und wohltuenden Quellen bekannt. Als »Wisibada«, also das »Bad in den Wiesen«, wird die Stadt erstmals 828 erwähnt. Die große Zeit Wiesbadens als Kurort begann allerdings im 19. Jahrhundert, Könige, Kaiser und Zaren gaben sich die Klinke in die Hand. Auch wenn gekrönte Häupter seltener gesichtet werden – gerade im Winter lohnt sich ein Bad in den warmen Thermalquellen, und das

GUT ZU WISSEN

Meditation im Floating-Tank // Im Gegensatz zu Floating-Pools sind Floating-Tanks abgeschirmte, mit warmer Sole gefüllte Becken, in denen eine völlige Reizabschottung gelingt. Im Wasser schwebend, kann man mit allen Sinnen entspannen und wieder bei sich ankommen. Floating-Studios und -Center gibt es in ganz Deutschland. Eine Übersicht verschiedener Anbieter bietet der Deutsche Floating Verband
// ww.floating-verband.de/anbieter

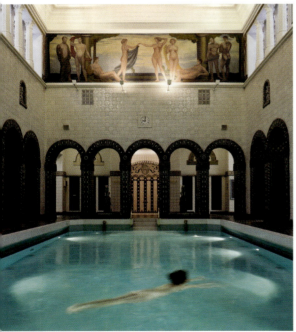

geht im Jugendstilambiente der Kaiser-Friedrich-Therme besonders gut.

Kaiser-Friedrich-Therme // Langgasse 38–40, 65183 Wiesbaden

// **www.wiesbaden.de**

06 BALANCE FINDEN IM SANTULAN AUM-KURZENTRUM

Im idyllischen Weinbauort Pfedelbach in der Region Heilbronn verbirgt sich ein Juwel der Harmonie und Entspannung. Das AUM-Kurzentrum wurde 1994 vom Ayurveda-Pionier Dr. Shriguru Balaji També gegründet und gehört zu den ältesten Ayurveda-Zentren Europas. In einer friedvollen, familiären Atmosphäre genießt man in fast beschaulicher Umgebung ganzheitliche Ayurvedakuren, die den Geist und Körper vitalisieren und in Balance bringen. Morgens beginnt der Tag energievoll mit Yoga, abends gibt es Gruppenmeditationen, Musiktherapie und Vorträge. Hinzu kommen entgiftende Panchakarma-Kuren mit Ölmassagen und Dampfbädern, Atem- und Entspannungsübungen und ayurvedisch-vegetarischer Küche. Der parkähnliche, am Waldrand gelegene Garten lädt mit versteckten Plätzen, Liegestühlen und Sitzecken zum Verweilen ein. Die umliegenden Hügel, Wälder, Felder und Seen locken zu Spaziergängen ganz im Einklang mit der Natur. Wer nicht gleich eine Kur buchen möchte, kann auch nach Voranmeldung bei Musiktherapie, Meditation, Massage und weiteren Anwendungen zur Ruhe kommen.

Santulan AUM-Kurzentrum für Ayurveda und Naturheilverfahren // Römerstraße 1–3, 74629 Pfedelbach-Gleichen

// **www.ayurvedakuren.com**

07 WOHLFÜHLMASSAGEN IN DER THERME VIERORDTBAD

»Wasser, Wärme und Wohlbefinden« – so beschreibt sich die älteste Badeanstalt Karlsruhes. Das eindrucksvolle historische Kulturdenkmal ist in der zweiten Hälfte des 19. Jahrhunderts im Stil der Neorenaissance errichtet worden. Es bietet ein außergewöhnliches Ambiente für erholsame Wohlfühlmomente. Fernab der Hektik des Alltags taucht man für ein paar Stunden in der Therme ab, entspannt im herrlichen

Bilder oben: Wer im Thermalwasser baden möchte, sucht die 1913 eröffnete Wiesbadener Kaiser-Friedrich-Therme auf. Das irisch-römische Bad ist ein Zeugnis der Jugendstilarchitektur mit Mosaiken, Dampfbädern und Wellnessbereich.

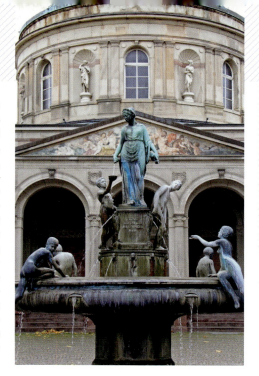

Majolika-Dampfbad oder aalt sich in der wohligen Wärme der verschiedenen Saunen. Gestresste können sich hier zudem bei verschiedenen Wärme- und Massageanwendungen eine Auszeit gönnen. Wohltuende Fußreflexzonen- und Ganzkörpermassagen, entspannende Hot-Stone-, Lomi-Lomi- und Aromaölmassagen sowie sinnliche Honig- und Schokocrememassagen sind nur einige der angebotenen Anwendungen. Wie wäre es z. B. mit einer stressabbauenden und beruhigenden Klangschalenmassage, bei der sich die Schallwellen der angeschlagenen Schalen wohlig über den ganzen Körper ausbreiten? Oder einer japanischen Shiatsu-Fingerdruck-Massage, die für körperliche und seelische Ausgeglichenheit sorgt? Verschiedene Wohlfühlpakte bieten eine Kombination mehrerer Anwendungen in Verbindung mit Verpflegung und Getränken sowie einer Tageskarte für die Saunaanlage und das historische Badehaus. Hier erlebt man den perfekten Kurzurlaub für einen Tag.

Therme Vierordtbad // Ettlinger Straße 4, 76137 Karlsruhe

// www.ka-vierordtbad.de/ vierordtbad-start.html

08 ENTSPANNENDES AYURVEDA IM KURORT BAD FÜSSING

Entschleunigen und Durchatmen heißt es auch im bayerischen Bad Füssing. Umgeben von einer naturbelassenen Landschaft, sorgt der Thermalkurort im niederbayerischen Bäderdreieck nicht nur mit seinen heilkräftigen Schwefel-Thermen und einem Saunahof für erholsame Momente. Auch als Ayurvedazentrum ist das beschauliche Bad Füssing bekannt. So etwa im Kurzentrum Ayurvedaway im zentral gelegenen Kurhotel Regina. Die ganzheitlichen Behandlungen und Kuren, die neben der manuellen Behandlung auch Ernährung, Kräuterpräparate, Yoga und Meditation einschließen, werden nach einer ausführlichen Beratung durch erfahrene Ayurveda-Spezialisten speziell auf den Gast abgestimmt. Verschiedene Anwendungen wie z. B. Massagen und Ölbäder entspannen und vitalisieren und sorgen für ganzheitliches Wohlbefinden. Zur Wahl stehen verschiedene Kurpakete – vom zweitägigen Kennenlernen über Reinigung, Revitalisierung, Entspannung und Regeneration bis hin zur dreiwöchigen Panchakarma-Kur. Einmal pro Woche findet zudem eine Ayurveda-Kochvorführung statt,

bei der man viele Ideen für den gesunden Alltag mit nach Hause nehmen kann.

Ayurvedaway // im Kurhotel Regina, Professor-Böhm-Straße 3, 94072 Bad Füssing

// www.ayurvedaway.de

NICHT VERPASSEN!

Fahrt mit der Turmbergbahn // In Karlsruhe-Durlach bringt die älteste fahrbereite Standseilbahn Deutschlands Ausflügler auf den 256 Meter hohen Turmberg. Die Bahn ist seit 1888 in Betrieb und erschließt das Ausflugsgebiet für Wanderer. Vom Bergfried der Burgruine genießt man einen weiten Blick auf Rheinebene, Pfälzerwald und Elsass. Einfach auf den Sitzbänken verweilen und den Sonnenuntergang genießen!

// www.kvv.de

ENTSPANNUNG PUR
MIT SAUNA UND THALASSO

#25

Oben und linke Seite: Nach der Sauna in die kalte Nordsee springen, das verspricht ein Besuch einer der Strandsaunen auf Sylt.

Unten: das Badehaus Norderney.

Ob Sauna oder Thalasso – hier geht es nicht nur um bloßes Schwitzen oder heilsame Anwendungen, sondern um Abschalten, Entspannen und Runterkommen. Perfekt wird die Erholung, wenn man Saunabesuch oder Thalasso-Kur mit traumhaften Landstrichen an Meer, See oder Bergen kombiniert.

01 BADE:HAUS NORDERNEY

Bei einer Thalasso-Therapie werden die heilenden Schätze des Meeres wie etwa Salz, Schlick oder Algen genutzt, um Körper und Geist zu reinigen, zu entgiften und zu regenerieren. Am besten genießt man Anwendungen wie Meerwasserbäder, Schlammpackungen oder Massagen in Deutschlands größtem Thalassozentrum, dem bade:haus norderney. Das historische Badehaus im Bauhaus-Ambiente liegt an der Westküste der wunderschönen ostfriesischen Insel und bietet neben diversen Heilanwendungen auch einen großen Sauna- und Spabereich an. Vor oder nach einem Besuch sollte man unbedingt auch Norderneys Inselcharme und die gesunde Meeresluft bei einem Spaziergang am nahe gelegenen Strand auf sich wirken lassen. Ein besonderes Erlebnis ist das stimmungsvolle »Meeresleuchten«, bei dem man im Schein unzähliger Kerzen zu Livemusik entspannen kann.

bade:haus norderney // Am Kurplatz 2, 26548 Norderney

// www.norderney.de/ badehaus-norderney.html

01 BADE:HAUS NORDERNEY
02 SYLTER STRANDSAUNEN
03 DÜNENTHERME IN ST. PETER-ORDING
04 SATAMA SAUNA RESORT & SPA
AM SCHARMÜTZELSEE
05 FONTANE THERME NEURUPPIN
06 VITASOL THERME IN BAD SALZUFLEN
07 SIEBEN WELTEN –
THERME & SPA RESORT IN KÜNZELL
08 JUGENDSTILBAD DARMSTADT
09 »MONTE MARE SEESAUNA« TEGERNSEE

02 **SYLTER STRANDSAUNEN**

Schwitzen mit Blick auf die Brandung, ein Ruheraum zwischen den Dünen und das wohl größte Tauchbecken überhaupt: die Nordsee. Auf der Insel Sylt gibt es mehrere Strandsaunen, die genau das zu bieten haben. Ganz im Norden der Insel wartet die Strandsauna Listland mitten im Naturschutzgebiet Nord-Sylt auf Erholung suchende Gäste. Hier geht es erst in eine der drei finnischen Saunen und dann direkt an den naturbelassenen einsamen Strand. Nach Abkühlung in der Nordsee lässt es sich anschließend inmitten unberührter Natur zwischen den Dünen wunderbar zur Ruhe kommen. Auch die Strandsauna Samoa in Rantum und die Strandsauna Hörnum – beide im Süden der Insel gelegen – bieten dieses außergewöhnliche Sauna-Vergnügen mit anschließendem Nordseebad an.

Strandsauna Listland // Weststrand,
25992 List/Sylt

// **www.strandsauna.info**

Strandsauna Samoa // Hörnumer Straße 70,
25980 Rantum/Sylt

// **www.strandsauna-samoa.de**

Strandsauna Hörnum // Süderende 25,
25997 Hörnum/Sylt

// **www.strandsauna-sylt.com**

Links: Am Nordstrand der Insel Norderney warten historische Badekarren auf badende Gäste.

Rechts: Von oben gesehen, bildet der Scharmützelsee mit dem Großen Storkower See, mit dem er auch über einen Kanal verbunden ist, ein lang gezogenes V in der Landschaft. Der Rinnensee entstand bereits während der Eiszeit.

03 DÜNENTHERME IN ST. PETER-ORDING

Ebenfalls Dünen, Strand und Meerblick satt hat die Dünentherme im nordfriesischen Kurort St. Peter-Ording zu bieten. Die Saunalandschaft der Therme, die auch über ein familienfreundliches Erlebnisbad und einen großen Wellness- und Spabereich verfügt, liegt mitten zwischen den Dünen und verspricht einen außergewöhnlichen Saunagang, untermalt vom sanften Rauschen der Wellen. Entspannt wird dann im Dünengarten im Strandkorb, während man dem leisen Wispern des Strandhafers lauscht. Neben den beruhigenden Effekten des Meeres erlebt man die heilende Kraft der Nordsee dann bei einer Thalasso-Anwendung, etwa bei einem hautreinigenden Schlickbad, mit einer pflegenden Algen-Packung oder im Meerwasser-Rosenbad.

Dünentherme St. Peter-Ording //
Maleens Knoll 2, 25826 St. Peter-Ording
// www.duenen-therme.de

04 SATAMA SAUNA RESORT & SPA AM SCHARMÜTZELSEE

Schon Theodor Fontane war von der Schönheit des Scharmützelsees begeistert und nannte ihn das »Märkische Meer«. Saunafreunde genießen den ruhigen Charme des Sees bei einem Besuch des Satama Sauna Resort & Spa, das direkt am Südufer liegt. Zehn verschiedene Saunen bietet das Resort, das mit Aromatherapie, zahlreichen Ruhebereichen und Entspannungsaufgüssen zu einer wohltuenden Auszeit vom Alltag einlädt. Nach dem Schwitzen lässt es sich dann im Saunagarten mit Seezugang unter Birken entspannen und den Seeblick genießen.

Satama Sauna Resort & Spa // Strandstraße 12, 15864 Wendisch Rietz
// www.satama-saunapark.de

NICHT VERPASSEN!

Le S.P.A. auf Juist // Im Strandhotel Kurhaus Juist ist Entspannung angesagt. Mit allen Wellnessfinessen wird hier für das Wohlbefinden gesorgt. Sei es mit einem Wasserlilienbad, einer Massage oder einer Meerschlamm-Packung. Nur Epilieren muss nicht unbedingt auf dem Programm stehen, das besorgt der aufgewehte Sand am Strand.
// www.strandhotel-kurhaus-juist.com

BadeWerk // Nur wenige werden sich das ganze Jahr über in die Nordsee wagen, doch zum Glück gibt es ein Meereswasserschwimmbad in Neuharlingersiel. Dort kann man sich ganz unverfroren ins Wasser stürzen. Wellnessbedürftige finden im Therapieangebot bestimmt etwas Passendes, passionierte Saunisten setzen sich in die Schwitzkammer.
// www.badewerk.de

Friesentherme in Emden // Wer an Niedersachsens Nordseeküste unterwegs ist und Lust auf einen ausgedehnten Sauna- und Wellnesstag hat, kommt um Ostfrieslands größtes Saunaparadies nicht herum. In der Friesentherme in Emden finden Saunafans ein breites Angebot.
// www.friesentherme-emden.de

05 FONTANE THERME NEURUPPIN

Das Ruppiner Land ist geprägt von traumhafter Natur und unzähligen Seen. Mit seiner »Wanderung durch die Mark Brandenburg« hat Theodor Fontane dieser ursprünglichen Landschaft ein meisterliches literarisches Denkmal gesetzt. Die Region ist die perfekte Kulisse, um Hektik und Stress hinter sich zu lassen und bei einem ausgedehnten Wellnessaufenthalt neue Kraft zu tanken. Erste Adresse hierfür ist die Fontane Therme in Neuruppin direkt am Ruppiner See. An Brandenburgs einziger staatlich anerkannten Heilquelle lässt es sich vortrefflich relaxen. Besonderes Highlight ist unter anderem die schwimmende Seesauna. Hier kann man nach dem Saunagang zur Abkühlung gleich in den See hüpfen und anschließend auf dem Sonnendeck ausruhen, während man das Glitzern des Sees auf sich wirken lässt. Acht weitere Themensaunen und ein Spa-Bereich runden das Wellnessangebot ab und wecken den Wunsch nach einer möglichst baldigen Rückkehr.

Fontane Therme // Resort Mark Brandenburg, An der Seepromenade 20, 16816 Neuruppin am See
**www.resort-mark-brandenburg.de/
fontane-therme**

06 VITASOL THERME IN BAD SALZUFLEN

Saunieren und die Heilkraft der Thermalsole genießen kann man in der VitaSol Therme in Bad Salzuflen. Der Kurort in Ostwestfalen-Lippe blickt auf eine lange Geschichte der Salzgewinnung zurück und besitzt mehrere Thermalsolequellen. In dem weitläufigen Saunapark mit mehreren Themensaunen wird auf Ruhe und Erholung besonders viel Wert gelegt. Absolute Stille erlebt man etwa in der Sauna »Silencio«, die einen bei 100 °C so richtig ins Schwitzen bringt. Wer das Gefühl von Schwerelosigkeit erleben will, begibt sich dann ins Soleintensivbecken im Thermenbereich. Die Salzkonzentration ist hier so hoch, dass man auf der Wasseroberfläche treibt und dabei völlig relaxt der Unterwassermusik lauschen kann. Bedenkt man, dass ein Bad in Thermalsole erwiesenermaßen den Stress-Spiegel deutlich senkt, steht der Tiefenentspannung nichts mehr im Wege.

VitaSol Therme in Bad Salzuflen //
Extersche Straße 42, 32105 Bad Salzuflen
// www.vitasol.de

Bilder oben: In der Fontane Therme Neuruppin locken Seesauna, Meditationsaufgüsse und Solebecken zum ausgiebigen Relaxen. Einmalig schön ist dabei der Ausblick auf den Ruppiner See, den man von fast überall genießen kann.

Rechts: Die »Regenwolke« in der VitaSol Therme Bad Salzuflen sorgt für nasses Vergnügen.

Unten: Ein Steg führt in der Fontane Therme auf den Ruppiner See hinaus.

**07 SIEBEN WELTEN –
THERME & SPA RESORT IN KÜNZELL**

Entspannen, saunieren und gleichzeitig auf eine Reise rund um die Welt gehen? Dafür muss man nicht in die Ferne schweifen, sondern kann all dies im hessischen Künzell erleben. Hier bietet das Spa Resort »Sieben Welten« mit mehreren Sauna- und Wellnessbereichen, die sich thematisch und architektonisch an Orte aus aller Welt anlehnen, ein tolles Saunaerleb-

nis. In der afrikanisch inspirierten Gartenanlage wartet die Baumhaussauna, während man das Reich des Orients bei einer ausgedehnten traditionellen Badezeremonie im Hamam erleben kann. Mehrere Themensaunen, Ruhebereiche und eine Salzgrotte sind von der einzigartigen Architektur Andalusiens geprägt und erinnern an die Alhambra und die Mezquita-Kathedrale. Nach Indien verschlägt es einen dann im Spa-Bereich bei einer traditionellen ayurvedischen Ölmassage. Im Asien-Bereich begegnen einem der versunkene Tempel von Angkor Wat und eine exotische Badelandschaft. Zwischen den Saunagängen lässt es sich an der Poolbar mit einem Cocktail oder einem anderen Kaltgetränk gemütlich verweilen.

Sieben Welten – Therme & Spa Resort in Künzell // Harbacher Weg 66, 36093 Künzell
// www.siebenwelten.de

NICHT VERPASSEN!

Berliner Badeschiff // Eine schwimmende Badeanstalt auf der Spree – ein vor Anker liegender Schubleichter in Alt-Treptow macht es möglich. Mit Blick auf den Fernsehturm und die Oberbaumbrücke lässt sich hier im Becken planschen oder an einem der vielen Events teilnehmen.
**// www.arena.berlin/veranstaltungsort/
badeschiff**

Saarow Therme // Mit den Moorwiesen und der Catharinenquelle verfügt Bad Saarow über zwei natürliche Heilvorkommen, deren positive Wirkeigenschaften in der modernen Saarow Therme genutzt werden können. Das Sauna-, Wellness- und Thermalangebot lädt zu einem entspannten und erholsamen Aufenthalt für Geist und Körper ein.
// therme.bad-saarow.de

Bilder links: In eleganter Atmosphäre kann man sich im Jugendstilbad Darmstadt treiben lassen.

Auge. In den Jahren 2005 bis 2008 aufwendig renoviert, sorgen heute ein modernes Spa und ausgedehnte Saunawelten für die nötige Entspannung. Historische Umkleidekabinen und der Prachtsaal des ehemaligen Herrenbades zeugen noch vom Glanz früherer Zeiten.

Jugendstilbad Darmstadt // Mercksplatz 1, 64287 Darmstadt

// www.jugendstilbad.de

08 JUGENDSTILBAD DARMSTADT

Schlanke Ornamente, blumige Verzierungen, geschwungene Formen – auch in Darmstadt ließen sich Architekten, Maler und Designer von den neuen Gedanken des Jugendstils beeinflussen. Was wie eine Kunstrichtung klingt, ist mehr als das. Es ist die Vereinigung von Kunst und Leben. Natürliche Formen, Mythen und Schönheit sollten wieder in das Leben des Alltags eingebunden werden und nicht als etwas von ihm Getrenntes gesehen werden. Die Funktionalität sollte die Form beeinflussen, Kunst und Handwerk sich wieder vereinen, anstatt separat voneinander zu existieren. Diese Pracht zeigt sich in der Jugendstilstadt Darmstadt nicht nur auf der bekannten Mathildenhöhe, sondern auch im 1909 errichteten Jugendstilbad. Hier erfahren nicht nur Körper und Seele Wohltat, sondern auch das kunstsinnige

GUT ZU WISSEN

Seelenruhe durch Düfte und Aromen // Bei einem Saunaaufguss wird auch aromatherapeutisch gearbeitet. Die Duftöle im Aufgusswasser sind oft speziell ausgewählt, um zu beruhigen, die Stimmung zu heben oder Stress zu reduzieren. Tiefe Atmung und eine bewusste Wahrnehmung der Düfte während des Saunagangs verstärken also das Wohlfühlerlebnis.

09 »MONTE MARE SEESAUNA« AM TEGERNSEE

Traumhaft gelegen direkt am Rand der Alpen, versinnbildlichen der Tegernsee und seine Gemeinden für viele die perfekte bayerische Bilderbuchidylle. Besucher kommen hier schnell zur Ruhe und genießen neben dem beeindruckenden Alpenpanorama sowohl das gesunde Heilklima als auch die berühmte bayerische Gemütlichkeit. Die Krönung eines erholsamen Tegernsee-Besuchs ist wohl eine Auszeit in der Seesauna »monte mare«. Direkt am See gelegen, lässt es sich hier vortrefflich mit Blick auf die Alpen saunieren. Ob beim meditativen Räucheraufguss, bei sanften Klängen in der Sinnessauna oder gleich direkt auf dem Tegernsee im Saunaschiff »Irmingard« – wer Stille und Entspannung sucht, ist hier genau richtig.

monte mare Seesauna // Hauptstraße 63, 83684 Tegernsee
// www.monte-mare.de/de/tegernsee.html

Oben und rechts: In der »monte mare Seesauna« ist Saunieren und Relaxen direkt am – und mit dem Saunaschiff auch auf – dem Tegernsee möglich.

NICHT VERPASSEN!

Jodschwefelbad Bad Wiessee // Im Heilbad Bad Wiessee am Tegernsee sprudeln die stärksten Jodschwefelquellen Deutschlands, »Adrianus« und »Königin Wilhelmina«. Hier werden Wannen- und Sprühbäder sowie Inhalationen angeboten. Das Jod-Schwefelbad hat ganzjährig geöffnet.
// www.jodschwefelbad.de

#26 HEILANWENDUNGEN
SEIT JAHRHUNDERTEN BEWÄHRT

Traditionelle Heilverfahren führen oft ein Schattendasein gegenüber modernen Wellnesseinrichtungen. Zu Unrecht! Denn auch schon unsere Vorfahren wussten, was Körper und Seele guttut, und manche klassische Kur ist viel entspannender als der Besuch angesagter und oft recht trubeliger Thermen.

01 DIE WÄRMENDE KRAFT DES MOORES

In wohliger Wärme komplett zur Ruhe kommen und abschalten. Wer noch nie ein Bad in heilsamem Moor genommen hat, sollte dies unbedingt nachholen. Denn der schwarze Heilschlamm wirkt nicht nur entzündungshemmend und verspricht bei Rheuma und Arthrose Linderung, sondern ist auch für alle, die Stress und Hektik hinter sich lassen wollen, eine tolle Möglichkeit der Entspannung. Gestützt durch die schwere Konsistenz des Moores werden Gelenke und Bänder entlastet und man hat das angenehme Gefühl zu schweben. Die Wärme lockert tief sitzende Muskelverspannungen und regt den Stoffwechsel an. Nach dem Bad, das in vollkommener Stille verläuft, folgen Abduschen und die Nachruhe, bei der man den beruhigenden Effekten des Moorbads nachspüren kann. Deutschland ist zum Glück mit Moorheilbädern reich gesegnet. Die vielen Vorteile eines Moorbads kann man etwa in der Moor-Therme in Bad Bederkesa genießen. Und auch in Bad Driburg werden die angenehmen Heilbäder im Moor-

schlamm angeboten. Die hier verwendeten Schwefelmoore sind auch noch besonders wohltuend für die Haut.

Bad Driburg // Tourist-Information Bad Driburg, Lange Straße 140, 33014 Bad Driburg
// www.bad-driburg.teutoburger wald.de/ gesundheit-wellness.html

Moor-Therme Bad Bederkesa // Berghorn 13, 27624 Geestland
// www.moor-therme.de

02 NORDENAUER HEILSTOLLENKUR

Tief im Stollen herrscht absolute Stille und zwischen den glitzernden Schieferwänden, die eine geheimnisvolle Aura ausstrahlen, scheint man in eine ganz andere Welt versetzt zu sein. Dick eingepackt auf Bänken und Liegen ruhend, heißt es hier: tief durchatmen. Denn der Heilstollen im Luftkurort Nordenau

Oben und linke Seite: Entschlackende und heilsame Moorbäder genießt man im Bad Driburger Schwefelmoor.

01 DIE WÄRMENDE KRAFT DES MOORES
02 NORDENAUER HEILSTOLLENKUR
03 HEILSTOLLEN BAD GRUND
04 VULKANEIFEL THERME BAD BERTRICH
05 HEILKLIMAPARK HOCHTAUNUS
06 KNEIPP-KURMEILE IN BAD TABARZ
07 NATURBÄDER
08 SCHROTHKUR IN OBERSTAUFEN
09 BAD WÖRISHOFEN
10 SALZHEILSTOLLEN BERCHTESGADEN
11 SCHWEFELQUELLE BAD HÖHENSTADT

besitzt ein besonderes Mikroklima, die reine feuchte Luft ist nahezu frei von Schadstoffen und Allergenen. Dies alles ist für die Atemwege eine wahre Wohltat. Die Temperatur im Heilstollen liegt konstant zu jeder Jahreszeit bei 8 °C. Wer sich von innen etwas Gutes tun will, trinkt das basische Wasser aus der Heilquelle des Stollens. Ihm werden wahre Wunderkräfte zugeschrieben.

Nordenauer Heilstollenkur // Heilstollenweg 9, 57392 Schmallenberg-Nordenau

// **www.stollen-nordenau.de**

03 **HEILSTOLLENTHERAPIE BAD GRUND**
So gesunde Luft wie im Inneren des Ibergs bei Bad Grund findet man selten: kühl, feucht und unglaublich sauber, ist sie eine Wohltat für die Lunge. Deshalb ist der Eisensteinstollen aus dem 18. Jahrhundert seit 20 Jahren als Therapiestollen zertifiziert. Patienten mit Atemwegserkrankungen wie Asthma,

NICHT VERPASSEN!

Solepark in Schönebeck // Die Badelandschaft Solequell, das Therapiezentrum Lindenbad, die Totes-Meer-Salzgrotte und nicht zuletzt der Kunsthof Bad Salzelmen zeigen im Solepark, welch erstaunliche Wirkungsvielfalt im »weißen Gold« steckt.

// **www.solepark.de**

Heilwasser und Sole-Inhalation // Mit einer Temperatur von 27 °C tritt die fluoridhaltige Natrium-Chlorid-Sole aus der Quelle und wirkt seit jeher wohltuend auf Geist und Körper. Das Freiluftinhalatorium Salinental ist kostenfrei zugänglich, ebenso wie die Heilwasserquelle im Kurmittelhaus Bad Münster am Stein.

// **www.bad-kreuznach-tourist.de/ gesundheit-kur-wellness**

Links: Vulkanfango, wie man es in der Vulkaneifel Therme genießen kann, löst Verspannungen und lockert die Muskulatur.

Rechts: Im Heilstollen von Bad Grund kann man reinste Luft einatmen. Bei fast 100 Prozent Luftfeuchtigkeit liegt man dazu bequem für rund zwei Stunden im Schlafsack.

Heuschnupfen, Keuchhusten, Pseudo-Krupp und chronischer Bronchitis finden hier Linderung. Aber auch bei Stress, Schlafstörungen, Hyperaktivität und Neurodermitis soll eine Kur äußerst wohltuend sein. Jeweils zwei Stunden dauert eine Einheit, bei konstant 7 °C ist man eingemummelt im warmen Schlafsack.

Gesundheitszentrum Bad Grund //
Schurfbergstraße 2, 37539 Bad Grund (Harz)
   // www.gesundheitszentrum-bad-grund.de

04 VULKANFANGO IN DER VULKANEIFEL THERME BAD BERTRICH

Stress und Anspannung äußern sich oft in Muskelverspannungen. In der Vulkaneifel werden Entspannungsuchende mit einem ganz besonderen Naturheilverfahren verwöhnt, mit Fangopackungen, die aus vulkanischen Mineralschlämmen bestehen. Das dafür nötige Gesteinsmehl ist in Deutschland an nur zwei Plätzen zu finden: am Kaiserstuhl und eben in der Vulkaneifel. Die Vulkanerde wird dann etwa in der Therme von Bad Bertrich am Südrand der Eifel bis zu 50 °C erwärmt und als wohltuende Packun-

gen aufgelegt. Dies fördert die Durchblutung bis in tiefe Schichten, löst Verspannungen und lindert so Schmerzen. Eine anschließende Massage rundet das Wellnessprogramm optimal ab. Bad Bertrich ist

GUT ZU WISSEN

Welche Kur darf's sein? // Einen sehr guten Überblick über 355 deutsche Kurorte bietet die Internetseite Bäderland Deutschland. Die Seite beantwortet alle wichtigen Fragen zu einer Kur. Sie können dort – gefiltert nach Ihren Bedürfnissen – nach geeigneten Kurorten und -kliniken, aber auch nach speziellen Angeboten suchen

   // www.baederkalender.de

Links oben: Wohltuende Entspannung erfährt man im Thermalwasser der Vulkaneifel Therme Bad Bertrich.

Links unten: Ein farbenfrohes Mosaik umgibt den Brunnen der Römerquelle in Bad Ems. Ob die Römer übrigens tatsächlich hier im heißen Thermalwasser badeten, ist nicht gänzlich geklärt, wird aber vermutet.

Oben: Stimmungsvolle Panoramen in grüner Natur erlebt man beim Heilklimawandern im Hochtaunus.

zudem Deutschlands einzige Glaubersalztherme. Ein Bad in dem 32 °C warmen und besonders mineralstoffreichen Wasser ist nicht nur wunderbar entspannend, sondern hilft sogar bei rheumatischen Erkrankungen und Arthrose.

Vulkaneifel Therme Bad Bertrich // Clara-Viebig-Straße 3–7, 56864 Bad Bertrich
// www.vulkaneifeltherme.de

05 HEILKLIMAWANDERN IM HEILKLIMAPARK HOCHTAUNUS

Durch schweigsame Wälder spazieren, dem Rauschen der Blätter lauschen und dabei gleichzeitig die Abwehrkräfte und die Gesundheit stärken. Der Heilklimapark im Hochtaunus macht dies möglich. Zahlreiche Wanderrouten führen durch die unberührte Natur rund um den Großen und den Kleinen Feldberg und verbinden mehrere heilklimatische Kurorte miteinander, deren Luft und Klima besonders rein und gesundheitsfördernd sind. Der Park ist das ideale Ziel für all jene, die den üblichen Kurbetrieb und die Bewegungsarmut von Bäderkuren nicht mögen, aber trotzdem Auftanken und etwas für ihre Gesundheit tun wollen. Denn hier entstehen die positiven Effekte durch einen möglichst langen Aufenthalt an der frischen Luft, am besten in Bewegung. Die heilsamen Stunden in der

Natur bringen das Immunsystem auf Trab und die Seele in Balance.

Heilklimapark Hochtaunus // Taunus-Informationszentrum, Hohemarkstraße 192, 61440 Oberursel

// www.taunus.info/ heilklima-park-hochtaunus

NICHT VERPASSEN!

Römerquelle Bad Ems // Die Römerquelle am Kurhaus von Bad Ems ist eine von 15 Heilquellen, aus denen alkalisch-muriatische Thermalsäuerlinge hervorsprudeln. Umgeben von einem kleinen Säulenpavillon direkt an der Lahn sucht sich das 42 °C heiße Heilwasser seinen Weg an die Oberfläche. Besucher sind herzlich zu einem Probeschluck eingeladen.

Links: Das kühle Nass auf der Bad Tabarzer Kneipp-Kurmeile regt die Durchblutung an.

06 KNEIPP-KURMEILE IN BAD TABARZ

Dass Wasser heilsame und beruhigende Kräfte besitzt, ist schon lange bekannt. Sebastian Kneipp hat dieses Wissen in seiner Wasserkur praktisch umgesetzt. Aber auch eine ruhige und geordnete Lebensweise gehören zur Kneipp'schen Philosophie. Dem nachgehen kann man bei einem gemütlichen Spaziergang im Kneipp-Heilbad Bad Tabarz inmitten der Schönheit des Thüringer Walds. Mit der sechs Kilometer langen Kneipp-Kurmeile durch den idyllischen Ort lässt es sich entspannt zur Ruhe kommen und bei mehreren Kneippanwendungen die Heilkraft des Wassers nutzen. Zwei Kneippanlagen und ein Armbadebecken sind in die Rundwanderung integriert, die zudem am wunderschönen Rhododendron-Park vorbeiführt.

Wem das nicht genug ist, kann im Wellnessbereich des modernen Erlebnisbads »tabbs« anregende Kneippanwendungen unter professioneller Anleitung erleben.

Bad Tabarz // Touristeninformation, Lauchagrundstraße 12a, 99891 Bad Tabarz
// www.tabarz.de/touristinfo

tabbs – medical wellness & kneipp resort // Schwimmbadweg 10, 99891 Bad Tabarz
// www.tabbs.de

07 NATURBÄDER

Badespaß im Grünen! Naturbäder genießen heutzutage große Beliebtheit. Vor allem Allergiker und Kleinkinder profitieren von dem Wasser, das vollkommen natürlich, ganz ohne Chlor oder chemische Zusätze aufbereitet wird. Der Natur ist man in jedem Fall näher als im konventionellen Freibad. Das Wasser ist zwar meist nur maximal 24 °C kühl, es sorgt aber an heißen Sommertagen für eine willkommene Erfrischung. Naturbäder befinden sich normalerweise auch in landschaftlich reizvollen Gegenden, sodass sich ein Sprung ins kühle Nass auch nach einer langen Fahrradtour oder einer Wanderung in der Umgebung anbietet.

Naturbad Stamsried // Das sehr schön angelegte Naturbad hat nicht nur Badespaß im Wasser ohne chemische Zusätze zu bieten, sondern liegt auch noch idyllisch inmitten des barocken Schlossparks von Stamsried.
// www.naturbad-stamsried.de

Naturbad Staden // Zwar ist das Naturbad in Idar-Oberstein künstlich angelegt, doch die Wasseraufbereitung findet ohne chemische Substanzen statt. Rund ums Wasser wächst eine üppige Vegetation.
// baeder-io.de/naturbad-staden

Strandbäder am Bodensee // Das Naturstrandbad Kressbronn wirbt mit einem schönen neu gestalteten Wasserspielbereich für Kinder und einem großem Parkplatz. Das Strandbad Nonnenhorn liegt in idyllsch-ländlicher Lage und hat ein Solarium und eine Wärmehalle. Das Strandbad Eriskirch liegt mitten im Naturschutzgebiet und hat ein vielfaltiges Sportangebot. Im Strandbad Langenargen mit beheiztem Schwimmbecken lieben Kinder die Spaßbecken mit Wasserpilz und Rutsche.

// www.kressbronn.de
// www.bodenseestrandbad.de
// www.eriskirch.de/strandbad.html
// www.langenargen.de

08 SCHROTHKUR IN OBERSTAUFEN

Ruhe und Bewegung, gesunde Ernährung und der Fokus auf ein achtsames und bewusstes Leben: Bei der klassischen Schrothkur stehen die Selbstheilungskräfte von Körper und Geist im Mittelpunkt. Nicht nur die körperliche, sondern auch die seelische Entgiftung wird bei dieser Kur angestrebt, die der schlesische Fuhrmann Johann Schroth im 19. Jahrhundert begründete. Neben einer kalorienreduzierten, basischen Kost ohne tierisches Fett und Eiweiß gehört vor allem der Wechsel zwischen Ruhetagen, an denen nur wenig getrunken wird, und aktiven Tagen mit reichlich Flüssigkeitsaufnahme zu einer Schrothkur. Einmal täglich wird man zudem in feuchte Leintücher gewickelt und anschließend in warme Decken gepackt. All dies soll die Selbstheilungskräfte aktivieren, den Körper entgiften und inneren Frieden und Entspannung schenken. Einziges deutsches Schroth-Heilbad ist Oberstaufen, wo zahlreiche Hotels die Kur mit einem umfangreichen Wellness-Angebot versüßen. Und an den »Bewegungstagen« lädt die malerische Landschaft des Allgäus zum Wandern und Spazieren ein.

Oberstaufen Schrothkuren // Tourist-Information »Haus des Gastes«, Hugo-von-Königsegg-Straße 8, 87534 Oberstaufen

// www.oberstaufen.de/erleben/
schroth-wellness

Rechts oben: Am Westufer von Lindau befindet sich auf Pfählen das historische Aeschacher Bad von 1911.

Rechts unten: Kuren und Bewegung in freier Natur bietet das malerische Oberstaufen.

NICHT VERPASSEN!

Vital-Wandern im Schwarzwald // Heilklimawandern ist besonders förderlich für körperliches Wohlbefinden und seelische Ausgeglichenheit. Empfehlenswert sind etwa die Höhenklimawege im Hochschwarzwald.

// www.hochschwarzwald.de/
hoehenklima

09 BAD WÖRISHOFEN – BIS HEUTE DAS ZENTRUM DER KNEIPP-MEDIZIN

Die Kneipp-Medizin, 2015 zum immateriellen Kulturerbe Deutschlands erklärt, ist mehr als kalte Bäder und Wassergüsse. Neben Wasseranwendungen gehören eine ausgewogene, gesunde Ernährung, ausreichend Bewegung, der Gebrauch von Heilkräutern und das Streben nach Ausgeglichenheit und innerer Harmonie hinzu. Kneipp war sich sicher: Wer mit sich selbst im Einklang steht und eine »innere Ordnung« anstrebt, kann vielen Krankheiten von Körper und Geist vorbeugen. Eine Kneipp-Kur hat neben Wasseranwendungen als zentrales Ziel, Ruhe und Entspannung nachhaltig ins Leben zurückzubringen. Die Kneipp-Stadt schlechthin ist Bad Wörishofen, wo der bayerische Priester und Naturheilkundler lange lehrte und praktizierte. Hier kann man die fünf Säulen seiner Methode – Wasseranwendungen, Ernährung, Bewegung, Heilkräuter und innere Ordnung – im Rahmen von Kneipp-Kuren kennenlernen, um sie dann zu Hause in den Alltag zu integrieren.

Kneipp-Stadt Bad Wörishofen //
Gäste-Information im Kurhaus, Hauptstraße 16, 86825 Bad Wörishofen
// **www.bad-woerishofen.de**

NICHT VERPASSEN!

Kneipp-Museum Bad Wörishofen // Sebastian Kneipp (1821–1897) war viele Jahre Pfarrer in Bad Wörishofen. Aufgrund seiner Wasserkur wurde die Gemeinde zum Kurort und wahrt als Kneippstadt dieses Erbe. Das Kneipp-Museum im Dominikanerinnenkloster informiert ausführlich über Leben und Wirken des gesundheitsbewussten Pfarrers und Hydrotherapeutens.

// **www.kneippmuseum.de**

Bilder oben: Entspannen beim Kneippen kann man in Bad Wörishofen, etwa auf dem Kneippwaldweg (ganz oben) oder im Kurpark (oben).Das hiesige Kneipp-Museum zeigt eine Sammlung aus dem Leben des Kräuterpfarrers.

Unten: Kneippanlage in Bad Wörishofen.

Ganz unten: Entspannen kann man im Salzheilstollen Berchtesgaden.

⑩ SALZHEILSTOLLEN BERCHTESGADEN

Salzheilstollen bieten die Kombination aus der reinen Luft eines Bergwerks mit dem gesunden Reizklima an der Meeresküste. Neben Gesundheit steht im Salzheilstollen Berchtesgaden vor allem Wohlfühlatmosphäre im Mittelpunkt, die den Gästen den Aufenthalt so angenehm wie möglich machen soll: Der Ruheplatz im Stollen ist bequem ausgestattet und stimmungsvoll beleuchtet. Bei den Einfahrten am Vormittag untermalt das leise Plätschern des Solebrunnens die meditative Stimmung tief im Berg. Nachmittags gibt es Entspannungsmusik. Beim bewussten Atmen oder bei einer Traumreise kommt man dann zur Ruhe.

Salzheilstollen Berchtesgaden //
Bergwerkstraße 85a, 83471 Berchtesgaden

// www.salzheilstollen.com

⑪ SCHWEFELQUELLE BAD HÖHENSTADT

Im Kurpark des Ortes in Niederbayern sprudelt Deutschlands stärkste Schwefelquelle aus der Erde. Rundherum wurden deshalb Tretbecken errichtet, die neben dem Schwefel- auch Moorwasser enthalten. Gesundheitsbewusste Besucher haben hier ganzjährig kostenfrei Zutritt.

Kneippanlage Bad Höhenstadt // Kurpark, 94081 Fürstenzell

// www.fuerstenzell.de

#27 ERHOLSAME THERMENWELTEN

Thermen-Welten bieten Erholungsprogramme und ganzheitliche Regeneration für Körper und Seele – und das auf unterschiedlichste Art: Ob im warmen Solebad, in einer von Palmen gesäumten Karibik-Therme oder in der Meditations-Sauna – so findet man schnell wieder zu sich selbst und zu neuer Energie.

01 SCHWITZEN AN DER OSTSEE – DAS SEEBAD WARNEMÜNDE

Mecklenburg-Vorpommern hat nicht nur eine abwechslungsreiche Seenlandschaft, sondern auch direkten Ostseezugang. Dies wissen vor allem Erholungsuchende sehr zu schätzen, denn im salzigen Meerwasser zu baden hat auf Körper und Geist viele positive Effekte: Schon allein der Geruch versetzt sofort in Urlaubsstimmung und entschleunigt Geist und Gedanken. Der hohe Salzgehalt der Ostsee trägt dazu bei, dass sich insbesondere die Haut regenerieren kann. Die Ostsee lockt jedoch nicht immer mit angenehmen Badetemperaturen. Gerade in den Wintermonaten, aber auch im Herbst und Frühling, ist das Meer zu kalt, um im Wasser entspannen zu können. Da kommt das Seebad Warnemünde als Alternative gerade recht: In den verschiedenen Schwimm- und Sprudelbecken befindet sich frisches Ostseewasser – wohlig temperiert und mit dem charakteristischen Salzgehalt. Nach ausgiebigem Saunieren und Baden im Seebad empfiehlt sich beispielsweise ein Abstecher ans Meer, um sich bei einem Strandspaziergang die frische Brise um die Nase wehen zu lassen.

SEEBAD Warnemünde // Zur Promenade 2, 18119 Warnemünde/Rostock
// **www.seebad.de/warnemunde.html**

Das Seebad Warnemünde überzeugt nicht nur mit seinem Angebot an Schwimmbecken und Wellnessanwendungen, sondern auch durch seine Architektur (linke Seite).

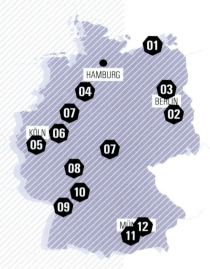

HAMBURG

BERLIN

KÖLN

MÜN

01 **SEEBAD WARNEMÜNDE**
02 **TROPICAL ISLANDS**
03 **LIQUIDROM BERLIN**
04 **BALI THERME BAD OEYNHAUSEN**
05 **CLAUDIUS THERME KÖLN**
06 **MEDITERANA IN BERGISCH GLADBACH**
07 **HEILENDES SALZ**
08 **TAUNUS THERME BAD HOMBURG**
09 **FRIEDRICHSBAD IN BADEN-BADEN**
10 **THERMEN & BADEWELT SINSHEIM**
11 **MÜLLER'SCHES VOLKSBAD IN MÜNCHEN**
12 **THERME ERDING**

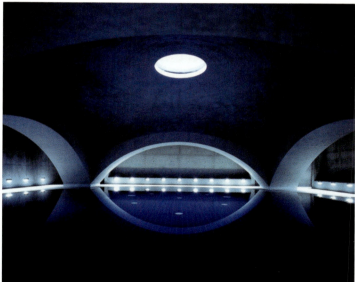

Ganz oben: Wie auf der indonesischen Insel Bali soll man sich in der gleichnamigen Therme in Bad Oeynhausen fühlen.

Oben: Das Berliner Liquidrom mit seiner berühmten Kuppelhalle im Stil eines Zirkuszelts beweist, dass man auch

mitten in der Großstadt abtauchen kann vom Alltag: Es liegt in unmittelbarer Nähe vom Potsdamer Platz.

02 TROPICAL ISLANDS – SÜDSEE-FEELING IN BRANDENBURG

Entspannen unter Palmen – wer an malerischen Sandstränden lustwandelt, tropische Südsee-Luft einatmet und den Blick über den azurblauen Ozean schweifen lässt, für den rückt der Alltag schnell in weite Ferne. In exotische Länder mit Traumkulissen zu reisen ist natürlich nicht jederzeit möglich. Deshalb kommen Angebote wie das Tropical Islands Resort im brandenburgischen Krausnick gerade recht. Hier lässt es sich an 365 Tagen im Jahr unter exotischen Palmen relaxen. Mit feinem weißem Sandstrand unter den Füßen und einem leckeren Cocktail in der Hand kann man hier einen Spaziergang durch den größten Indoor-Regenwald mit mehr als 50 000 Pflanzen machen. Inmitten des satten Grüns taucht man beim Betrachten in exotische Welten ein und lässt seine Gedanken einfach in die Ferne schweifen. Oder man entspannt im tropischen Sauna- und Spabereich und regeneriert bei Licht- und Klang-Therapie oder in der Kräuterschwitzhütte.

Tropical Islands // Tropical-Islands-Allee 1, 15910 Krausnick

// www.tropical-islands.de

03 SCHWERELOS IM BERLINER LIQUIDROM

Schwerelosigkeit erleben, den Kopf komplett ausschalten und sich dem Moment hingeben – kaum irgendwo funktioniert das so gut wie in wohlig warmem Wasser. Wer sich nicht nur darin treiben lassen möchte, sollte an einer »Watsu«-Session teilnehmen, die absolute Tiefenentspannung verspricht. Die Wassertherapie basiert auf den Lehren des Zen-Shiatsu und arbeitet mit dem natürlichen Wasserauftrieb, um ein Gefühl der Schwerelosigkeit zu erzeugen. Ein spirituelles und körperlich befreiendes Erlebnis, das nicht nur der Seele guttut, sondern auch die Gelenke entlastet und die Durchblutung fördert. Wer in Berlin unterwegs ist und sich nach einer solchen Auszeit sehnt, kann sich im Liquidrom aus dem Alltag ausklinken. Schwerelosigkeit erlebt man hier nicht nur beim Watsu, sondern auch im Floating-Pool mit Klangbecken.

Liquidrom // Möckernstraße 10, 10963 Berlin
// www.liquidrom-berlin.de

04 INDONESISCHES INSELFEELING IN DER BALI THERME IN BAD OEYNHAUSEN

Bali bedeutet nicht nur exotische Naturkulisse und paradiesisches Inselfeeling, die indonesische Insel ist für viele spirituell Suchende auch ein Sehnsuchtsort, um zu sich selbst zu finden. Die Bali Therme steht ganz im Zeichen dieser Sehnsucht und bietet Besuchern balinesisches Flair und asiatische Gelassenheit, ohne dass man dafür in weite Ferne reisen müsste. Sich im Entspannungsbecken mit Unterwassermusik treiben lassen, im Saunagarten zwischen tropischen

Pflanzen die Füße hochlegen oder bei einer balinesischen Massagezeremonie ganz abschalten – wer eine Auszeit vom Alltag sucht, findet hier viele Möglichkeiten, die Seele baumeln zu lassen.

Bali Therme // Morsbachallee 5, 32545 Bad Oeynhausen

// **www.balitherme.de**

05 ENTSPANNEN MIT BLICK AUF DEN KÖLNER DOM IN DER CLAUDIUS THERME

Heilwasser ist eines der ältesten Naturheilmittel, die der Mensch kennt. Ob für Trinkkuren oder zum Baden – das aus staatlich anerkannten Heilquellen stammende Wasser verwöhnt mit seiner besonderen Reinheit sowie dem hohen Gehalt an Mineralien. Diese bringen den Körper wieder in Balance und können den Stoffwechsel sowie die Organtätigkeit anregen. Vor allem der hohe Gehalt an Kalzium und Magnesium fällt dabei positiv auf, schließlich sind diese Vitalstoffe für das Immunsystem sowie für das innere und äußere Gleichgewicht enorm wichtig. Eine perfekte Möglichkeit, um den eigenen Mineralienhaushalt wieder ins Lot zu bringen und dabei innerlich wie äußerlich zu entspannen, bietet die Claudius Therme im Kölner Rheinpark. Hier kann man in zahlreichen Becken, die von einer natürlichen Thermal-Mineralquelle gespeist werden, und in einem exklusiven Ambiente zur Ruhe kommen. Weiteres Highlight ist die Panoramasauna mit Domblick, den man bei einem Aufguss mit Klangreise besonders gut genießen kann.

Claudius Therme // Sachsenbergstraße 1, 50679 Köln

// **www.claudius-therme.de**

06 EIN ORIENTALISCHER TRAUM – THERMENWELT MEDITERANA IN BERGISCH GLADBACH

Mit allen Sinnen genießen bedeutet, Körper und Geist ein ganzheitliches Erholungsprogramm zu spendieren. Durch das bewusste Erleben jedes Moments wird die positive Wirkung von Achtsamkeit intensiv spürbar und die innere Balance (wieder-)hergestellt. Die sinnliche Welt von 1001 Nacht mit all ihren exotischen Farben, Formen, Klängen und Düften ist geradezu wie geschaffen dafür, eine solche Sinnesreise zu erleben. Genau darauf hat sich die Thermenwelt Me-

Ganz oben: Schon die Gestaltung der Therme in Bad Schandau hat es in sich. Beliebt: der »Liquid-Sound-Tempel« *mit Unterwassermusik und Licht. Oben: Im Gradierwerk in Bad Salzungen inhalieren Kurgäste die salzhaltige Luft*

Rechts: Landesweit einzigartig: das Gradierwerk in der Soletherme Bad Sassendorf.

Rechts: Landesweit einzigartig: das Gradierwerk in der Soletherme Bad Sassendorf.

diterana in Bergisch Gladbach spezialisiert. In der vielfältigen Sauna- und Badelandschaft im maurisch-spanischen Stil, umweht von Weihrauch und Myrrhe, tauchen Besucher tief in die märchenhafte Welt des Orients ein. Die Kombination aus unterschiedlichen Bäderkreationen, Ruheräumen, Zeremonien sowie Sauna- und Wellnessangeboten ist entspannend und stimulierend zugleich.

Mediterana // Saaler Mühle 1,
51429 Bergisch Gladbach-Bensberg
// www.mediterana.de

07 HEILENDES SALZ – GRADIERWERK UND BÖRDE-THERME BAD SASSENDORF UND SOLEWELT BAD SALZUNGEN

Wer die Heilkraft der Sole nutzen, beim Wellness entspannen und gleichzeitig außergewöhnliche Architektur erleben möchte, sollte Bad Sassendorf besuchen. Hier ist – einmalig in Deutschland – ein mehrstöckiges Gradierwerk zu finden, das mit seinem kreisrunden Durchgang, einer Sonnenterrasse und der Weidengeflechtpergola nicht nur heilsame Atemluft erzeugt, sondern auch architektonische Besonderheiten bereithält. Ein Teil des Gradierwerks befindet sich auf dem Gelände der Börde-Therme, die darin eine Gradierwerkssauna, einen Ruheraum und überdachte Liegeplätze auf der Sonnenterrasse integriert hat. In der Therme kann man zusätzlich heilsame Sole-

GUT ZU WISSEN

Westfalen-Therme // Staatlich anerkanntes Heilbad und heilklimatischer Kurort: In Bad Lippspringe dreht sich alles um Gesundheit und Wohlbefinden. Das spiegelt sich auch in der Westfalen-Therme wider. Warmes Thermalwasser, die große Saunalandschaft und das »Salinarium« lassen Gäste entspannen, abschalten und innere Ruhe finden.
// www.westfalen-therme.de

Therme Bad Schandau // Winter ist die Zeit für Wellness. Während draußen kalte Temperaturen vorherrschen, ist es herrlich, sich auf einer gewärmten Massagebank niederzulegen und sich ordentlich durchkneten zu lassen. Ein guter Ort dafür ist die Therme im Erholungsort Bad Schandau, deren Angebot weit über einfache Massagen hinausreicht.
// www.toskanaworld.net

Links: Stilvoll kurbaden kann man in historischem Ambiente in Bad Salzungen.

bäder genießen, die mit einem Salzgehalt zwischen 3,0 und 3,4 Prozent den Körper verwöhnen. Solebädern werden lindernde Eigenschaften bei zahlreichen körperlichen und seelischen Beschwerden zugeschrieben. Wer aufgrund von Stress oder Überlastung aus dem Gleichgewicht gerät, kann in einem warmen Solebad binnen kürzester Zeit regenerieren. Mindestens genauso gut lässt es sich in der Solewelt Bad Salzungen entspannen. Die dortige Natursole gehört mit einem Salzgehalt von bis zu 27 Prozent zu den stärksten Solen und birgt ein großes Heilkraftpotenzial. Neben entspannenden Ruhepausen im Sole-Schwebebecken oder bei entlastender Wassergymnastik im Sole-Aktivbad begegnet Besuchern die Sole auch im Wohlfühl-Zentrum in Form von Sole-Peeling, Sole-Massage oder Sole-Thalasso-Packung. Im Sole-Saunaland werden dann Fans des gesunden Schwitzens rundum glücklich.

Börde-Therme Bad Sassendorf //
Gartenstraße 26, 59505 Bad Sassendorf
// www.soletherme-badsassendorf.de

Solewelt Bad Salzungen // Am Flößrasen 1, 36433 Bad Salzungen

// www.solewelt.de

08 TAUNUS THERME IN BAD HOMBURG

Wirkliche Harmonie und Entspannung erreicht man laut traditioneller asiatischer Lehren nur dann, wenn die Elemente im Gleichgewicht sind. Insbesondere die daoistische Harmonielehre Feng Shui strebt eine Verschmelzung von innerer und äußerer Ausgeglichenheit an: Indem der Mensch Wohn- und Lebensräume nach bestimmten Regeln gestaltet, schafft er einen

NICHT VERPASSEN!

Heilsames Salz // Dem leisen Tröpfeln der Sole lauschen und im warm schimmernden Licht die gesunde salzhaltige Luft einatmen – der Aufenthalt in einer Salzgrotte ist Wellness pur. In Saarbrücken gönnt man sich die Auszeit etwa in der Saargrotte. Zwei Gradierwerke mit Bad Reichenhaller Alpensole laden in stimmungsvollem Ambiente zum Träumen ein.
// www.saargrotte.de

verbesserten Energiefluss. Und wenn das Qi frei fließen kann, fallen Unwohlsein, Angespanntheit und Hektik praktisch von allein ab. Die Taunus Therme hat sich dem Konzept des Feng Shui verschrieben und die gesamte Anlage gemäß der Vorgaben dieser chinesischen Lehre geplant: Feuer, Wasser, Erde und Luft werden hier in Einklang gebracht und verhelfen Besuchern dazu, binnen kürzester Zeit zu entspannen. Ob im Thermalbad mit mehr als 1400 Quadratmeter Wasserfläche, in der stimmungsvoll angelegten Saunalandschaft oder beim Besuch des Hamams – schon wenige Stunden in der inspirierenden Atmosphäre genügen, um den eigenen Energiehaushalt wieder in Balance zu bringen.

Taunus Therme // Seedammweg 10, 61352 Bad Homburg

// www.taunus-therme.de

09 RÖMISCHE THERMENWELT – DAS FRIEDRICHSBAD IN BADEN-BADEN

Traditionelle römische Baderituale wurden schon in der Antike gepflegt und helfen dabei, abzuschalten und den Gedanken freien Lauf zu lassen. Schon die Römer wussten, dass regelmäßige Entspannung in Thermalwasser und die Abwechslung von warmen und kalten Reizen zu körperlicher Gesundheit und innerer Balance beitragen. Daher entwickelten sie eine intensive Bäderkultur, die keinesfalls ausschließlich auf die körperliche Reinigung abzielte. Genauso wichtig waren ihnen die Förderung des Wohlbefindens und das Vergnügen beim Baden. Wer in Baden-Baden auf der Suche nach Ruhe und Entspannung auf römische Art ist, wird im Friedrichsbad fündig. Das römische Wellnessprogramm lässt sich hier im 140 Jahre alten Bädertempel beim Badezyklus auf 17 Stationen durchlaufen und wird mit irischen Heißluftbädern kombiniert. Wer besonders stilvoll und abgeschieden sein Baderitual vollziehen möchte, kann sich sogar ein dekorativ verziertes Privatbad reservieren und wie die feine Gesellschaft zu Kaisers Zeiten das Thermalwasser genießen.

Friedrichsbad // Römerplatz 1, 76530 Baden-Baden

// www.carasana.de/de/friedrichsbad

10 THERMEN & BADEWELT SINSHEIM

Entspannungstechniken wie Meditation oder Achtsamkeitstrainings können uns beim Abschalten und

Rechts: Unter dem prächtigen Kuppeldach des Friedrichsbads Baden-Baden, das nach dem Vorbild der römischen Caracallathermen gestaltet wurde, erlebt man traditionelle Badekultur wie zur Römerzeit.

Wohlfühlen unterstützen. Doch Ruhe und meditatives Loslassen allein genügen nicht jedem, um neue Energie zu tanken. Für viele bedarf es eines Wechselspiels aus An- und Entspannung, um tatsächlich zu Ausgeglichenheit zu gelangen. Daher lockt die Thermen & Badewelt Sinsheim nicht nur mit einer idyllisch angelegten Vitaltherme, Sauna und Palmenparadies

GUT ZU WISSEN

Solymar Therme // Wer Badespaß sucht, sollte sich in Bad Mergentheim den Erholungs- und Freizeitpark Solymar Therme nicht entgehen lassen.

// www.solymar-therme.de

Bodensee-Therme Konstanz // Die Bodensee-Therme wirbt mit Sport-, Nichtschwimmer- und Thermalbewegungsbecken sowie mit dem Zugang zum Bodensee. Seit Neuestem gibt es auch einen Salzraum.

// www.therme-konstanz.de

Relaxen in Bad Aibling // Als eine der schönsten Thermen in Bayern gilt die Therme Bad Aibling. Schön gelegen im bayerischen Voralpenland, zeichnet sie sich vor allem durch eine harmonisch gestaltete Architektur und zahlreiche Wellnessangebote aus. Als eine von wenigen Thermen bietet sie entspannende Moorbehandlungen an.

// www.therme-bad-aibling.de

Schornbad in Schönau // So schön der Königssee ist, so kalt ist Bayerns tiefster See auch. Für ungetrübte Badefreuden empfiehlt sich deshalb ein Besuch im Schönauer Freibad, das im Sommer von 8 bis 20 Uhr geöffnet hat und neben Sport- und Spaßbecken auch über einen Wasserlift für Behinderte verfügt.

// www.koenigssee.de/schornbad

Ganz oben: Karibikfeeling stellt sich automatisch im Außenbereich der Therme Sinsheim ein. Oben: Nicht nur Schwimmen, in Europas größter Therme, der Therme Erding, kann man auf eine Weltreise von Römerbad bis zu russischer Banja gehen.

Unten: Schwimmen und dabei das Jugendstilambiente des ältesten öffentlichen Hallenbads genießen, heißt es in den beiden Becken (kleine Schwimmhalle – einst Damenbad – und große Schwimmhalle – einst Herrenbad) des Müller'schen Volksbads. Abgerundet wird das Angebot durch ein römisch-irisches Schwitzbad, Wannen- und Brausebäder und Massageanwendungen.

zu einem relaxten Wellnesstag, sondern sie bietet mit dem Sportbad auch die Möglichkeit, sich nach Herzenslust auszupowern.

Thermen & Badewelt Sinsheim // Badewelt 1, 74889 Sinsheim

// **www.badewelt-sinsheim.de**

⑪ MÜLLER'SCHES VOLKSBAD IN MÜNCHEN

In der Stadtmitte zwischen Isar und Auer Mühlbach gelegen, befindet sich eines der schönsten Hallenbäder Europas, das Müller'sche Volksbad. Im großen Bad schwimmt man unter einer Jugendstilgalerie mit Stuckdeckengewölbe. Als die Badeanstalt 1901 eröffnet wurde, war sie mit ihrem 12 mal 30 Meter langen Becken das größte und teuerste Schwimmbad der Welt. Zur Auswahl stehen zwei Schwimmhallen, je eine für Frauen und Männer (die aber heute für beide zugänglich sind). Der Erbauer Karl Müller wurde dafür vom Prinzregenten geadelt.

Müller'sches Volksbad // Rosenheimer Straße 1, 81667 München

// **www.swm.de/privatkunden/m-baeder/ schwimmen/hallenbaeder/volksbad.html**

⑫ THERME ERDING – ENTSPANNEN IN DER WELLNESSLANDSCHAFT DER SUPERLATIVE

Regelmäßige Saunabesuche können gegen chronische Schmerzen helfen, vor Erkältungen bewahren oder sogar Arthrose lindern. Nicht zu vergessen ist der positive Effekt, den Saunieren auf das Wohlbefinden ausübt: Man fühlt sich von innen und außen gereinigt, kann herrlich entspannen und ist nach dem abschließenden Sprung ins kalte Wasser so richtig erfrischt und voller neuer Energie. Und wo könnte man alle Facetten des Saunierens besser erleben als in der größten Therme der Welt? Die Therme Erding ist zwar gut besucht, Oasen der Stille findet man hier aber trotzdem. Denn in der eindrucksvollen Saunalandschaft mit bis zu 28 Saunen und Dampfbädern verlaufen sich die Besucherströme schnell. Das Angebot ist dabei so vielfältig, dass man mehr als einen Tag benötigt, um die Aufgüsse und Wellnessangebote in vollem Umfang auszukosten. Von der Meditations-Sauna mit beruhigender Klangschalenzeremonie bis hin zum süßen Zuckerpeeling im 80 °C heißen Rosenpavillon bleiben hier keine Saunawünsche offen.

Therme Erding // Thermenallee 1–5, 85435 Erding

// **www.therme-erding.de**

Oben: Beim Meditieren treffen Konzentration, Achtsamkeit und Stille aufeinander.

Linke Seite: In Meditationszentren übt man in harmonischer Umgebung die stille Einsicht ins Ich.

#28

MIT DER KRAFT DER
INNEREN RUHE

Es gibt viele Wege, zur Ruhe und in Balance zu kommen und dabei die innere Mitte zu finden. Zen-Meditationen können dabei ebenso hilfreich sein wie die Ausübung von Yoga und das Erlernen spezieller Atemtechniken. Gelehrt werden diese Techniken in Klöstern, Meditationszentren, aber auch auf Festivals.

01 IM HAUS DER STILLE – DAS BUDDHISTISCHE MEDITATIONSZENTRUM BEI HAMBURG

Man muss kein Buddhist sein und sich nicht einmal mit den Inhalten der buddhistischen Lehre identifizieren, um im buddhistischen Meditationszentrum an einem der mehrtägigen Kurse teilzunehmen. Sie beschäftigen sich mit verschiedenen Meditationsformen wie Zen oder Metta-Meditation, vermitteln Atemtechniken und lehren Yoga, immer mit dem Fokus auf der Meditation. Innere Einkehr, Besinnung, Stille und Einfachheit sind die Herausforderungen, mit denen die Teilnehmer konfrontiert sind. Nicht jeder, der üblicherweise einen hektischen Alltag zu bewältigen hat, tut sich damit sofort leicht. Die Beschäftigung mit sich selbst, Achtsamkeit bei allem Tun wie beispielsweise bei einem Spaziergang über das Gelände des Zentrums oder bei der Erledigung des Abwaschs können jedoch gelernt werden und ein Gefühl von innerer Zufriedenheit und Ausgeglichenheit bewirken. Wer sich auf konzentriertes Sitzen in Stille und die essenziellen Fragen, die während

NICHT VERPASSEN!

Little Paradise, Retreat- und Meditationszentrum // Das »kleine Paradies« bei Hamburg bietet seinen Gästen einen Ort der inneren Einkehr und tiefer Stille. Die spirituelle Auszeit findet in einer traumhaften Umgebung und in den schönen Räumen eines alten Landhauses mit Bibliothek, Meditationsraum und Wohnküche statt.

// www.littleparadise.hamburg

01 **BUDDHISTISCHES MEDITATIONSZENTRUM**
02 **VIPASSANA-MEDITATIONSZENTRUM DHAMMA DVARA**
03 **YOGAZENTRUM IN BAD MEINBERG**
04 **YOGA-FESTIVALS**
05 **DOJO ALTBÄCKERSMÜHLE**
06 **ZENKLOSTER LIEBENAU**

einer Meditation auftauchen können, einlässt, lernt viel über sich selbst und die Kunst, im Augenblick zu sein. Viele Teilnehmer schätzen diese Erfahrung und kommen gerne wieder.

Haus der Stille Buddhistisches Meditationszentrum // Mühlenweg 20, 21514 Roseburg
// **www.hausderstille.org**

02 **VIPASSANA IM SÄCHSISCHEN VOGTLAND: DAS DHAMMA-DVĀRA-MEDITATIONSZENTRUM**

Vipassana bedeutet so viel wie »Einsicht«, deshalb ist diese Meditationsform auch unter den Namen »Einsichtsmeditation« oder »Achtsamkeitsmeditation« bekannt. Ziel ist, »die Dinge so zu sehen, wie sie sind«. Der Weg dorthin führt über die Meditation in Stille. Während des mindestens zehntägigen Kurses mit rund zehn Stunden Sitz-Meditation am Tag wird geschwiegen und der Blick wird nach innen gerichtet. Durch Selbstbeobachtung, besonders in Bezug auf körperliche Empfindungen, sollen Selbstveränderungen möglich gemacht werden und zu mehr Klarheit, Achtsamkeit und Gelassenheit führen. Vipassana braucht Zeit, einen bestimmten Willen und ist nicht geeignet für Menschen, die mal eben schnell meditieren lernen wollen, um mehr Ruhe in ihr Leben zu bringen. Wer sich jedoch auf die Teilnahmebedingungen einlässt – dazu zählt auch der Tagesbeginn um vier Uhr früh –, kommt in Kontakt zu seinen Gedanken und Gefühlen, erkennt deren Wechselbeziehung, wird aufmerksamer, gelassener und kann sich besser konzentrieren.

Vipassana-Meditationszentrum Dhamma Dvara // Alte Straße 6, 08606 Triebel
// **www.dvara.dhamma.org**

03 **AB INS ASHRAM – EUROPAS GRÖSSTES YOGAZENTRUM IN BAD MEINBERG**

Yoga ist eine uralte indische Lehre, in der körperliche und geistige Übungen sowie spezielle Atemtechniken vor allem eins zum Ziel haben: Körper, Geist und Seele in Einklang zu bringen. Ursprünglich wurde mit dem Wort »Ashram« die Einsiedelei eines indischen Asketen bezeichnet, heute steht es in der Regel für ein Meditationszentrum, in dem eine spirituelle Lehre gelebt und gelehrt wird. Das trifft

Links: Uralte fernöstliche Weisheiten inmitten der Natur zu erlernen, bringt Ruhe und innere Kraft.

Rechts: Auf Yoga-Festivals treffen sich Gleichgesinnte zum gemeinsamen Meditieren.

auch auf das Yogazentrum in Bad Meinberg zu, das in einem ehemaligen Klinikgebäude untergebracht ist und über 500 Gäste gleichzeitig aufnehmen kann. Das Programm ist entsprechend umfangreich und bietet alle Yoga-Formen wie Kundalini-, Raja- oder Bhakti-Yoga, aber auch Klangschalen-Yoga, Faszien-Training, ayurvedische Kochkurse, Mantra-Singen und Ausbildungen zum Yogalehrer. Inhaltlich ist für jeden Interessierten etwas dabei, man muss sich darauf einlassen und auf so manchen Luxus verzichten: Der Tagesablauf ist streng durchgetaktet, das Essen vegan, die Unterkunft schlicht. Wer es etwas entspannter angehen möchte und ganz neu in der Welt des Yogas ist, findet inzwischen im ganzen Bundesgebiet Yogazentren und -studios. Hier bekommt man Einblick in die yogische Philosophie und ihre Praktiken, erlernt die Haltungen und Übungen in kleinen Gruppen und kann verschiedene Stilrichtungen ausprobieren.

Yogazentrum Yoga Vidya Bad Meinberg //
Yogaweg 7, 32805 Horn-Bad Meinberg
// www.yoga-vidya.de

04 YOGA-FESTIVALS – ZUSAMMEN DAS LEBEN FEIERN

Lebensfreude, Spiritualität, Gemeinschaft, Meditation, Musik und Bewegung zeichnen Yoga-Festivals aus, die inzwischen in vielen Bundesländern stattfinden. Zu ihnen zählen das Yoga United Festival, das östlich von Berlin am Helenesee gefeiert wird, sowie das Yoga Sound and Sea am Steinberger See im Nordosten Bayerns. Wasser als magisches Element und die Natur unterstützen die Teilnehmer darin, bei sich anzukommen, abzuschalten und sich wieder mit positiver Energie aufzuladen. Dazu tragen auch Kurse bei, die von namhaften Yogis angeleitet werden, sowie der Austausch mit Gleichgesinnten. Es besteht die Möglichkeit, sich mit verschiedenen Yoga-Stilen bekannt zu machen und auf dem Markt nach Yoga-Zubehör zu stöbern. Wenn das Wetter es zulässt, finden die Workshops unter freiem Himmel statt. Auf mehreren »Bühnen« finden parallel Kurse, Vorträge, Klangreisen, Heilgesänge und Meditationen statt, und wer möchte, kann Yoga auch auf dem Stand-up-Paddling-Board ausprobieren. Es wird gesungen, getanzt und das Leben gefeiert. Auch das Kieler Yoga-

Links: Im Zenkloster Liebenau erhält man Einblicke in die Philosophie des Zen-Buddhismus.

festival findet am Wasser statt. Meditiert und prakti-ziert wird dort am Falckensteiner Strand mit Blick auf die Ostsee. Die Teilnehmer des Yoga Love Festivals rei-sen zum Plauer See. Hier bieten die Veranstalter ne-ben dem Sommer-Festival im Juni auch ein Winter-Fes-tival an.

Yoga United Festival // am Helenesee
// www.yoga-united.net

Yoga Sound and Sea // am Steinberger See
// www.yoga-sound-sea-festival.com

Kieler Yogafestival // am Falckensteiner Strand
// www.kieler-yogafestival.de

Yoga Love Festival // am Plauer See
// www.yogalovefestival.de

05 ZEN-BOGENSCHIESSEN IM DOJO ALTBÄCKERSMÜHLE

Zen-Bogenschießen ist weit mehr, als nur mit einem Pfeil die Mitte einer Scheibe zu treffen. Vielmehr ist es eine Form der Zen-Meditation – die des Tuns. Die Konzentration auf jeden Augenblick ist dabei ent-scheidender als der Treffer selbst. Der stellt sich im

Laufe der Übungen dann schon von selbst ein. Das Ziel heißt deshalb zunächst: das Ziel vergessen und »Zielen ohne zu zielen«. Der Umgang mit dem Bo-gen, die Beziehung von Atem und Bewegung und das Loslassen (von körperlichen Verspannungen, hin-derlichen Lebenseinstellungen und nicht zuletzt des Pfeils) sind wesentliche Lehr- und Übungsinhalte. Das Schießen selbst folgt einem festgelegten Bewe-

NICHT VERPASSEN!

Meditieren im Benediktushof // Das Zen-trum für Meditation und Achtsamkeit im un-terfränkischen Holzkirchen befindet sich in ei-nem alten Benediktinerkloster aus dem 8. Jahrhundert. Im Angebot sind Zen-Meditati-onen, Yoga, aber auch Kurse zum Thema Selbsterfahrung und Kreativität.
// www.benediktushof-holzkirchen.de

Unten: Japangarten im Zenkloster Liebenau.

Ganz unten: Dem leisen Plätschern von Wasser lauschen und dabei ganz im Jetzt sein – auch das ist Zen.

gungsablauf, dem vom Ankommen an der Schuss-position über das Einlegen des Pfeils und das Spannen des Bogens bis hin zum Lösen des Pfeils, das mit dem Atem koordiniert wird. Wer diese spannende Zen-Praxis erlernen möchte, ist im Dojo Altbäckersmühle genau richtig. Die ehemalige Getreidemühle liegt idyllisch am kleinen Hasenbach mitten im Taunus und bietet viel Platz für Kurse und Seminare zu Zen und Yoga.

Dojo Altbäckersmühle // Haus der Stille, Altbäckersmühle, 56379 Singhofen/Taunus
// www.zen-bogen-yoga.com

06 ZENKLOSTER LIEBENAU – ZEN LERNEN IN SCHLOSS EICKHOF

Zen-Buddhismus ist eine eigenständige Religion und Philosophie. Zentrum des Zen ist das Zazen, eine Meditation im Sitzen, bei der die Schüler »einfach nur sitzen« und alle Gedanken, die kommen, vorbeiziehen lassen. Die Aufmerksamkeit gilt allein dem Atem. Wer über einen längeren Zeitraum Zazen praktiziert, wird gelassener, findet dabei zu sich selbst und kann sein Leben besser meistern. Eine Kostprobe vom Zen-Leben bekommt man im Zenkloster Schloss Eickhof am japanischen Wochen-ende. Interessierte können an einer Einweisung in Zen und an den Meditationen teilnehmen, bekommen einen Einblick in japanische Gartengestaltung und wohnen einer Tee-Zeremonie bei. Wer möchte, kann danach auch im Kloster bleiben und zusammen mit den Mönchen leben, arbeiten und meditieren. Voraussetzung dafür ist, dass man sich an die Regeln des Klosters hält und sich an den täglichen Arbeiten im Haus und im Garten beteiligt. Dies ist übrigens gängige Praxis in Meditationszentren. Die Meditation bei Verrichtung alltäglicher Arbeiten, die Konzentration auf das Tun – sei es beim Abwasch oder beim Rechen des Laubes – ist Teil der Unterweisung.

Zenkloster Liebenau // Schloss Eickhof, 31618 Liebenau
// www.zenkloster-in-liebenau.de

GAUMENSCHMAUS
KULINARISCHE GENÜSSE

#29

Wie wäre es mit fangfrischem Fisch aus der Nordsee, mit einem knusprigen Braten vom Grill oder Roastbeef mit »Grie Soß'«? Zum Nachtisch duftende Dampfnudeln oder doch lieber ostfriesischen Tee mit Knüppeltorte? Ob deftig oder süß – jede Region in Deutschland hält ganz besondere kulinarische Schmankerl bereit: kulinarisch entschleunigen aufs Feinste!

Das Essen in Schleswig-Holstein ist deftig und schmackhaft. Klar, denn wer in rauem Klima lebt, braucht viel Energie und Wärme. Neben dem Salzwiesenlamm gehören natürlich Krabben auf den Tisch. Sylts letzter Krabbenfischer war Paul Walter (linke Seite); seit 2016 darf er nicht mehr ausfahren. Mittlerweile setzt man auf Sylt vermehrt auf die Austernzucht und züchtet hier die begehrte Sylter Royal (oben).

01 SALZWIESENLAMM IM NORDFRIESISCHEN LAMMKONTOR

Salzmelde, Queller, Andel, Seeaster und Schlickgräser – all das fressen Schafe, die frei auf den Deichen und den aus dem Meer gewonnenen Salzwiesen Nordfrieslands weiden. Schon die neugeborenen Lämmchen saugen den Geschmack der Salzwiesenpflanzen mit der Muttermilch ein; nach kurzer Zeit beginnen sie selbst, das aromatische Grün zu knabbern. Kein Wunder also, dass dieses Lammfleisch nicht nur besonders zart, sondern auch auf natürliche Art gewürzt ist. Durch die viele Bewegung der Tiere in frischer Luft ist es zudem recht mager, aber dennoch saftig. Das Hof-Ensemble des Lammkontors setzt sich aus einem ehemaligen Bierlager der Flensburger Brauerei, Stallungen, einer Remise von 1860 sowie einem 200 Jahre alten Bürgerhaus zusammen und serviert im Restaurant des Eiskellers neben kleinen Snacks als Spezialität das beliebte Salzwiesenlamm, das auf dem deutschen Markt kaum zu erhalten ist.

Nordfriesisches Lammkontor // Deichstraße 7–8, 25813 Husum

// www.lammkontor.de

02 NORDFRIESISCHE AUSTERN

Sie leben zwischen Amrum, Föhr und Sylt im Watt – wilde Austern. Doppelt bis dreimal so groß wie ihre Zuchtschwestern schmecken sie zudem nussiger und »meeriger«. Von September bis Mai dürfen sie gesammelt werden – aber nur unter Aufsicht eines lizenzierten Fischers. Die übrigen Monate sind tabu, da laichen die hartschaligen Meeresbewohner. Sie gehören übrigens zur Spezies Pazifische Felsenauster und sind wohl eingewandert. Zwar gab es bereits ab dem 17. Jahrhundert Austernvorkommen in der Region – die sogenannten »Holsteiner«, die schon Dänenkönig Friedrich II. und später auch dem Dichter Heinrich Heine mundeten. Aber dann hatte Packeis in mehreren harten Wintern die Molluskeln scheinbar auf immer zerrieben. Um 1970 gelang Fische-

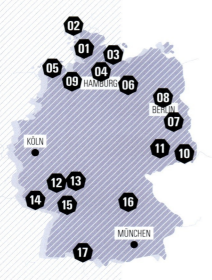

rei-Wissenschaftlern dann die Aufzucht japanischer Austern bei Sylt. Inzwischen gibt es dort, in der Binselbucht vor List, wieder beachtliche Kulturen. Nordfriesische Austern gibt es zum Beispiel auf Sylt. »Sylter Royal« ist die eingetragene Marke der »Dittmeyer's Austern-Compagnie« auf Sylt – Deutschlands einziger Austernzucht mit eigener Probierstube.

Dittmeyer's Austern-Compagnie //
Hafenstraße 10–12, 25992 List/Sylt

// **www.sylter-royal.de**

03 LÜBECK – DINIEREN WIE BEI BUDDENBROOKS
Karpfen blau, Muschelragout, Kalbsbraten, Plettenpudding, Baisers: Man ließ es sich munden bei den »Buddenbrooks«, wie Thomas Mann uns in seinem Gesellschaftsroman über den Niedergang einer Lübecker Kaufmannsfamilie im 19. Jahrhundert immer wieder detailliert wissen lässt. Nicht nur zum Weih-

GUT ZU WISSEN

Kleine Teestube // Das winzige, originell eingerichtete Kaffee- und Teehaus ist längst kein Sylter Geheimtipp mehr. Zu verlockend sind Friesen- und Himbeertorte sowie Waffeln zur regionalen Getränkespezialität »Tote Tante« (Lumumba). Der Legende nach stammt ihr Name von einer Tante, die vom nordfriesischen Föhr nach Nordamerika ausgewandert war, deren Wunsch es aber zu erfüllen galt, nach ihrem Tod auf ihrer Heimatinsel bestattet zu werden. Da die Familie kaum Geld hatte, suchte man nach einer kostengünstigen Möglichkeit, die Schiffsüberfahrt zu bewerkstelligen. Schließlich wurde die »Tote Tante« in einer Kakaokiste verpackt nach Föhr verschifft. Zum Leichenschmaus gab es daher Kakao mit Rum und Sahne.

// **www.kleineteestube-sylt.de**

Links: Klöben sind nicht nur zur Weihnachtszeit ein beliebtes Gebäck in Hamburg und Umgebung.

Rechts: Nur einmal im Jahr – zu Weihnachten – werden die Möbel im Lübecker Buddenbrookhaus enthüllt. Herrlich speisen lässt es sich das ganze Jahr über im hauseigenen Lokal.

Unten: »Teetied« in Ostfriesland – zur Teezeit wartet vollmundiger Ostfriesentee mit süßer »Knüppeltorte«. Serviert wird mit einem Teeservice, bestehend aus bauchiger Kanne, Stövchen und Kluntje-Pott, die häufig mit der ostfriesischen Rose verziert sind.

nachtsfest, auch zum »ganz einfachen Mittagsbrot« kommen mehrere Gänge auf den Tisch. Zum Auftakt serviert man »heiße Kräutersuppe nebst geröstetem Brot«. Danach kam Fisch auf den Teller und anschließend »ein ziegelrot panierter Schinken nebst brauner säuerlicher Schalottensauce«. Wer das Ambiente und die Kulinarik der damaligen Zeit auch heute noch erfahren will, besucht das Gourmet-Restaurant »Buddenbrooks«. Im historischen Kurhaus serviert Sternekoch Dirk Seiger beste Gourmetküche für alle Sinne.

Buddenbrooks // Außenallee 10, 23570 Lübeck
// www.buddenbrooks-travemuende.de

04 HAMBURGER KLÖBEN IN DER BÄCKEREI HEINRICH WULF

»Sie hatte einen Hamburger Klöben, einen Stollen aus Kuchenteig mit Mandeln und Rosinen in der Backröhre«, schreibt der Dichter Arnold Zweig in seinem Roman über den Wandsbecker Schlachtermeister Albert Teetjen. »Stuten« heißt das traditionelle Gebäck andernorts, genossen wird es meist zur Nachmittagszeit – und am besten schmeckt es bestrichen mit Butter. Die süße Leckerei ist vor allem in der »Bäckerei Heinrich Wulf« begehrt, die seit 1906 in Eimsbüttel als Familienunternehmen zu finden ist. Seit über 100 Jahren wird dort auch das Hamburger Lieblingsteilchen Franzbrötchen mit der richtigen Mischung aus Zimt und Zucker auf saftigem Teig täglich frisch gebacken. Absolutes Highlight sind die Heißwecken (ein süßes Kreuzbrötchen aus Johannisbeeren oder Rosinen), die in Hamburgs Bäckereien mittlerweile rar geworden sind.

Bäckerei Heinrich Wulf // Eppendorfer Weg 52, 20259 Hamburg
// www.baecker-wulf.de

05 OSTFRIESISCHE KNÜPPELTORTE IM CAFÉ TEN CATE

Tatsächlich ist dieser Kuchen nach dem Auskühlen erst einmal »knüppelhart« – daher der Name. Eine zweite Besonderheit des Traditionsgebäcks (die vielleicht die erste bedingt): Seine Basis bilden frische gebackene Pfannkuchen, dazu kommt eine Mandel-Zucker-Masse. Das Ganze wird dann in eine eingefettete, manchmal noch am Rand mit Mandeln bestreute Springform gedrückt und mindestens für eine Nacht kühl gestellt. Erst kurz vor dem Servieren kommt die Knüppeltorte in den heißen Ofen. Da sie sehr süß ist, reicht man sie nur in kleinen Portionen – in der Regel zu einer Tasse Tee. Diese Spezialität darf natürlich auch im »Café ten Cate« inmitten von Norden, der ältesten Stadt Ostfrieslands, nicht fehlen. 1878 als Familienbetrieb gegründet und bereits von der fünften Generation geführt, ist er sogar Schauplatz der Ostfriesenkrimis von Klaus-Peter Wolf. Aber nicht nur Konditorwaren sind begehrt, sondern auch die ostfriesischen Brotspezialitäten »Swartbrot« (Schwarzbrot aus Roggenvollkorn), »Krintstuut« (saftiges Rosinen-

brot), »Peppernöten« (knuspriges Würzgebäck mit Pfeffernüssen) und »Leegemoor-Zwieback« mit einem Schuss Rosenwasser.

Café ten Cate // Osterstraße 153, 26506 Norden
// www.cafe-ten-cate.de

06 ÜBERNACHTEN IM KARTOFFEL-HOTEL

Rund um die dicke Knolle dreht sich alles im ersten Deutschen »Kartoffel-Hotel« in der idyllischen Lüneburger Heide. Hier kommen die Erdäpfel sogar in der Beauty- und Wellnessfarm beispielsweise für Gesichtsmasken zum Einsatz. Vor allem aber dominiert die Knolle die Speisekarte im urig-gemütlichen Restaurant, das mit viel Holz und nostalgischen Lampen für Wohlfühlambiente sorgt. Ob als »Wendländische Kartoffelcremesuppe mit Rauchenden« (Würstchen) heiß aus dem Topf, gebratene Kartoffelbratwurst oder als Beilage zum Heidschnucken-Gulasch aus der Nemitzer Heide. Ja, sogar bei der Nachspeise wird nicht auf die Pflanze verzichtet. Wie wäre es mit einem Kartoffelkuchen mit Schokolade und geriebenen Haselnüssen oder dem hausgemachten Kartoffelbirnchen auf Pflaumenmus?

Kartoffel-Hotel // Lübeln 1, 29482 Küsten
// www.kartoffel-hotel.de

07 SCHLEMMEN IM SPREEWALD

Das berühmteste Produkt des Spreewaldes sind natürlich die eingelegten Gurken. Sie wurden schon im 19. Jahrhundert in alle Welt exportiert. Mit ihren schwarzen, besonders humusreichen und feuchten Böden ist die Gegend zwischen Schlepzig und Lübbenau besonders gut für den Anbau der anspruchsvollen grünen Kürbisgewächse geeignet. Spreewälder Gurken gelten als besonders knackig. Sie werden zwischen Juni und September laufend in unreifem Zustand geerntet und dann mit einem kochenden Essig-Kräuter-Sud übergossen. Aal, Barbe, Karpfen, Zander, Hecht, Schlei, Quappe oder Wels – die Gewässer im heutigen Biosphärenreservat Spreewald bieten von alters her aber auch Lebensraum für viele Arten von Fischen. Entsprechend zahlreich sind die Rezepte zur Zubereitung der Flossenträger. Meist spielen darin außer den regionalen Süßwasserfischen auch andere Spreewald-Produkte eine wichtige Rolle: So gehören in die Milch-Sahne-

Ganz oben: »Im Kartoffel-Hotel« in Küsten hat die Kartoffel das Sagen. Hier stehen nicht nur viefältige Kartoffelge-richte wie Kartoffelpuffer mit Apfelmus auf der Speisekarte, es gibt sogar Wellness-Anwendungen-mit der Knolle.

Rechts: Heute gilt vielfach alles, was Gurke enthält, als typisch für den Spreewald. Denn hier war die Gurke schon immer eine klassische Beilage.

Linke Seite unten: Auch hat Fisch im wasserreichen Spreewald eine lange Tradition. Oft wird er von einer Meerrettichsauce begleitet.

Sauce für den Spreewälder Fischtopf, in der die mit Zitrone beträufelten Filets gar ziehen, unbedingt dünn geschnittene Scheiben von der Spreewaldgurke.

Spreewaldhof // Bahnhofstraße 1, 15938 Golßen
// **www.spreewaldhof.de**

Spreewaldfischerei // Lindenstraße 29, 15913 Märkische Heide
// **www.spreewaldfischerei.de**

08 SCHNITZEL HOLSTEIN BEI THOMAS ECK IN BERLIN

Eine Legende rankt sich um dieses Gericht, für das ein paniertes Kalbsschnitzel mit einem Spiegelei belegt wird. Angeblich geht diese kulinarische Kombination auf Friedrich August (Fritz) von Holstein zurück, dem in Berlin aufgewachsenen Spross eines Adelsgeschlechts aus dem einstigen Herzogtum Holstein. Der weit gereiste Diplomat stand im Ruf, stets in Eile zu sein und soll deshalb in seinem Berliner Stammlokal immer »Vorspeise und mein Schnitzel, schnell, schnell« bestellt haben. Rasch, so heißt es, richtete der Koch daher beide Menüparts zusammen an. Ob sich das tatsächlich so zugetragen hat, sei dahingestellt. Auf jeden Fall tauchten Ende des 19. Jahrhunderts die ersten Schnitzel (à la) Holstein-Rezepte in deutschen Kochbüchern auf. Kein Aufenthalt in der Hauptstadt daher ohne einen Besuch der Gaststätte »Thomas Eck«. Selbst wer in Berlin lebt, speist hier das, was schon als Kind gern gegessen wurde. Daher auch der Beiname »Deutsche-Mutti-Küche«. Und die hält zu fairen Preisen, was sie verspricht: Neben Schnitzel-Holstein werden hier »Hackepeter« (Mett) auf Butterstulle, »Berliner Bulette«, »Strammer Max« (Butterstullen mit Schinken, Spiegeleier und Gurke), Currywurst oder Eisbein mit Erbspüree, Speck, Zwiebeln, Sauerkraut und Salzkartoffeln serviert. Juten Appetit!

Thomas Eck // Pestalozzistraße 25, 10627 Berlin
// **www.thomaseck.com**

09 GRÜNKOHL MIT PINKEL IM RESTAURANT THOMSEN

Der »Pink« ist auf Plattdeutsch der kleine Finger, »Pinkel« der Mastdarm vom Schwein. In ihn wird das pikante Gemisch aus Hafergrütze, Nierenfett und

NICHT VERPASSEN!

Spreewälder Gurkentag // Als großer Erlebnismarkt mit Spreewälder und Brandenburger Erzeugnissen präsentiert sich alle Jahre am zweiten Wochenende im August der Gurkentag in Golßen. An über 100 Ständen finden die Besucher auf dem Frischemarkt allerlei Spezialitäten und Köstlichkeiten sowie traditionelles Handwerk und sorbisches Brauchtum. Natürlich darf die Spreewälder Gurke in ihren unterschiedlichen Geschmacksrichtungen ebenso wenig fehlen wie die Krönung des Spreewälder Gurkenkönigspaares.
// **www.spreewaldverein.de**

Teltower Rübchenfest // Teltower Rübchen sind ein regionales Gemüse, das seit Mitte des 13. Jahrhunderts in Brandenburg bekannt ist. Zu DDR-Zeiten wurde der Anbau eingestellt, erst nach der Wende belebte ein Förderverein das traditionelle Gemüse wieder. Der Name »Teltower Rübchen« ist mittlerweile geschützt und jedes Jahr am letzten September-Wochenende wird das Teltower Rübchenfest gefeiert. Bei freiem Eintritt erwartet die Besucher ein quirliges Markttreiben mit regionalen Spezialitäten rund um die tolle Teltower Knolle.
// **www.teltow.de**

frischem Schweinespeck gefüllt, welches die Wurst für viele Niedersachsen – neben der Brägenwurst oder einem Stück Kassler – zum idealen Begleiter des Grünkohls macht. Der heißt zwar in der Region nicht immer so, sondern wird auch Braunkohl genannt. Aber einig ist man sich, dass er erst nach dem ersten Frost geerntet wird. Denn die Kälte sorgt dafür, dass die Bitterstoffe in den Kohlblättern in Zucker umgewandelt werden. Ganz traditionell wird das Gericht im Restaurant Thomsen zubereitet: Hotelgast und Passant treffen im hell gestalteten Gastrobereich ganz entspannt aufeinander. Während viele kleine Bilder an den Wänden für heimelige Wohlfühlatmosphäre sorgen, verwöhnt die Küche mit deftiger Kost.

Restaurant Thomsen // Bremer Straße 186, 27751 Delmenhorst

// www.hotel-thomsen.de

⑩ BAUMKUCHEN IN DER OBERLAUSITZ

Er ist das Zunftzeichen der deutschen Konditoren – aber diese Art von Kuchen hat auch anderswo in Europa Tradition. Ihr Vorläufer könnte das mittelalterliche Stockbrot sein. Erste Rezepturen für das Schichtgebäck birgt ein italienisches Kochbuch von 1426; die älteste deutschsprachige Anleitung erschien um 1450 in Heidelberg. In Nürnberg und Frankfurt am Main war Baumkuchen im 15. Jahrhundert ein bekanntes Hochzeitsgebäck – aber wohl unter anderem Namen. Der uns heute geläufige taucht erst in einem Kochbuch von Johann Elsholtz auf, dem Leibarzt Kurfürst Friedrich Wilhelms von Brandenburg. Seit Anfang des 19. Jahrhunderts wurden Baumkuchen auch in Salzwedel und Cottbus gebacken. Wilhelmine Kluge, die Cottbuser Bäckerin, wurde 1886 sogar mit

NICHT VERPASSEN!

Feuerkugel Gasthaus // »Ein Sonntag ohne Klöße verlöre sehr an seiner Größe«, heißt es in Thüringen. Ein Originalrezept gibt es zwar nicht, das Gasthaus »Feuerkugel« im Herzen der historischen Altstadt von Erfurt ist aber seit seiner Eröffnung Anfang des vorherigen Jahrhunderts für seine Thüringer Klöße bekannt. Das von Generation zu Generation weitergereichte Familienrezept von Oma Käthe wird heute als Beilage zu beispielsweise Thüringer Winterroulade serviert.

// www.feuerkugel-erfurt.de

Ganz oben: Quarkkeul-chen isst man meist mit Kompott oder mit Apfel- oder Pflaumenmus.

Oben: Der Dresdner Christstollen ist mittlerweile auch über Deutschland hinaus bekannt.

sich nämlich nicht ab von der Waffe oder dem Hinterbein eines Tieres, sondern vom mittelhochdeutschen Wort »Kaule«, also »Kugel«. Und tatsächlich heißen die Quarkkeulchen in anderen Dialekten bis heute »Quarkkließ(le)«, also Klöße. Ihr Teig besteht neben dem namengebenden Weißkäse vor allem noch aus geriebenen Pellkartoffeln. Zucker, Zimt und abgeriebene Zitronenschale sorgen aber in fast jedem für die entsprechende »Würze«. Quarkkeulchen isst man warm mit Kompott, Apfel- oder Pflaumenmus. Zum Kaffee oder Tee werden sie kalt serviert. Schon Erich Kästner sang ein Loblied auf die Dresdner Eierschecke ebenso wie sein zeitgenössischer Schriftsteller-Kollege Martin Walser. Die fluffige Köstlichkeit kommt entweder auf einem Blech oder in Tortenform aus dem Ofen. Für den Dresdner Stollen gibt es sogar einen eigenen Schutzverband, denn es kursieren unzählige Kopien und Varianten des traditionsreichen Weihnachtsgebäcks – weit über den Freistaat Sachsen hinaus. Das Original, wie wir es heute kennen, mit reichlich Butter und Rosinen, süßen und bitteren Mandeln, Orangeat und Zitronat, dürfen seit Beginn des 21. Jahrhunderts nur noch gut 100 Bäcker und Konditoren in und um Dresden produzieren.

Emil Reimann Dresden // Marie-Curie-Straße 11, 01139 Dresden

// www.emil-reimann.de

12 RHEINGAUER WEIN

Der Rheingau bietet mit seiner Bodenbeschaffenheit und dem optimalen Klima ideale Bedingungen für den Weinanbau, dessen Tradition bis in die Römerzeit zurückreicht. Milde Winter und warme Sommer begünstigen Rebenwachstum und Traubenreife. Die Weinregion ist mit 31 Quadratkilometern Reben bepflanzt, dabei nimmt der Rheingauer Riesling eine Spitzenposition ein. Über 80 Prozent der Rebfläche sind mit der Königin der Reben, der Rieslingtraube, bestockt. Sie gedeiht in den trockenen, steinigen Südhängen besonders gut. Wie keine andere Rebsorte steht er für deutsche Weinkultur. Aber auch vollmundige und fruchtige Spätburgunder-Weine haben im Rheingau ihre Heimat. Das Mikroklima aus sonnenbeschienenen Hängen, dem als Feuchtigkeits- und Wärmespeicher fungierenden Rhein und ideale Schiefer- und Quarzitböden sorgen dafür, dass der Rheingau hervorragend auch für den Spätburgunderanbau

dem Titel »Kaiserliche Hoflieferantin« geehrt. Schicht für Schicht wird seit 1993 in einem kleinen Familienbetrieb im Herzen der Oberlausitz die biskuitähnliche Masse auf eine sich drehende Walze aufgetragen und im Anschluss mit feiner Zartbitter- oder Vollmilchschokolade überzogen.

Original Oberlausitzer Baumkuchen // Dorfstraße 37b, 02788 Schlegel
// www.original-oberlausitzer-baumkuchen.de

11 SÜSSES AUS DRESDEN

Naschkatzen sind in Sachsen genau richtig: Als süße Versuchung wird zum Kaffee die »Eierschecke« oder der berühmte Stollen angeschnitten oder es werden und es darf »gediddschd« werden. Oder es werden Quarkkeulchen gereicht: Sie ähneln zwar eher kleinen Pfannkuchen, aber in anderer Schreibweise löst sich das Rätsel um den Namen der nicht nur in der ehemaligen DDR beliebten Süßspeise rasch. Er leitet

geeignet ist. Seit 1999 werden im Rheingau herausragende Spitzenweine mit der Klassifizierung »Erstes Gewächs« ausgezeichnet. Ausschließlich die beiden Hauptrebsorten – Riesling und Spätburgunder – dürfen mit diesem Prädikat vermarktet werden, Erkennungszeichen sind drei romanische Bögen auf dem Etikett.

// www.rheingau.de
// www.wirwinzer.de

⓭ GRIE SOSS

Sogar ein Denkmal hat man ihr in Frankfurt gesetzt. Aber woher sie wirklich stammt, weiß man bis heute nicht. Denn »grüne Sauce« kennt die Menschheit schon seit 2000 Jahren. Aus dem Orient kam das Rezept dank römischer Legionäre angeblich zuerst nach Italien. So könnte sich die Frankfurter »Grie Soß« tatsächlich dem an den Main übersiedelten italienischen Handelsherren Bolongaro verdanken. Oder den Hugenotten, die das Wissen um eine »sauce verte«, eine Kräutervinaigrette, mitbrachten. Wie dem auch sei: In die Frankfurter Variante gehören nur Petersilie, Kerbel, Borretsch, Pimpinelle, Kresse, Schnittlauch und Sauerampfer – mit dem (Wiege-)Messer zerkleinert! Über Mayonnaise, Sauerrahm, Joghurt scheiden sich dann die Geister; selbst beim Grüne-Sauce-Festival.

NICHT VERPASSEN!

Weingut Allendorf // Seit dem 13. Jahrhundert lebt die Familie Allendorf dort, wo der Rheingau am schönsten ist. Aus der ehemaligen Abfüllhalle in Oestrich-Winkel wurde 2003 die »Allendorf.Wein.Erlebnis.Welt«. Beim Wein gilt: Probieren, probieren und immer wieder probieren. In den Monaten Mai, Juni sowie im September und Oktober öffnet der Georgshof seinen Gutsausschank mit regionaler Küche.

// www.allendorf.de

Weinstube Wingertsknorze // Für gutbürgerliche Rheingauer Küche und ausgesuchte Weine ist die Weinstube »Wingertsknorze« bekannt. Hier lassen sich die Weine in gemütlichem Ambiente genießen. Die erlesenen Tropfen kommen von renommierten Winzern wie z.B. der Rheingau Riesling vom Weingut Hans Bausch, der Oestricher Doosberg vom Weingut Hirschmann oder der Hattenheimer Spätburgunder vom Weingut Christoph Pesch.

// www.wingertsknorze.com

Gutsschänke Bonnet's Weincabinet // Die Liebe zum Wein ließ den Modellschreiner Wilhelm Bonnet vor rund 30 Jahren in den Winzerberuf wechseln. Er pachtete Weinberge, kaufte Fässer und baute sein eigenes Weingut auf. Ein Glück für Weinkenner und -liebhaber. Der rheingautypische Riesling wird um die Spezialitäten Chardonnay und Spätburgunder ergänzt. Etwa 30 Prozent der Rebfläche sind dem Roten vorbehalten, allen voran dem Blauen Burgunder, gefolgt von Portugieser und dem tiefdunklen Dornfelder.

// www.bonnet-walluf.de

Links: Die Frankfurter »Grie Soß« wird traditionell mit Kartoffeln und gekochten Eiern serviert.

Unten: Dicht bewachsene Weinberge erheben sich am Rheinufer und produzieren den guten Riesling.

Aber sicher ist: Hart gekochte Eier schmecken ebenso zur Grie Soß wie Rindfleisch und Kartoffeln.

Apfelwein Dax // Willemerstraße 11,
60594 Frankfurt am Main

// www.apfelwein-dax.de

Zum gemalten Haus // Schweizer Straße 67,
60594 Frankfurt am Main

// www.zumgemaltenhaus.de

⑭ SCHWENKBRATEN IM SAARLAND

»Gott lenkt, der Mensch denkt, der Saarländer schwenkt«, so lautet eine saarländische Redewendung. Denn das Schwenken und der Schwenker gehören unbedingt zur regionalen Küchentradition zwischen Homburg, Saarlouis, Mettlach und Nonnweiler – allerdings wohl erst seit den 1970er-Jahren. Zuvor war das meist von einem Herrn der Schöpfung, dem Schwenker, auf einem dreibeinigen, möglichst selbst gebauten Hängegrill (Schwenker) zubereitete Fleisch (Schwenker, Schwenkbraten) vor allem im Hunsrück bekannt: als Schaukelbraten. »Geschwenkt« wird im Saarland heute übrigens fast das ganze Jahr, zumindest aber von Aschermittwoch bis zum ersten Advent. Und auf den stets sauber gebürsteten Rost kommen neben den obligatorischen Halskoteletts, Spareribs und Steaks auch schon mal Lendenfilets, Lamm, Hühnchen oder Fisch. Und selbstverständlich: das Saarländer Nationalgericht, die Lyoner. Besonders traditionell genießt man das im Restaurant Valuta: So

GUT ZU WISSEN

Dampfnudeln // Donnerstag ist in der Pfalz Dampfnudeltag auf vielen Gasthaus-Speisekarten. Manchmal auch schon Mittwoch. Am heimischen Herd werden die Hefeknödel aber ebenfalls oft und gern zubereitet – egal ob mit oder ohne Ei. Wichtig ist die salzige Kruste. Aber sie darf nicht anbrennen am Topf- oder Pfannenboden. In Sachen Begleitung der »Dampfknepp« oder »Hawwedambnudeln« kennt man hingegen kaum ein Muss. Weinsauce sagen die einen, die anderen mögen lieber »Bääreschnitz« (eingelegte Birnenschnitze). Auch schlicht Butter und Marmelade sind möglich – ebenso wie »Lewwerworscht« (Leberwurst). Mancher Wirt lockt sogar mit Angeboten wie: zwei hausgemachte Dampfnudeln mit wahlweise drei Saucen. Na dann: »E Guda«, wie der der Pfälzer sagt!

ist die Gaststätte für ihre Grillgerichte vom offenen Buchenholzfeuer, den Schwenkbraten mit dreierlei Saucen und für die Wildspeisen aus heimischen Wäldern bekannt.

Restaurant Valuta // Am Sprinkshaus 4, 66128 Saarbrücken

// **gersweiler.restaurant-valuta.de**

⑮ ENTLANG DER WEINSTRASSE

Die Deutsche Weinstraße zieht sich von den pfälzischen Gemeinden Bockenheim und Grünstadt über Bad Dürkheim, Neustadt und Maikammer bis südlich von Bad Bergzabern, fast an die Grenze zum Elsass. Auf gut 80 Kilometern führt die schon vor mehr als ebenso vielen Jahren ins Leben gerufene touristische Route damit durch das zweitgrößte der 13 deutschen Weinbaugebiete. Gut dreimal so lang ist indes die Moselweinstraße. Sie beginnt in Perl und schlängelt sich über Trier bis zum Deutschen Eck in Koblenz durch die älteste Weinregion der Republik.

// **www.deutsche-weinstrasse.de**

NICHT VERPASSEN!

Bratwurstglöcklein // Das Fachwerkhäuschen im Nürnberger Handwerkerhof am Königsturm hat seit dem Jahr 1313 als Bratwurstküche Tradition. Hier waren auch berühmte Nürnberger wie Albrecht Dürer zu Gast. Kein Wunder, schließlich kommen die Bratwürste aus der eigenen Metzgerei, werden über Buchenholzfeuer gegrillt und im Zinnteller in Glockenform angerichtet. Wer nicht ganz so viel Zeit hat, sollte zumindest auf die »Drei im Weggla« (drei Rostbratwürstchen im Brötchen) als Wegzehrung zurückgreifen.

// **www.die-nuernberger-bratwurst.de**

Ganz oben: Die Pfälzer Weinsuppe ist eine leichte Auftaktsuppe zu einem großen Pfälzer Menü. Oben: Blätterteig oder

Hefe? Eckig oder rund? Mit Kümmel oder ohne? Auch beim Pfälzer Zwiebelkuchen gibt es einige Varianten.

Unten links: Schwäbische Maultaschen sind inzwischen überregional als Spezialität bekannt.

Unten rechts: Nach einem Besuch der Nürnberger Kaiserburg sollte man die der Schäufelewärtschaft einkehren.

⑯ SCHÄUFELE IN DER SCHÄUFELEWÄRTSCHAFT

Zu Hause, so sagt sein Freundeskreis, ist das fränkische »Schäufele« (oder »Schäuferla«) in der Gegend zwischen Kronach, Bad Windsheim, Weißenburg und Pegnitz. Hier findet man den krossen Braten aus der Schweineschulter in fast jeder Gastwirtschaft mit gut bürgerlicher Küche. Serviert wird das Schäufele unbedingt mit dem namengebenden, an eine Schaufel erinnernden Knochen und der – möglichst krossen – Schwarte. Insgesamt muss das deftige Gericht rund drei Stunden im Ofen garen. Das magere Fleisch ist danach wunderbar zart – vor allem an der Unterseite des Knochens. Als Beilage werden zum Fränkischen Schäufele Kartoffelklöße mit angerösteten Weißbrotwürfeln (»Bröckla«) als Füllung gereicht. Urig fränkische Gemütlichkeit gepaart mit regionaler Küche findet man südlich der Nürnberger Altstadt in der »Schäufelewärtschaft«. Wie der Name verrät, ist die Spezialität des Hauses das »Schäufele«. Daneben verwöhnen wechselnde Mittagsangebote wie »Krautwickale« in Specksauce oder »Fleischküchle« in Zwiebelsauce mit Karottengemüse.

Schäufelewärtschaft // Schweiggerstraße 19, 90478 Nürnberg

// **www.schaeufele.de**

⑰ MAULTASCHEN ESSEN IM KONZIL KONSTANZ

Teigwaren gehören zum südlichen Deutschland wie die Kehrwoche und die Kuckucksuhr. Allen voran die »Herrgotts Bescheißerle«, wie die Schwaben ihre Maultaschen auch liebevoll nennen. Denn der Legende nach waren es Mönche des Klosters Maulbronn, die diese Spezialität erfanden, indem sie ein während der Fastenzeit als Geschenk erhaltenes Stück Fleisch mit Nudelteig »tarnten« – damit ihr Herrgott den Frevel nicht sehe. In den historischen Gemäuern des Konstanzer Konzils lädt heute das Restaurant »Konzil« samt mediterran gestalteter Terrasse mit Blick auf den Bodensee zum Genießen ein. Wie wäre es mit »Fischmaultäschle« gefüllt mit Lachsforelle und Zandermousse auf Gemüsen mit leichter Safransauce oder Kretzerfilet mit Mandeln gebraten und Dampfkartoffeln?

Konzil Konstanz // Hafenstraße 2, 78462 Konstanz

// **www.konzil-konstanz.de**

REGISTER

BILDNACHWEIS

C = Corbis, G = Getty, M = Mauritius

S. 2–3 M/FL; S. 4–5 M/PhotoUp; S. 6 G/Michael Malorny; S. 7 M/Daniel Diedrich; S. 7 Oliver Hlavaty Photo/Shutterstock.com; S. 8–9 M/Ingo Boelter; S. 10–11 M/K. Schlierbach; S. 12 Look/Thomas Grundner; S. 13 Tanja Esser/Shutterstock.com; S. 13 M/Chris Seba; S. 14 Volker Rauch/Shutterstock.com; S. 15 A/Dieter Mobus; S. 15 M/Andreas Jäkel; S. 16 G/Richard Drury; S. 17 Look/Heinz Wohner; S. 17 M/Helmut Hess; S. 18 M/Andreas Vitting; S. 19 Look/Karl Johaentges; S. 19 A/Zoonar GmbH; S. 20 M/Markus Lange; S. 20 Look/Daniel Schoenen; S. 21 M/Valentin Wolf; S. 21 M/Bernd Römmelt; S. 22 Look/Thomas Grundner; S. 23 G/Ako Mahmud; S. 23 G/Daniel Fröhlich; S. 24 reindo/Shutterstock.com; S. 24 Patricia Giese/Shutterstock.com; S. 24 M/Stefan Ziese; S. 24 ELG EcoLodges GmbH; S. 25 Glamping-Resort Bliesgau/Jan Hilt; S. 26 M/Norbert Probst; S. 27 Hofgut Hopgenburg Münsingen; S. 27 Camping Resort Zugspitze/Marc Gilsdorf; S. 27 Wikimedia Commons/qwesy qwesy (https://commons.wikimedia.org/wiki/File:Schäferwagen,_Wildparadies_Tripsdrill_-_panoramio.jpg), „Schäferwagen, Wildparadies Tripsdrill - panoramio“, https://creativecommons.org/licenses/by/3.0/legalcode;
S. 28 Rafal Szozda/Shutterstock.com; S. 29 M/Alamy; S. 30 M/Horst Jegen; S. 30 Lena_viridis/Shutterstock.com; S. 30 M/Volker Lautenbach; S. 31 C/Pete Leonard; S. 32 M/David & Micha Sheldon; S. 32 M/Friedhelm Adam; S. 33 M/Niall Edwards; S. 33 G/Michael Röder; S. 34 G/Amir Bekolli; S. 35 M/Catharina Lux; S. 35 M/Shelly Rivoli; S. 36 G/Hindustan Times; S. 36 M/Patrick Kunkel; S. 36 M/Alamy; S. 37 Hunsrück Lamas; S. 38 M/Timm Humpfer Image Art; S. 39 M/ZUMA Press; S. 39 www.bayern-kamele.de; S. 40 Künstlerische Holzgestaltung Bergmann GmbH; S. 41 Künstlerische Holzgestaltung Bergmann GmbH/Thomas Richter; S. 41 Baumhaushotel Solling; S. 42 Künstlerische Holzgestaltung Bergmann GmbH; S. 42 G/Adam Crowley; S. 42 M/RODRUN/Knöll; S. 43 Resort Baumgeflüster GmbH & Co. KG; S. 44 M/Bernd Römmelt; S. 45 M/Michael Rucker; S. 46 M/Rolf Roeckl; S. 46 Look/Andreas Strauß; S. 47 C/Ingmar Wesemann; S. 48 Look/Florian Werner; S. 49 M/Bavariaimages; S. 49 Footageclips/Shutterstock.com; S. 50 Look/Daniel Schoenen; S. 50 G/Thomas Lohnes; S. 50 G/Westend61; S. 51 Look/Andreas Strauß; S. 52 G/Kerstin Bittner; S. 53 G/Rolf Fischer; S. 53 Anikibi/Shutterstock.com; S. 54 G/Petra Ströks; S. 54 G/Sabine Lubenow; S. 55 M/Annett Schmitz; S. 56 Look/Sabine Lubenow; S. 57 Look/Daniel Schoenen Fotografie; S. 57 M/Christian Bäck; S. 58 M/Paul Mayall; S. 59 M/Christian Bäck; S. 59 Look/Heinz Wohner; S. 60 Look/Heinz Wohner; S. 61 Look/Thomas Grundner; S. 62 Look/Rainer Martini; S. 63 M/Kevin Prönnecke; S. 63 Look/Rainer Mirau; S. 64 M/Novarc; S. 65 Look/Heinz Wohner; S. 65 M/Peter schickert; S. 66 M/Guenter Fischer; S. 66 Look/Heinz Wohner; S. 67 Look/Karl Johaentges; S. 68 Look/Heinz Wohner; S. 68 C/Andreas Jäkel; S. 68 M/Uwe Gernhoefer; S. 69 Look/Brigitte Merz; S. 70 M/Alamy; S. 70 C/Gaby Wojciech; S. 71 Look/Brigitte Merz; S. 71 Look/Florian Werner; S. 72 M/Wilfried Wirth; S. 73 Look/Thomas Stankiewicz; S. 74 M/Steffen Beuthan; S. 74 Look/Heinz Wohner; S. 74 G/Markus Keller; S. 75 Look/Brigitte Merz; S. 76 Look/age; S. 76 G/Fotofeeling; S. 76 G/David & Micha Sheldon; S. 76 G/S-eyerkaufer; S. 77 G/Veit Störmer; S. 77 M/Bildagentur-online Schickert; S. 78 M/Klaus Scholz; S. 79 Look/Andreas Strauß; S. 79 M/Andreas Pollok; S. 80 Look/Karl Johaentges; S. 81 M/Alamy; S. 82 M/Andreas Vitting; S. 82 M/Andreas Vitting; S. 82 M/Andreas Vitting; S. 83 Look/Thomas Grundner; S. 83 M/age; S. 84 M/Mara Brandl; S. 85 Look/Jan Greune; S. 85 Look/Florian Werner; S. 86 Look/S. Lubenow; S. 87 M/Ingo Boelter; S. 88 M/Chris Seba; S. 89 M/Peter Lehner; S. 89 M/Alamy; S. 90 M/Julie g Woodhouse; S. 90 M/Klaus Rein; S. 91 M/Evgenii Parilov; S. 92 Look/Heinz Wohner; S. 93 M/Klaus-Gerhard Dumrath; S. 93 Look/Ernst Wrba; S. 94 M/Oskar Eyb; S. 94 M/Novarc; S. 95 Alfotokunst/Shutterstock.com; S. 95 Flightseeing-Germany/Shutterstock.com; S. 95 Dudarev Mikhail/Shutterstock.com; S. 96 Look/Jan Greune; S. 96 Look/Juergen Richter; S. 97 C/Christoph Jorda; S. 98–99 Look/Steffen Hummel; S. 100 G/Rico Ködder; S. 101 M/Helmut Meyer zur Capellen; S. 102 Look/Karl Johaentges; S. 102 M/Patrice von Collani; S. 102 Look/Karl Johaentges; S. 103 M/K. Schlierbach; S. 104 M/Werner Dieterich; S. 104 Look/Brigitte Merz; S. 105 Anatolii Lyzun/Shutterstock.com; S. 106 M/Friedel Gierth; S. 107 Look/Andreas Strauß; S. 107 ImageBROKER.com/Shutterstock.com; S. 108 Walter-Weiss/Shutterstock.com; S. 109 M/Alamy; S. 109 M/W. Korall; S. 110 ImageBROKER.com/Shutterstock.com; S. 111 M/Stefan Ziese; S. 111 G/Marius Hanheide; S. 112 Kloster Wülfinghausen; S. 113 Andreas Wolochow/Shutterstock.com; S. 114 M/RODRUN/Knöll; S. 115 Look/Don Fuchs; S. 115 M/P. Widmann; S. 116 Look/Heinz Wohner; S. 117 M/Jürgen Schulzki; S. 117 H. & D. Zielske; S. 118 M/holgerbruck; S. 119 Look/Karl Johaentges; S. 120 M/Hans Blossey; S. 120 Look/Heinz Wohner; S. 121 H. & D. Zielske; S. 122 Look/Konrad Wothe; S. 122 Look/Holger Leue; S. 123 H. & D. Zielske; S. 124 G/Patrice von Collani; S. 125 G/Patrice von Collani; S. 126 G/Patrice von Collani; S. 126 Photolike/Shutterstock.com; S. 127 Haveseen/Shutterstock.com; S. 128 Look/Konrad Wothe; S. 129 Stiftung "Fürst-Pückler-Park Bad Muskau"/Dietmar Damzogg; S. 129 H. & D. Zielske; S. 130 M/imagebroker; S. 130 M/Kerstin Bittner; S. 131 G/Wilfried Wirth; S. 131 M/Günter Gräfenhain; S. 132 froland83/Shutterstock.com; S. 133 Look/Ulf Böttcher; S. 134 Wikimedia Commons/Ch.Pagenkopf (https://commons.wikimedia.org/wiki/File:Urdolmen_Südgruppe.JPG), „Urdolmen Südgruppe“, https://creativecommons.org/licenses/by-sa/3.0/legalcode; S. 135 M/Ingo Schulz; S. 135 Karin Jaehne/Shutterstock.com; S. 136 M/Nathan Willock-VIEW; S. 136 Wikimedia Commons/Wolkenkratzer (https://commons.wikimedia.org/wiki/File:Görresburg_006.JPG), https://creativecommons.org/licenses/by-sa/4.0/legalcode; S. 137 Matthias Blum/Shutterstock.com; S. 138 H. & D. Zielske; S. 139 Alice-D/Shutterstock.com; S. 139 M/Chris Seba; S. 140 M/Alamy; S. 141 Look/Daniel Schoenen; S. 142 Look/Günther Bayerl; S. 143 M/Novarc; S. 144 M/Stephan Schulz; S. 144 H. & D. Zielske; S. 144 H. & D. Zielske; S. 145 C/Stefan Ziese; S. 146 H. & D. Zielske; S. 146 H. & D. Zielske; S. 146 M/Hans Blossey; S. 147 Look/Christian Bäck; S. 147 Look/Heinz Wohner; S. 148 M/Raimund Linke; S. 149 H. & D. Zielske; S. 149 G/Achim Thomae; S. 150 Look/Heinz Wohner; S. 151 G/Westend61; S. 151 C/Hans P. Szyszka; S. 152 M/Bernd Wittelsbach; S. 153 Maren Winter/Shutterstock.com; S. 153 Christioph Blumbach/Shutterstock.com; S. 154 SorenLuthardt01/Shutterstock.com; S. 154 Look/Thomas Rötting; S. 154 M/Andreas Vitting; S. 155 M/Bernd Wittelsbach; S. 155 M/Dietmar Najak; S. 156 M/NMUIM; S. 156 M/Bernd Wittelsbach; S. 157 FooTToo/Shutterstock.com; S. 157 M/Martin Siepmann; S. 158 Look/Arnt Haug; S. 159 M/Manfred Habel; S. 160 Look/Tina und Horst Herzig; S. 161 M/Werner Otto; S. 161 Look/Konrad Wothe; S. 161 M/Alamy; S. 162 M/Panther Media; S. 162 M/Ernst Wrba; S. 163 M/Alamy; S. 164 M/Klaus-Werner Friedrich; S. 164 M/Klaus-Werner Friedrich; S. 165 M/J.W.Alker; S. 165 M/Katja Kreder; S. 166 M/Helmut Meyer zur Capellen; S. 166 M/Westend61; S. 166 M/Helmut Meyer zur Capellen; S. 167 M/Bavariaimages; S. 167 M/Martin Siepmann; S. 168 C/Christian Richters; S. 169 H. & D. Zielske; S. 170 M/Thomas Robbin; S. 171 M/Movementway; S. 171 M/Klaus Rein; S. 172 C/David Bank; S. 172 Look/Karl Johaentges; S. 173 M/Fotosol; S. 174 H. & D. Zielske; S. 175 H. & D. Zielske; S. 175 M/Chris Seba; S. 176 M/Godong; S. 177 M/Helmut Meyer zur Capellen; S. 177 M/Heinz-Dieter Falkenstein; S. 177 M/Westend61; S. 178 Look/Ernst Wrba; S. 179 Look/Ernst Wrba; S. 179 M/Horst Engler; S. 180 M/Volker Preusser; S. 180 Look/Thomas Grundner; S. 180 Mickis-Fotowelt/Shutterstock.com; S. 181 FMX/Shutterstock.com; S. 182 Fremdenverkehrszweckverband Pfälzer Bergland; S. 183 Look/Holger Leue; S. 183 M/Werner Layer; S. 184 M/Richard Semik; S. 185 M/Raimund Kutter; S. 185 M/Westend61; S. 186 M/Christian Bäck; S. 187 M/Sabine Lubenow; S. 188 G/Peter Bischoff; S. 188 Look/Sabine Lubenow; S. 189 Viktor Voroshilow/Shutterstock.com; S. 190 M/Katja Kreder; S. 190 Look/Karl Johaentges; S. 191 M/Jochen Tack; S. 191 Look/Brigitte Merz; S. 191 M/Johann Scheibner; S. 192 G/Franziska Krug; S. 193 G/FooTToo; S. 193 Vereinigung Alt-Brettheim e.V.; S. 194 C/Hans P. Szyszka; S. 194 G/Dennis K. Johnson; S. 194 Wikimedia Commons/Hiroki Ogawa (https://commons.wikimedia.org/wiki/File:Historisches_Festspiel_Rathaus_Marktplatz_Rothenburg_Germany_-_panoramio.jpg), „Historisches Festspiel Rathaus Marktplatz Rothenburg Germany - panoramio“, https://creativecommons.org/licenses/by/3.0/legalcode; S. 195 M/Martin Siepmann; S. 195 M/Martin Siepmann; S. 196 Ihorga/Shutterstock.com; S. 197 M/Foto Beck; S. 197 M/Martin Siepmann; S. 198 G/Andreas Mohaupt; S. 198 M/Prisma Bildagentur AG; S. 199 FooTToo/Shutterstock.com; S. 200–201 Roman Chazov/Shutterstock.com; S. 202 G/Thomas Demarczyk; S. 203 Soumitra Pendse/Shutterstock.com; S. 203 Rido/Shutterstock.com; S. 204 Ayurveda Parkschlösschen/Michael Berger; S. 205 Hedgehog94/Shutterstock.com; S. 206 Look/S. Lubenow; S. 206 M/Travel Collection; S. 207 Look/Robertharding; S. 208 Strandsauna Listland; S. 209 VitaSol Therme GmbH/Marcus Barthel; S. 209 M/Manfred Habel; S. 210 Look/Heinz Wohner; S. 211 an_Nature_photography/Shutterstock.com; S. 212 Resort Mark Brandenburg; S. 212 Resort Mark Brandenburg; S. 213 Resort Mark Brandenburg; S. 213 VitaSol Therme GmbH; S. 214 M/Ernst Wrba; S. 214 M/Ernst Wrba; S. 215 Goodluz/Shutterstock.com; S. 215 monte mare Unternehmensgruppe/Dirk Holst; S. 216 Bad Driburger Touristik GmbH/Daniel Winkler; S. 217 Kzenon/Shutterstock.com; S. 218 Staatsbad Bad Bertrich GmbH/Christopher Arnoldi; S. 219 Look/Karl Johaentges; S. 220 Look/Brigitte Merz; S. 220 Staatsbad Bad Bertrich GmbH/Christopher Arnoldi; S. 221 Jan Wehnert/Shutterstock.com; S. 222 Ivabalk/Shutterstock.com; S. 223 M/Bruno Kickner; S. 223 Umomos/Shutterstock.com; S. 224 Kur- und Tourismusbetrieb Bad Wörishofen; S. 224 Kur- und Tourismusbetrieb Bad Wörishofen; S. 225 Kur- und Tourismusbetrieb Bad Wörishofen/Matthias Weissengruber; S. 225 Heilstollen Berchtesgaden GmbH; S. 226 DSR Hotel Holding GmbH; S. 227 G/Pascal Kiszon; S. 227 Asia Images Group/Shutterstock.com; S. 228 LIQUIDROM GmbH & Co. KG; S. 228 M/Christian Bäck; S. 228 M/Dreamstock1982; S. 229 Tropical Islands/Bernhard Ludewig; S. 230 Look/Bernard van Dierendonck; S. 230 Look/Kay Maeritz; S. 231 M/Stefan Ziese; S. 232 Oliver Hlavaty/Shutterstock.com; S. 233 Carasana; S. 234 M/Martin Siepmann; S. 234 Thermen & Badewelt Sinsheim; S. 235 Look/Franz Marc Frei; S. 236 Delpixel/Shutterstock.com; S. 237 Syda Productions/Shutterstock.com; S. 238 Anneka/Shutterstock.com; S. 239 Yoga United Festival/Grit Siwonia; S. 240 Zenkloster Liebenau; S. 241 Zenkloster Liebenau; S. 241 TOMO/Shutterstock.com; S. 242 Look/Travel Collection; S. 243 M/Sabine Lubenow; S. 244 M/Foodcollection; S. 245 Ostfriesisches Teemuseum Norden; S. 245 H. & D. Zielske; S. 246 Deutsches Kartoffelhotel Lüneburger Heide; S. 246 Look/Hauke Dressler; S. 247 M/Roland Hottas; S. 248 M/Gourmet-vision; S. 248 G/Oleksandra Korobova; S. 249 M/Dieter Heinemann; S. 249 M/Ernst Wrba; S. 250 M/Foodcollection; S. 251 M/Günter Lenz; S. 251 G/Instamatics; S. 252 M/Foodcollection; S. 252 M/Foodcollection; S. 253 M/Gourmet-vision; S. 253 M/Maria Breuer

IMPRESSUM

Genehmigte Sonderausgabe für Weltbild GmbH & Co. KG
Werner-von-Siemens-Str. 1, 86159 Augsburg

Copyright © 2021 by Kunth Verlag, München – MAIRDUMONT
GMBH & Co. KG, Ostfildern
b2b@kunth-verlag.de

Umschlaggestaltung: Atelier Seidel, Teising
Umschlagmotive: iStockphoto/svetikd; filmfoto; swissmediavision (Vorderseite); iStockphoto/PPAMPicture; piola666; borchee; Patrick Daxenbichler (Rückseite)

Printed in Italy

ISBN 978-3-8289-5190-7

MIX
Papier aus verantwortungsvollen Quellen
FSC
www.fsc.org
FSC® C015829

Besuchen Sie uns im Internet:
www.weltbild.de

Texte: Ralf Bürglin, Attila Elitez, Melanie Goldmann, Linda Freutel, Mathias Hejny, Katinka Holupirek, Laura Joppien, Gerhard von Kapff, Karolin Küntzel, Andrea Lammert, Jana Lösch, Iris Ottinger, Christa Pöppelmann, Anja Stephan, Dirk Thomsen
Redaktion: Jennifer Valentin // Gestaltung: Melanie Beutel

Alle Rechte vorbehalten. Reproduktionen, Speicherung in Datenverarbeitungsanlagen, Wiedergabe auf elektronischen, fotomechanischen oder ähnlichen Wegen nur mit der ausdrücklichen Genehmigung des Copyrightinhabers.
Alle Fakten wurden nach bestem Wissen und Gewissen mit der größtmöglichen Sorgfalt recherchiert. Redaktion und Verlag können jedoch für die absolute Richtigkeit und Vollständigkeit der Angaben keine Gewähr leisten. Der Verlag ist für alle Hinweise und Verbesserungsvorschläge jederzeit dankbar.